처음 읽는

유럽사

처음 읽는 유럽사

A History of Modern Europe

데이비드 메이슨
김승완 옮김

사월의책

처음 읽는 유럽사

1판 1쇄 발행 2012년 7월 10일
2판 1쇄 발행 2024년 1월 20일

지은이 데이비드 메이슨
옮긴이 김승완
펴낸이 안희곤
펴낸곳 사월의책

편집 박동수

등록번호 2009년 8월 20일 제2012-000118호
주소 경기도 고양시 일산서구 중앙로 1388 동관 B113호
전화 031)912-9491 | 팩스 031)913-9491
이메일 aprilbooks@aprilbooks.net
홈페이지 www.aprilbooks.net
블로그 blog.naver.com/aprilbooks

ISBN 979-11-92092-27-0 03920

* 책값은 뒤표지에 있습니다.

차례

유럽의 변화와 전통

나는 이 책을 통해 유럽 근현대사의 기본적인 윤곽을 보여주되 세부적인 사항들로 독자의 어깨를 짓누르지 않으려 했다. 요컨대 재미있고 알기 쉬운 책을 만들고자 한 것이다. 이 책을 쓸 때 염두에 둔 독자층은 유럽 근현대사에 대한 배경지식이 거의 없는 대학 학부생이다. 내가 속해 있는 대학에는 학부생 전체를 대상으로 하는 기초과정 중 프랑스혁명 이후 유럽을 포함해 세계사의 주요 전환점에서 발생하는 '전통과 변화의 갈등'을 집중적으로 공부하는 과정이 있다. 이 책은 그 과정에서 사용할 짧은 유럽사 입문 교재로 기획된 것이다.

이 책은 초판에서 1789년부터 1989년까지 정확히 200년의 역사를 다루었다. 이번 2판에서는 시작 시기를 20년 정도 앞당겼지만, 1789년과 1989년 두 해가 두 축이 되는 사실에는 변함이 없다. 그 두 해는 유럽사의 매우 중대한 지점이다. 유럽 역사에서 가장 중요한 두 해라고, 감히 말하고 싶다.

1789년은 프랑스혁명이 일어난 해이다. 프랑스혁명으로 프랑스에서는 군주제가 전복되었고, 계몽주의 사상이 현실에서 제도로 구현되었으며, 유럽 전역에 민족주의, 혁명, 민주주의의 열기가 퍼져 나갔다. 그리고 1989년은 동유럽에서 대중 혁명이 일어나 공산주의가 몰락한 해이다. 대체로 평화적으로 진행된 혁명으로 겨우 6개월 동안에 공산주의 정권들이 차례로 무너졌다. 동유럽혁명의 영향으로 2년 후 소련 역시 붕괴되었다. 제2차 세계대전 이후 국제 관계를 지배했고 동유럽과 서유럽에서 많은 이의 삶에 영향을 미쳤던 냉전이 종식된 것이다. 동과 서, 공산주의와 자본주의의 분열이 끝나자 유럽은 통합을 향해 더욱 전진할 수 있었고, 결국 2007년 유럽연합은 15개국에서 27개국으로 확대되기에 이르렀다. 나폴레옹이 프랑스혁명 이후 무력을 동원해 이루고자 했던 것, 즉 자유, 평등, 박애의 혁명정신 아래 유럽을 통일하는 일은 그로부터 200년 후 평화적인 대규모 저항과 전반적인 경제통합을 통해 이루어졌다.

물론 1789년과 1989년 사이에도 유럽에는 많은 변화가 있었고, 그중에는 1789년 혁명보다 더 갑작스럽게 터져 나온 것들도 있었다. 1917년에는 러시아에서 또 하나의 중대한 혁명이 발생해 공산주의 정당이 집권했다. 이후 공산주의는 세계 각지로 퍼져 나갔고, 결국 50년쯤 후에는 세계 인구의 절반가량이 공산주의 정권 아래에서 살아갔다. 그리고 20세기에는 두 번의 세계대전이 유럽 대륙을 무대로 벌어져 수천만 명의 유럽인이 목숨을 잃었다. 또한 잔인한 전체주의 독재정권이 독일(히틀러)과 러시아(스탈린)에 나타나 인류 역사상 유례없는 대규모의 죽음과 불행을 몰고 왔다.

그러나 이 200년은 유럽에서 엄청나면서도 긍정적인 변화들이 일어나고 창조성이 꽃을 피운 시기이기도 했다. 방적기와 증기기관, 조립라인 등이 발명되고 산업혁명이 가속화되면서 일상생활의 거의 모든 측면이 달라졌고, 유럽은 농업사회에서 도시사회로 변모했다. 애덤 스미스의 자유기업 사상이 자본주의 성장에 박차를 가하는 한편, 규제 없는 자본주의의 해악을 지켜본 카를 마르크스는 『공산당 선언』을 통해 도시 생활을 조직하는 대안적 길을 제시했다. 찰스 다윈은 진화론으로 인간 창조에 대한 전통적인 종교 관념에 도전하며 생물학과 과학에 혁명을 일으켰다. 이러한 격동기에 유럽에서는 시대를 초월하는 위대한 작가, 음악가, 화가들이 배출되었다. 그들의 이름을 일일이 나열하는 것은 불가능할뿐더러 현명한 일도 아니겠지만, 저자의 특권을 이용해 가장 널리 알려져 있는 몇 명만 언급하자면, 작가로는 톨스토이, 디킨스, 괴테, 플로베르 등이 있고, 음악가로는 베토벤, 모차르트, 차이콥스키(그리고 비틀스!) 등이 있으며, 화가로는 르누아르, 모네, 피카소 등이 있다. 이 예술가들 역시 계몽주의 철학자들이나 혁명 사상가들과 마찬가지로 유럽과 세계의 현대 문화에 큰 영향을 끼쳤다.

유럽 문화는 유럽인들의 이주를 통해 매우 순조롭게 다른 지역으로 광범위하게 전파되었다. 1840~1940년 사이 유럽을 떠나 이주한 사람들의 수는 6,000만 명이 넘었고, 그중 대다수는 아메리카 대륙으로 갔다. 그들이 이주할 때 유럽의 가치관, 문화, 관습 등도 함께 이동했다. 그러나 유럽 문화의 전파는 덜 순수하고 더 나쁜 방식으로 이루어지기도 했다. 19세기 후반에 절정을 이룬 유럽의 제국주의가 바로 그렇다. 영국, 스페인, 프랑스, 독일, 네덜란드, 포르투갈 등 여러 나라가 18~19세기 세계 전역에 식민지를 건설했다. 특히 1870~1912년 사이에는 급속하게, 미친 듯이, 경쟁적으로 '아프리카 쟁탈전'이 벌어졌고, 사실상 아프리카 대륙 전체가 쪼개져 유럽 국가들의 손에 들어갔다. 1912년 아프리카에서 독립을 유지한 나라는 라이베리아와 에티오피아, 둘밖에 없었다. 당시 식민지가 된 아프리카 국가들 대부분은 1960년대 혹은 그 이후에나 독립했기 때문에 그동안 언어를 포함한 유럽 문화가 식민지 지역에 깊이 침투했다(예를 들어 프랑스어는 지금도 28개국에서 공용어로 사용된다). 아프리카, 아시아 등 식민지 지역에서 민족해방운동이 일어났을 때 식민지 사람들은 유럽의 가치관을 거부하고 그들을 착취한 유럽인들에게 극도의 적대감을 표출하기도 했다. 그렇지만 신생 독립국들은 거의 언제나 정치, 경제 발전의 모델을 유럽에서 찾았다. 자유민주주의와 사회주의라는 두 개의 중요한 이데올로기 역시 근본적으로 유럽에서 탄생한 것이었다.

사전 지식이 없는 사람이라도 오늘날 유럽과 1789년 유럽을 견주어 본다면, 혁명기 프랑스 및 계몽주의 시대 유럽의 이상과 사상이 꾸준히 발전하고 축적되어 오늘에 이르렀다는 것을 아마 짐작할 수 있을 것이다. 유럽연합이 제정하고자 했던 헌법 초안에도 유럽연합이 "계몽주의 시대의 철학적 조류"에 빚을 지고 있다는 언급이 있다. 사실 그 부분에서 유럽은 정말이지 대단한 진보를 이루어 냈다. 유럽은 절대왕정, 엄격한 사회계급, 소작농 중심의 농경 등을 특징으로 하는 국가들이 전쟁만 벌이던 곳에서 민주주의, 인권, 복지 자본주의, 상품과 사람의 자유로운 이동 등을 추구하는 27개 국가들이 평화로운 관계를 만들어 가는 하나의 공동체로 발전한 것이다.

그러나 계몽주의 이상을 향한 진보가 꾸준하거나 순탄하게 이어진 것만은 아니었다. 갈등은 여러 가치들이 만나는 곳에서, 즉 자유와 평등, 자유와 질서, 개인의 욕구와 공동체의 욕구, 궁극적으로는 변화를 요구하는 힘과 전통을 고수하려는 힘이 서로 부딪히는 가운데 일어났다. 프랑스혁명은 구체제를 무너뜨렸지만 혁명이 촉발한 혼돈, 불안정, 폭력 등은 많은 이를 두려움에 떨게 했다. 결국 프랑스에서는 왕정이 복고되었고 유럽 군주들 사이에는 '신성동맹'이 수립되었다. 신성동맹은 군주제, 교회, 왕권신수설 등의 전통을 고수하고자 했다. 1917년 러시아혁명도 러시아 사회를 완전히 뜯어고치면서 러시아를 비롯한 세계만방에 물질적 풍요와 사회정의, 평등, 노동자 연대 등 마르크스주의에 바탕을 둔 앞날을 약속했었다. 하지만 임시적인 '프롤레타리아 독재'는 반영구적인 것이 되었고 공산주의의 위협 앞에 자본주의 세계는 두려워했다. 윈스턴 처칠이 말한 '철의 장막'에 의해 유럽은 둘로 나뉘었고, 유럽의 성장과 통합은 몇 세대에 걸쳐 지체되었다. 또한 1920년대에는 경제 불안과 불황으로 독일과 이탈리아의 많은 사람이 카리스마 넘치는 선동가 히틀러와 무솔리니를 지도자로 받아들였다. 히틀러와 무솔리니는 질서와 번영을 회복할 것을 약속했지만, 그 과정에서 결국 세계대전을 일으켰고 유럽에서만 약 5,000만 명의 사상자가 나왔다.

20세기 말 유럽은 18세기 철학자들과 혁명가들이 세웠던 목표 중 많은 것을 달성했다. 하지만 많은 길을 에둘러 갔고, 그 과정에서 많은 고통과 상처가 있었다. 이 책은 계몽주의에서 출발해 유럽연합에 이르는 그 구불구불한 길의 이야기이다. 또한 절대왕정과 왕권신수설의 시대에서부터 통합된 자유로운 유럽의 시대에 이르기까지 민주주의, 진보, 인권 등의 사상이 어떻게 발전했는지에 대한 이야기이기도 하다. 우리는 이 모든 발전의 자취를 따라가며 주요 주제와 사상들을 알아보고 또한 그것들이 유럽에 어떤 영향을 끼쳤는지를 살펴볼 것이다.

한편 유럽의 정의에 대해서도 짚고 가야 할 것이다. '유럽이란 무엇인가?'라는 문제는 예전부터 지리학자, 역사가, 정치 지도자들이 논쟁과 토론을 거듭해 온 문제이다. 유럽은 광대한 유라시아 대륙에서 뻗어 나와 대서양으로 들어가는 거대한 반도이기 때문에 유럽과 아시아를 완벽하게 경계 지어 가를 수가 없다. 하지만 1800년대 초부터 대부분의 지리학자들은 유럽의 동쪽 경계를 모스크바에서 동쪽으로 1,300km 정도 떨어져 있는 우랄산맥으로 설정하고 있다. 그런데 러시아는 우랄산맥에서 동쪽으로 수천 킬로미터 더 뻗어 있으며, 그 때문에 러시아는 유럽의 일부인가 하는 또 다른 문제가 생겨난다. 이 문제는 지리학적 문제일 뿐 아니라 정치적인 문제이며 문화에 대한 문제이다. 역사가 노먼 데이비스는 "종교도 러시아정교이고 독재국가이며 경제적으로도 뒤처진 러시아는 유럽으로 계속 발을 뻗어 왔으나 근현대사 어느 시기에도 유럽에 포함되기에는 부적합했다" 라고 썼다. 그렇지만 차르부터 공산당을 거쳐 오늘날에 이르기까지 러시아 지도자들 대부분은 러시아를 유럽의 일부로 보았고, 실제로 러시아는 유럽의 발전에 정치적으로도 문화적으로도 엄청난 영향을 끼쳐 왔다. 그러므로 우리는 이 책에서 러시아도 함께 다룰 것이다.

'유럽'이라는 용어는 단순히 있는 것을 그대로 설명하는 용어가 아니라 마땅히 있어야 할 것을 포괄하는 당위적인 용어로 쓰이며, 심지어는 유토피아적인 의미까지 품고 있다. 이미 18세기부터 작가들과 철학자들은 유럽 문화의 공통된 기반(특히 기독교 문화)을 지적하며 더 커다란 유럽 공동체를 이룰 가능성을 내다보았다. 하지만 그것은 최근에 와서야 비로소 가능해졌다. 제2차 세계대전이 끝난 후, 유럽연합을 구상한 '유럽의 아버지' 장 모네는 이렇게 인정했다. "유럽이라는 건 한 번도 존재한 적이 없다. (…) 유럽은 무에서부터 새롭게 만들어 내야 하는 것이다." 냉전으로 유럽이 동과 서로 분단되면서 그 목표는 더 미뤄지는 것 같았다. 하지만 1980년대 들어 소련 공산당 서기장 미하일 고르바초프가 공산주의 개혁 프로그램을 시작하며 희망의 불꽃을 다시 살려 냈다. 그리하여 '유럽인들의 공통된 고향'이 탄생할 가능성이 대두되었다. 고르바초프는 이렇게 말했다.

> '대서양에서 우랄산맥까지' 유럽은 르네상스, 계몽주의, 그리고 19세기와 20세기의 훌륭한 철학적, 사회적 가르침 등의 공동 유산으로 통합된 문화적, 역사적 독립체이다. (…) 유럽의 문화유산에는 모두가 이웃

이 되어 평화롭게 살아갈 수 있는 정책을 실현할 무한한 잠재력이 내재해 있다.

고르바초프의 개혁은 1989년 동유럽혁명을 촉발했고, 그 후 동유럽과 소련에서 공산주의가 무너지며 유럽 통합으로 가는 길이 닦였다. 하지만 정작 고르바초프의 나라 러시아가 유럽연합에 속하지 않는다는 사실은 아이러니하다.

이렇게 짧은 책에서 유럽 국가들의 역사를 하나하나 다 살펴볼 수는 없다. 대신 중요한 전환점이 되었던 시기마다 특정 국가들에 초점을 맞추어 살펴볼 것이다, 예를 들면 1789년 프랑스, 산업혁명기의 영국, 1917년 러시아, 제2차 세계대전 때의 독일, 1989년 폴란드 등과 같은 식이다. 우리의 출발점은 최초의 근대적 대혁명이 일어나려 하는 곳, 18세기 프랑스이다.

1

구체제의 몰락, 계몽주의의 등장

프랑스혁명이 일어난 1789년. 이 해를 기점으로 유럽에 혁명적인 변화를 가져오게 될 새로운 시대가 막을 열었다. 우선 프랑스에서는 절대주의 **왕정**의 **구체제**가 종말을 고했다. 그런데 프랑스에서 옛 질서가 붕괴된 것은 단지 프랑스만의 문제에 그치는 것이 아니었다. 구체제의 붕괴는 여러 가지 이유로 프랑스 바깥 세계에까지 중대한 의미를 지니는 일이었다. 18세기 프랑스는 유럽 대륙에서 가장 세력이 강하고 인구가 많은 나라였으며, 또한 가장 번영을 구가하는 국가 대열에 속해 있었다. 유럽 전역의 상류층이 프랑스 문화를 동경하고 모방했으며, 유럽 전역의 귀족세계와 궁정세계에서는 프랑스어가 사용되었다. 17세기에 프랑스 왕 루이 14세재위 1643~1715가 베르사유에 건설한 궁전은 **절대왕정**의 위엄과 부, 권력을 상징했으며, 다른 나라 군주들은 이를 본떠 각자의 궁전을 건립했다. 프랑스 왕정이 유럽 대륙에 그토록 커다란 영향력을 발휘하고 있었기 때문에 1789년 왕정이 몰락했을 때 그 충격파는 유럽 전체에 퍼져 나갔다. 그러므로 프랑스에서 구체제란 어떤 것이었으며, 어떤 요소들이 그 몰락을 이끌어 냈는지 이해하는 것이 중요하다.

프랑스의 구체제

18세기 유럽은 거의 절대왕정 국가들로 이루어져 있었다. 절대왕정 국가에서는 왕이나 여왕이 국가를 경영했으며, 왕위를 장자나 장녀에게 물려주었다. 이 절대군주들의 권력은 거의 제한을 받지 않았고, 왕은 신의 대리인이라는 **왕권신수설**에 기초하여 통치한다고 주장했다. 영국은 좀 예외였다. 1688년 명예혁명이 의회와 스튜어트 왕조 사이의 기나긴 투쟁에 종지부를 찍으면서 **입헌군주제**가 절대왕정을 근본적으로 대체하게 되었다. 입헌군주제에서 군주의 권력은 법으로 제한된다. 나머지 유럽 대다수 국가에서는 17세기와 18세기에 걸쳐서 유럽 군주들의 권력이 점점 커졌다. 강력한 군주들은 봉건영주들의 권력을 서서히 무너뜨렸으며 권력을 중앙집권화함으로써 통합되고 더욱 근대화된 **국가**를 만들어 냈다.

프랑스의 루이 14세는 재위 기간 내내 군주의 권력을 강화하고 정치권력을 파리로, 더 정확히 말해 파리에서 17km 남쪽에 있는 베르사유에 지어진 휘황찬란한 그의 궁전으로 중앙집권화하는 데 노력을 기울였다. 베르사유 궁전은 일명 '태양왕'으로 불린 루이 14세의 위엄을 보여줄 뿐 아니라 그의 중앙집권화 정책을 용이하게 해주었다. 과거에는 프랑스 왕이 가신들과 함께 왕국에 속한 영토를 돌아다니며 강력한 지방 귀족들의 성을 일일이 방문했다. 하지만 루이 14세는 베르사유 궁전에서 통치했고, 왕의 환심을 사려는 귀족들은 연중 상당 기간을 궁전에 기거해야 했다. 그리하여 베르사유 궁전은 왕권

• 〈태양왕〉, 리고, 1701년. 태양왕 루이 14세를 그린 유명한 초상화. 절대군주의 힘과 화려함을 보여 주는 그림이다.

의 상징인 동시에 프랑스라는 국가 자체의 상징이 되었다. 유럽의 군주들은 베르사유 궁전의 의미와 영향력에 주목했고, 러시아 **차르** 표트르 대제와 프러시아 왕 프리드리히 대왕은 베르사유 궁전을 본뜬 궁전을 각자 건설했다.

'구체제'old regime(또는 '앙시앵 레짐'ancien régime이라고도 한다)라는 용어는 1789년 프랑스혁명 당시 혁명가들이 처음 사용한 말이다. 구체제 아래 프랑스 사회는 엄격한 계층 구조에 바탕을 두고 있었다.

이 계층 구조 안에서 한 사람의 사회적 지위는 노력이나 재능이 아니라 출신으로 결정되었다. 그리고 중세 이래 널리 퍼져 있던 '거대한 존재의 사슬'Great Chain of Being이라는 개념이 사회가 어떻게 이루어져 있는지를 설명했다. 이 개념에 따르면 위로는 신과 천사에서부터 아래로는 돌과 같은 무생물에 이르기까지 온 세상이 계층 구조에 따라 구성되어 있으며, 인간은 그 사이 어딘가에 자리를 차지하고 있었다. 인간의 자리 맨 꼭대기에는 왕이 신의 신성한 대리인 자격으로서 있었다. 왕이 신의 대리인으로서 인간 중 가장 높은 자리에 위치한다는 생각은 1766년 루이 15세재위 1715~1774의 다음 선언 속에 명백하게 드러나 있다. "주권은 오직 짐에게만 있는 것이다. (…) 정책은 오직 짐으로부터 나왔을 때에만 유효하며 권위를 가진다. (…) 입법권은 오직 짐만이 행사할 수 있는 권한이며, 다른 누구에게 의존하지도 않고 그 권한을 나눠 갖지도 않는다. (…) 공공의 질서는 전부 짐으로부터 나오는 것이다." 루이 15세의 증조부였던 태양왕 루이 14세는 그러한 생각을 다음과 같이 좀 더 간결하게 표현했다. "짐이 곧 국가다."

왕 아래 나머지 프랑스 사회는 세 계층으로 나누어졌다. 각 계층을 '신분'이라고도 한다. 신분사회는 위계적으로 조직되었고, 각 신분은 신분별로 명확히 구분되는 사회적 책무를 지니고 있었다. 제1신분인 성직자 계층은 프랑스 인구의 1퍼센트도 채 되지 않았지만, 영적인 기능을 수행하며 신에게 가까이 갈 수 있다는 이유로 높은 지위를 누렸다.

제2신분인 귀족 계층은 왕에게 군사적 지원을 제공했으며 인구의 1~2퍼센트를 차지했다. 같은 귀족층이라 해도 사실은 꽤 다양한 양상을 띠고 있었다. '레 그랑'Les Grands으로 알려진 가장 부유하고 힘 있는 귀족들은 고작 수백 가문에 불과했지만, 넓은 영지와 우아한 대저택을 소유하고 국가 고문관 혹은 지방 판사로서 상당한 정치적 영향력을 행사했다. 지방 귀족들은 그보다 수는 더 많지만 지위는 더 낮았다. 이들은 토지를 갖고 있었고, 보통은 다양한 형식의 계약을 통해 소작인들에게 토지를 경작하게 했다. 또한 재산 없이 빈곤 속에서 고상한 삶을 살아가는 귀족들도 있었는데, 이들은 그야말로 귀족이라는 이름밖에 가진 게 없었다.

그 외 모든 사람이 인구의 97퍼센트인 제3신분이었으며, 이들이 재화 생산과 용역 제공을 책임지고 있었다. 당시 유럽 모든 나라와 마찬가지로 프랑스는 압도적인 농업사회였다. 그 때문에 농민이 인구의 약 85퍼센트였으며, 따라서 제3신분 중에서도 대다수를 차지했다. 다른 유럽 국가들에 비하면 프랑스 농민들의 생활은 비교적 나은 편이었지만, 그럼에도 자신의 토지를 소유한 농민은 채 40퍼센트도 되지 않았다. 프랑스 농민들 대부분은 지주로부터 땅을 빌려 소작농으로 살아갔다.

그러므로 구체제 경제는 압도적인 시골 경제이자 농경 중심 경제였다. 자급농업이 주를 이루었지만, 소작농들이 자기 몫을 충분히 가져가는 것은 극히 어려운 일이었다. 초과생산분이 조금이라도 있으면 지대, 십일조, 봉건영주에게 바치는 공물, 국가에 내는 조세 등으로 흡수되어 버렸기 때문이다. 18세기 후반에는 전국적으로 통일된 화폐 제도나 도량형 제도가 없었고, 진정한 의미의 국내시장도 존재하지 않았다. 왕의 도로망은 잘 정비되어 있었지만, 그래도 파리에서 마르세유까지 마차로 가는 데 적어도 5일은 걸렸다(오늘날 자동차로는 약 8시간이 걸린다).

이러한 전통적인 농경 부문 옆에서 군주의 진흥 정책에 힘입은 상업 무역이 17세기와 18세기에 걸쳐 확장되고 있었다. 17세기 이래 경제 정책을 주도해 온 것은 중상주의 이론이었다. 중상주의 이론에 따르면 한 국가의 부를 최대한 증대하는 길은 금이나 은과 같은 귀금속을 축적하는 것이었다. 프랑스처럼 그런 귀금속이 매장되어 있지 않은 나라는 무역에 의존해 귀금속을 획득해야 했다. 그래서 군주는 국제시장에 상품을 내놓을 수 있도록 제조업 발전을 독려했고, 프랑스는 실크와 새틴, 레이스, 향수, 태피스트리 등의 사치품 생산으로 국제적 명성을 얻게 되었다. 제조업과 무역의 발전으로 새로운 사회계급인 '부르주아지' 즉 중간계급이 성장했으며, 또한 '프티 부르주아지'라 불린 소상인과 자영업자들도 급증했다. 18세기 말에 즈음해서는 귀금속 축적과 정부 규제를 강조했던 **중상주의** 이론이 두 가지 도전을 받게 된다. 하나는 애덤 스미스의 자유시장경제 이론과 같은 대안적 경제 이론들의 도전이었고, 다른 하나는 중상주의 덕분에 성장한 부르주아지의 도전이었다.

구체제 아래 프랑스는 압도적인 로마가톨릭 국가였다. 가톨릭은 종교인 동시에 하나의 제도로서 국가적으로 중대한 역할을 수행했다. 종교는 일상생활에 깊숙이 침투해 있었고, 종교 의식과 축일 행사는 대부분의 도시와 마을에서 가장 중요한 행사였다. 학교에서도 신부들이 가르쳤고, 실업자는 교회가 베푸는 자선에 의지했다. 또한 교회는 정치적으로 강력한 힘을 지닌 기관으로서 왕정과 긴밀한 관계를 맺고 있었다. 프랑스 왕들은 군주로 인정받기 위해 랭스에 있는 대성당에서 대관식을 거행했고, 다른 한편 교회의 모든 주교와 여러 고위성직자들은 왕이 임명했다. 교회는 프랑스 전 국토의 10퍼센트에 이르는 광대한 토지를 소유했으며, 그 토지에서 나오는 어마어마한 수입은 정부가 벌어들이는 1년 수입 절반에 필적하기도 했다.

여기서는 프랑스의 경우를 설명했지만, 국가와 사회의 이러한 구조는 18세기 다른 유럽 국가들의 경우에도 비슷했다. 주요 열강 모두(가장 중요하고 세력이 강한 국가는 프랑스, 오스트리아, 러시아, 프러시아, 영국이었다) 왕권신수설을 내세우는 기독교 군주들이 통치했고, 이 나라들의 특징은 봉건 제도와 중상주의 경제 체제, 그리고 위계적인 사회 구조였다. 유럽의 중심 도시들을 거점으로 하여 종교와 문화, 혈연이라는 공통의 유대 관계로 결합되어 있던 왕족들은 옛 질서와 그 속에서의 자기 자리를 지키는 데 온 정신을 쏟고 있었다. 그래서 17세기 중반 이래 유럽 군주들은 의식적으로 세력 균형 정책을 추구해 오고 있었다. 즉 어느 한 나라가 지나치게 강대해지지 않도록 국제 동맹 관계에 수시로 변동을 주는 것이다. 전쟁은 **이데올로기**나 **민족주의**라는 이유보다는 세력 균형 유지를 위해 벌어졌다. 따라서 이러한 분쟁들에서 승자는 패자를 완전히 굴복시키려 하지 않았다. 그랬다간 균형 상태가 깨져 버릴 수 있기 때문이다. 또한 상대편이 장차 동맹이 될 수도 있는 것이다.

이러한 국내외적 시스템 전체가 18세기 말과 19세기 초에 심각한 도전을 받게 되었다. 처음에는 **계몽주의** 사상, 그다음에는 1789년 프랑스혁명의 여파, 그 후에는 산업혁명을 통해 새롭게 부상한 중간계급 세력의 도전이 계속되었다. 그리하여 왕정, 기독교 중심의 생활방식, 교회권력, 위계적 신분질서, 중상주의 등은 모두 19세기로 가는 전환점에서 소멸될 위기에 처하게 된다. 그러다 1815년께 옛 질서가 다시 복구되는 듯했지만, 그저 일시적인 것에 불과할 뿐이었다.

계몽주의, 이성의 시대를 열다

프랑스를 비롯한 유럽 여러 곳에서 '앙시앵 레짐'을 위협한 것은 내부적 문제와 긴장만이 아니었다. 사회와 세계에 대한 새로운 사고방식이 부상해 구체제를 흔들었다. 17~18세기에 등장한 계몽주의는 운동인 동시에 사상이었다. 계몽주의는 인간 정신의 힘으로 개인을 해방시키고 사회를 개선하는 것에 중점을 두었기에 계몽주의 시대는 '이성의 시대'라는 이름으로 불리기도 했다. 계몽주의 철학자들은 지식이란 오직 경험과 실험, 관찰을 통해서만 얻을 수 있는 것이라고 주장했으며, 사람들이 스스로 비판적으로 사고하여 각자의 정신을 편견이나 검증되지 않은 권위, 교회나 국가의 억압 등으로부터 자유롭게 할 것을 독려했다. 1784년 독일 철학자 임마누엘 칸트는 계몽주의가 "인간이 스스로 초래한 미성숙으로부터 탈피하는 것"이라며, "미성숙이란 타인의 지침 없이 자신의 지성을 활용하는 능력이 없는 상태"라고 썼다. 그리하여 칸트에 따르면 계몽주의의 모토는 "용기를 내어 자신의 지성을 활용하라!"는 것이다. 프랑스 계몽주의 철학자 볼테르 역시 비슷한 이야기를 했다. "정말 쓸모 있는 책이란 독자가 그 절반을 채워 갈 수 있는 책, 즉 저자가 뿌려 놓은 생각의 씨앗을 독자가 키워 갈 수 있는 책이다." 이성과 과학, 자기 신뢰에 대한 이러한 호소의 결과, 구체제의 기존 제도적 권위, 특히 교회와 국가의 권위는 자연히 심각하게 의심받았다.

계몽주의의 원칙은 어떤 면에서 16~17세기 과학혁명의 발견과 이론이 연장된 것이었다. 과학혁명 당시 과학적 관찰과 실험은 교회의 세계관과 권위에 도전하며 위협을 가했다. 16세기 폴란드 천문학자 니콜라우스 코페르니쿠스는 태양계의 중심에 지구가 아닌 태양을 놓는 천체 이론을 제시했다. 17세기 이탈리아의 갈릴레오 갈릴레이는 천체망원경으로 천체를 관측하여 코페르니쿠스의 태양중심설이 옳다는 것을 확인했지만, 결국 교회의 종교재판을 받게 되었다. 영국의 자연철학자이자 수학자인 아이작 뉴턴은 『프린키피아』1687에서 중력과 운동의 원리를 밝혀냈다. 그 원리에 따르면 우주는 합리적이고 일관성 있는 법칙의 지배를 받는 기계적인 자연으로 설명되었다. 프랑스 지질학자들이 발견한 화석들은 구약성경에 제시되어 있는 시간 체계와 합치되지 않았다. 이들 모두가 관찰과 실험을 통해 결론을 이끌어 내었고, 그 결론들은 당시 받아들여지고 있던 기존 지식과 상충되었다.

계몽주의 철학자들은 과학혁명의 방법론을 물질세계가 아니라 사회와 정치 체제를 연구하는 데 적용했다. 자연법이란 우주를 지배하는 것과 마찬가지로 인간 행동과 사회 제도 역시 지배한다고 믿었기 때문이다. 계몽주의의 선구자는 영국 철학자 존 로크1632~1704였다. 로크는 이성과 지식이 경험에서 나온다는 생각을 처음으로 제창한 이였다. 인간의 본성은 근본적으로 선하며(성경의 원죄 개념과는 다르다), 인간의 성격은 환경, 양육과정, 교육에 의해 결정되는 것이라고 로크는 주장했다. 그렇다면 사회와 환경을 고쳐 나가고 좋은 교육을 제공함으로써 더 나은 사회를 만들어 가는 것이 가능하다. 또한 로크는 『통치론』1690에서 인간은 생명, 자유, 재산에 대한 자연적이고 양도할 수 없는 권리를 가지고 있으며, 정부와 같은 정치 공동체는 대중의 동의를 통해 형성되기 때문에 대중과 정부 사이에는 일종의 계약 관계가 성립한다고 논했다. 이러한 생각은 당시 널리 퍼져 있던 왕권신수설을 정면으로 반박하는 것이었다. 로크의 사상은 물론 그가 사용한 용어까지도 계몽주의 시대의 정치 사상가들에게 엄청난 영향을 미쳤다. 그리하여 그 사상은 이후 미국 독립선언문과 프랑스 혁명의 인권선언에서 발견된다.

계몽주의가 유럽 전반에 널리 퍼진 현상이긴 했지만, 그 운동을 주도한 것은 '철학자들'philosophes이라 통칭되던 프랑스의 작가, 사상가, 철학자들이었다. 절대주의 정부에 대한 비판자였던 몽테스키외 남작1689~1755은 루이 14세의 통치뿐 아니라 엘리트 사회와 교회도 풍자했다(교황을 마법사라 칭하기까지 했다). 몽테스키외는 『법의 정신』1748에서 법은 자연으로부터 비롯되는 것이라고 주장했으며, 또한 정부의 행정, 입법, 사법 기능을 분할하는 권력분립 사상을 발전시키기도 했다. 이 삼권분립의 개념 역시 미국인들에게 채택되었다. 제임스 매디슨은 미국 헌법을 기초하면서 이 개념을 포함시켰다.

또 한 사람의 중요한 프랑스 계몽주의 사상가인 철학자 장 자크 루소1712~1778는 자연권과 대중 주권에 대한 로크의 사상을 더욱 정교하게 발전시켰다. 루소는 "인간은 자유롭게 태어났지만 어딜 가나 구속될 뿐"이라고 썼다. 루소의 주장에 따르면 사회는 인간이 타고난 자유와 평등을 변질시키고 왜곡하는데, 개혁된 사회는 국민과 정부 사이의 **사회계약**으로 합의된 시민적 자유와 평등을 통해 그 균형을 회복할 수 있다. 루소는 이러한 이상적인 사회를 『사회계약론』1762에서 천명했다. 『사회계약론』은 많은 계몽주의 출판물과 마찬가지로 프랑스에서 금서 처분을 받았다.

프랑스 계몽주의의 가장 중요한 출판물은 『백과전서』이다. 이것은 과학적 경험론이라는 새로운 복음을 활용해 지식을 종합적이고 체계적으로 집대성하여 편찬해 내고자 한 노력의 산물이었다. 당시 중요한 사상가들 중 대다수가 『백과전서』에 글을 기고했으며, 『백과전서』는 1751~1765년 사이에 17권, 총 16,288쪽에 달하는 분량이 출간되었다. 많은 계몽주의 사상이 『백과전서』를 주요 통로로 하여 전파되었다. 예를 들어 로크와 몽테스키외의 사상은 '정치권력', '천부적 자유권'과 같은 항목 아래 소개되어 프랑스와 여타 지역에서 민주주의적 경향을 고무시켰다. 『백과전서』의 공동편집자인 드니 디드로는 "마지막 성직자의 내장으로 마지막 왕의 목이 매달릴 때 구원이 올 것"이라는 말의 주인공으로 여겨졌다. 프랑스 정부는 『백과전서』에 두 번이나 발행정지 처분을 내렸지만, 출간은 계속되었고 『백과전서』는 베스트셀러가 되었다.

또 한 명의 철학자, 스코틀랜드의 애덤 스미스1723~1790를 언급하지 않을 수 없다. 하지만 그것은 프랑스혁명에 대한 영향력 때문이라기보다는 유럽과 서구 사회에 미친 더 폭넓은 영향력 때문이다. 애덤 스미스는 계몽주의 사상의 '자연 상태' 개념을 경제와 시장에 적용했으며, 정부의 경제 개입은 경쟁과 수요-공급이라는 자연적인 힘의 상호작용을 훼손한다고 주장했다. 스미스는 900쪽에 이르는 대작 『국부론』에서 개인이 각자 자기 이익을 도모하는 것이 결국 공공의 이익이 된다고 논했다. 개인의 탐욕과 개인적 부의 축적에 무제한의 자유를 주면 시장의 '보이지 않는 손'이 작용하여 결국 사회 전체에 이익이 발생한다는 것이다. 이 공식은 때때로 '개인의 악이 공공의 선을 낳는다'는 역설적으로 보이는 경구로 표현되기도 했다. 스미스는 정부가 경제 개입을 자제하는 '자유방임' 체제를 옹호했다. 이러한 사상은 당시 널리 퍼져 있던 보호무역주의와 중상주의를 무너뜨리고 자본주의가 발전하는 데 기틀이 되었다. 『국부론』이 미국 독립선언문이 제창되었던 1776년에 출간되었다는 사실은 전적으로 우연의 일치만은 아닐 것이다.

계몽주의는 종종 1789년 프랑스혁명을 이끌어 낸 여러 원인 중 하나로 평가되기도 한다. 하지만 중요한 것은 계몽주의가 프랑스혁명을 일으킨 직접적인 원인은 아니었다는 것이다. 계몽사상가들 대다수는 혁명가보다는 개혁가로 보는 것이 더 적절하다. 그들 대부분은 상류층 출신이며, 비록 그들이 구체제 사회를 풍자하고 비판하긴 했으나 대개는 대중적인 정부 형태(대의 정부)보다 계몽된 왕정(입헌군주제)을 세우고 싶어 했다. 계몽사상가들 자신은 어떤 정당이나 혁명단체를 꾸리지도 않았고, 구체적으로 어떤 개혁 프로그램이나 정책을 제안하지도 않았다. 그들 중 누구도 1789년 발발한 혁명의 여러 사건에 직접적으로 관계하지는 않았다.

물론 그렇다 하더라도 계몽주의 사상가들이 제기한 생각들은 구체제 사회와 정치 질서를 심각하게 뒤흔들고 거기에 도전하는 것이었다. 계몽사상가들은 앙시앵 레짐의 전제 그 자체를 공격했으며, 기존 제도들을 공개적으로 조롱했다. 또한 이성과 독립적 사고를 강조하며 교회와 국가의 권위에 맹목적으로 복종하던 습관을 타파하고자 했다. 정부의 궁극적인 목표는 개인의 존엄과 행복을 증진하는 것이라는 로크와 몽테스키외, 루소 등의 주장은 정치에 대한 완전히 새로운 사고방식을 창출해 냈다. 게다가 이러한 일이 프랑스에만 국한되어 나타난 것도 아니었다. 이러한 사상들이 발표되고 토론에 부쳐지면서 '공공 여론'이라는 새로운 현상이 발생되었으며, 사람들은 정부와 정치를 '공공'의 것으로 여기게 되었다.

계몽사상들은 당시 미국과 유럽 사이에서 숱하게 서로 섞이고 영향을 끼치며 발전했다. 토머스 제퍼슨과 벤저민 프랭클린은 프랑스에서 계몽사상가들의 저작을 읽고 계몽주의 사상에 큰 영향을 받았다. 마찬가지로 프랑스 개혁가들과 혁명가들 모두 미국 혁명가들의 경험과 독립선언문, 미국 헌법1787 등에서 많은 영감을 얻었다.

계몽주의가 남긴 것들

계몽주의의 여파는 프랑스와 미국을 넘어 더 멀리까지 미쳤다. 사실상 유럽 모든 나라와 사회 모든 계층에까지 영향을 끼쳤다. 일부 유럽 군주들은 계몽주의를 수용하기까지 했고, 그 근본 원리를 활용해 일련의 개혁을 도입하기도 했다. 프러시아의 프리드리히 대왕, 러시아의 예카테리나 대제, 오스트리아의 마리아 테레지아 등이 그런 '계몽 군주'였다. 네덜란드와 영국에서는 정계의 자유주의자들이 계몽주의 사상을 이용해 변화를 추구했다. 스페인과 이탈리아에서는 프랑스에서와 마찬가지로 지식인들이 계몽주의 사상을 이용해 구체제를 비판하고 뒤흔들었다. 계몽주의 사상은 **자유주의**에서 **사회주의**, **공산주의**에 이르기까지 18~19세기에 부상하게 되는 정치 이데올로기들에 영감을 제공했고, 이성과 실험, 관찰, 경험주의 등을 강조함으로써 오늘날 우리가 인간 사회를 연구하고 이해하는 방법의 토대를 마련했다. 하지만 무엇보다 중요한 점은 계몽주의가 품고 있던 대의가 인권, 대중 주권, 관용, 법에 대한 존중 등의 가치에 대한 기틀을 다져 놓았다는 것이다. 그러한 가치들은 현대 유럽 사회의 핵심부에 자리 잡고 있다.

혁명에 도화선이 된 연극 〈피가로의 결혼〉

〈피가로의 결혼〉(1786)은 볼프강 아마데우스 모차르트의 유쾌한 희극 오페라로 널리 알려져 있지만, 원작은 피에르 드 보마르셰가 1778년에 쓴 희곡이다. 당시 연극은 큰 인기를 끌었으며 많은 논쟁을 불러 일으켰다. 보마르셰는 때로는 음악가로, 때로는 궁정신하로, 투자가로, 외교관으로, 상인으로, 국왕의 밀사로, 출판업자로 변화무쌍한 삶을 살았으며, 어떻게 보면 기회주의자에 일종의 사기꾼이라고 말해도 될 만한 사람이었다. 하지만 보마르셰 역시 전형적인 계몽주의 지식인이었다. 보마르셰는 귀족이면서도 신분적 특권과 상류사회를 풍자했다. 단, 그는 개혁가였지 혁명가는 아니었다. 미국혁명 당시 보마르셰는 프랑스 왕 루이 16세(재위 1774~1793)가 영국에 대항해 미국 혁명가들을 비밀리에 지원하도록 설득했으며, 거의 단독으로 후원금을 모금하여 식민지군 2만 5,000명이 사용할 수 있을 만큼의 군 장비를 보내 주기도 했다.

보마르셰는 많은 프로젝트와 모험을 벌이는 가운데에도 여러 편의 희곡을 써냈다. 그중 두 편의 작품, 〈세비야의 이발사〉(로시니 작곡)와 〈피가로의 결혼〉(모차르트 작곡)은 연극보다 오페라로서 그 명성이 지금까지 이어져 오고 있다. 〈피가로의 결혼〉에서 주인공 피가로는 백작의 초야권 행사를 막기 위해 좌충우돌 우스꽝스런 활약을 펼친다. 초야권이란 영주가 자기 영지에 소속되어 있는 남녀가 결혼을 할 때 그 신부와 먼저 하룻밤을 보낼 수 있는 권리를 말한다. 하지만 이 작품은 그 외에도 사회적 위계질서, 세습 특권, 무능한 관리, 검열, 궁정 생활 등 여러 구체제 제도를 희화화한다. 작품이 처음 쓰였을 때 루이 16세는 그 무례함에 질겁

하며 이 작품이 다시는 공연될 수 없을 것이라고 단호하게 말했다. 그러나 (작품 배경을 프랑스에서 스페인으로 바꾸는 것을 포함하여) 몇 군데 수정과 변경 및 여러 번의 추가 검열을 거친 후, 마침내 상연 허가를 얻어 1784년 코메디 프랑세즈에서 공연되었다. 4시간 반이라는 긴 공연 시간에도 불구하고 〈피가로의 결혼〉은 큰 인기를 끌었다. 68회 연속으로 공연이 이어졌고, 마침내 18세기 프랑스 연극 최대의 성공작이 되었다.

프랑스혁명 지도자 당통은 〈피가로의 결혼〉이 "귀족을 날려 버렸다"며 찬사를 보냈고, 나폴레옹도 이 작품을 가리켜 "혁명보다 먼저 시작된 혁명"이라 불렀다.

2

프랑스혁명과 나폴레옹

1789년은 유럽사와 세계사에 큰 획이 그어진 한 해로 기록된다. 대중 혁명을 통해 왕정이 타도된 해다. 어느 사건이나 그렇지만, 큰 사건이 있었던 연도를 구체적으로 지칭한다고 해서 그 사건이 그 한 해에만 국한되어 일어난 것은 아니다. 1789년 역시 프랑스혁명을 대표하는 역사적 지표일 뿐, 1789년 이후 여러 해에 걸쳐 프랑스혁명의 훨씬 더 복잡한 현실이 존재했다. 물론 1789년에 바스티유 습격과 '인간과 시민의 권리선언' 선포가 있었지만, 왕인 루이 16세재위 1774~1793는 1792년에야 왕위를 박탈당했고 1793년에 처형되었다. 그리고 프랑스혁명의 충격파가 유럽 다른 지역에 제대로 전달된 것은 나폴레옹 보나파르트가 권력을 잡은 1799년 이후의 일이었다. 혁명은 나폴레옹이 패배하고 1815년 왕정복고가 이루어지고 나서야 완전히 종결되었다(사실 그때조차 혁명이 진정으로 패배한 것은 아니었다).

이러한 사건들이 프랑스에서 일어났다는 사실은 유럽 다른 지역에서 보기에 특별한 의미가 있는 것이었다. 1장에서 언급했듯이, 많은 면에서 혁명 당시 프랑스는 유럽 대륙에서 가장 중요한 나라였기 때문이다. 태양왕 루이 14세재위 1643~1715는 엄격하고 강력하면서도 우아한 왕정의 기준을 확립했고, 베르사유에 있는 그의 호화로운 궁전은 유럽 어디에서나 경외의 대상이 되었다. 프랑스의 인구는 2,800만으로 유럽 대륙에서 가장 많았다. 그리고 프랑스는 예술과 과학을 선도하는 중심지이자 계몽주의라는 지적인 소란의 심장부였다. 프랑스어는 국제적으로 가장 널리 쓰이는 언어로서 외교사회뿐 아니라 유럽 대다수 궁정에서 사용되었다.

모든 혁명이 마찬가지이지만, 프랑스혁명 역시 그 원인으로 즉각적인 사건들과 장기적이고 구조적인 요소들이 함께 지목된다. 장기적이고 구조적인 요소로는 18세기의 사회경제적 변화, 계몽주의 사상, 왕정의 약화 등을 들 수 있다. 단기적인 요소는 주로 경제적인 것이었다. 정부는 부채에 시달리고 재정은 위기에 처했으며 흉작으로 기근이 들었다. 재정 위기 때문에 왕은 1789년에 삼부회를 소집할 수밖에 없었고, 거기서부터 사태는 걷잡을 수 없이 확대되었다.

사실 18세기 대부분의 기간에 프랑스는 경제적 안정과 성장을 동시에 이루어 냈다. 농업 생산성과 공업 생산성이 18세기 중반에 점진적으로 상승했고, 전체 인구 중 글을 읽을 줄 아는 사람의 비율은 18세기 초 21퍼센트에서 18세기 말에는 37퍼센트로 증가했다. 그러나 앞에서 살펴보았듯이 18세기는 경제적, 지적으로 동요의 시기이기도 했다. 산업과 상업의 발전으로 경제 지형도가 바뀌고 있었고, 도시가 성장했으며, 중간계급(부르주아지)이 새롭게 세력을 키워 가면서 경제, 정치 영역 양쪽에서 더 많은 영향력을 요구하고 있었다. 계몽주의 저술가들은 종교와 문화의 자유, 대의 제도, 법적 평등 등의 사상을 공개적으로 논했으며, 더 전반적인 측면에서 변화와 진보에 대한 압력을 계속해서 가하고 있었다. 18세기에는 책과 정기간행물, 소책자 등의 출판이 급속히 늘었고, 그 덕분에 새로운 사상들이 널리 전파될 수 있었을 뿐 아니라 초기 형태의 여론도 형성될 수 있었다.

그러나 18세기 말에 이르자 프랑스는 심각한 문제들에 시달리게 되었다. 비효율적인 조세 제도 때문에 왕정은 필요한 돈을 확보하기가 어려웠다. 게다가 전체 토지의 상당 부분을 소유하고 있던 교회와 귀족들은 사실상 세금을 면제받고 있었다. 그리고 미국 독립전쟁 기간 동안 식민지군에 재정적, 물질적 원조를 제공하면서 정부의 재정 문제는 더욱 악화되었다. 식민지군을 지원한 것은 도덕적이거나 이념적인 차원이 아니라 전략적인 차원의 결정이었다. 프랑스는 주된 경쟁국이던 영국의 힘을 약화시키고 또 7년 전쟁(특히 북아메리카에서 프랑스와 영국이 벌인 전쟁을 '프렌치-인디언 전쟁'이라고 한다) 기간에 아메리카와 인도에서 식민지를 상실한 것에 대해 보복을 하고자 했다. 부채는 늘어만 가는데 세금 징수는 비효율적이니, 1787년에 이르자 징수된 세금의 절반가량이 빚 갚는 데 들어가 버렸다.

경제 불황의 여파는 프랑스 국민에게도 미쳤다. 18세기에 경제 성장이 지속되고 신세계에서 은이 수입되면서 인플레이션이 가속화했는데, 이러한 상황은 많은 이에게 새롭고도 두려운 일이었다. 1726~1789년 사이 생계비는 62퍼센트나 상승했지만 임금은 고작 25퍼센트 올랐을 뿐이었다. 1780년대에는 영국의 직물 제조업자들과의 경쟁이 심해지면서 프랑스 북부의 직물 제조 지역에서 대규모 실직 사태가 벌어졌다. 거기다 1788년에는 1709년 이래 최악의 흉년이 들었다. 곡식과 식료품 가격이 상승하고 식료품 부족 현상이 빚어졌으며 기아까지 발생했다. 이 모든 사태들이 도시에서도 시골에서도 불만을 치솟게 했다.

또 하나의 문제는 왕정이 약화되었다는 것이다. 루이 14세는 강력할뿐더러 적극적인 지도자였지만, 그 계승자들은 강력하지도 적극적이지도 못했다. 특히 루이 16세는 나약하며 무능했다. 그는 각료들을 통제하지 못했고, 각료들의 내분으로 1780년대의 재정 위기에 대처하기가 더욱 어려웠다. 게다가 루이 16세는 베르사유 궁전 안에 틀어박혀 있을 뿐 파리 지역을 떠나는 일이 거의 없었다. 결국 그는 자신의 백성과 왕국의 다양한 지역들로부터 점점 더 고립되어 갔다.

1789년, 대혁명이 시작되다

루이 16세는 재정 위기 속에서 새로운 세금을 징수하려 했으나 특권계급에게 거부당하고 말았다. 그래서 그는 정부 개혁과 조세 제도에 대해 논의하고자 삼부회를 소집하기로 했다. 성직자, 귀족, 제3신분 등 세 신분 대표자들의 모임인 삼부회는 1614년을 마지막으로 소집된 적이 없었다. 1789년 5월 초, 1,200명에 가까운 신분 대표들은 각자 진정서를 들고 베르사유에 모였다. 진정서란 이 대표들을 선출한 각 선거구에서 선거인단이 작성한 불만사항 목록으로, 대개 사법 및 조세 체계와 봉건 제도에 대해 온화한 개혁을 요구하는 것이었으며 전반적으로 보아 혁명적인 것은 아니었다. 그래도 그 목록을 작성하는 과정 자체를 통해 국민의 정치의식이 깨어났으며, 전 국민의 관심은 베르사유에서 열리는 삼부회에 집중되었다.

삼부회의 투표 방식에 대한 논의는 대표들이 모이기 전부터 이미 표면 위로 떠올랐다. 이전까지는 각 신분마다 같은 수의 대표들이 삼부회에 참석했고, 투표는 1인 1표가 아니라 신분별로 행해졌다. 즉 제3신분은 인구의 95퍼센트 이상을 대표하고 있음에도 전체 3표 중 1표의 권리밖에 없었던 것이다. 하지만 1년 전 여름 몇몇 지방의회 회합에서는 제3신분 대표의 수가 전체 대표 수의 절반을 차지한 상태로 1인 1표 투표를 했던 적이 있었다. 변화를 위한 선례는 갖춰진 셈이었다. 그때까지 이름 없는 신부였던 아베 시에예스는 당시 널리 유포되어 영향력을 떨친 『제3신분이란 무엇인가?』라는 소책자에서 "제3신분이란 모든 것"이라 선언하며 그런 개념이 투표 방식에도 반영되어야 함을 시사했다. 그런데 시에예스의 소책자는 투표 방식에 대한 논의를 넘어 훨씬 더 급진적인 변화까지 암시했다. 그는 이렇게 썼다. "만약 특권 질서가 폐지된다면 국가적으로 손실이 아니라 오히려 이익이 될 것이다."

6월에 제3신분 대표들은 시에예스의 소책자에 제시된 강령을 받아들이고는 독자적으로 '국민의회'의 성립을 선언했다. 그 후 그들이 다시 모이려 하자 모임 장소는 문이 잠긴 채 폐쇄되었다. 그래서 그들은 그 옆의 실내 테니스 코트로 장소를 옮겨 그곳에서 유명한

'테니스 코트의 선서'를 했다. "우리가 어느 곳에서 모이든, 그곳에 국가가 있다." 이렇게 천명한 그들은 프랑스에 새로운 헌법이 제정될 때까지 해산하지 않겠다고 맹세했다. 이 대표들과 파리 시 전체가 점점 더 다루기 어려워지자, 왕은 파리에 군대를 투입하기 시작했다. 한편 정부가 국민의회를 해산하려 한다는 소문이 돌면서, 파리에는 무장 민병대가 결성되기 시작했다. 7월 14일, 8만 명의 군중이 왕정의 상징인 오래된 감옥 바스티유를 습격했다. 그곳에 보관되어 있던 탄약을 탈취하려는 것이었다. 왕의 군대가 발포하여 100명이 목숨을 잃었지만, 결국 군중은 승리하여 바스티유 요새 책임자를 붙잡아 목을 자른 뒤 그 목을 창끝에 꽂고 시가지를 누볐다. 200년 후 **베를린 장벽**의 붕괴가 하나의 중요한 상징이었던 것처럼, 바스티유 함락도 프랑스혁명의 중요한 상징이 되었다. 그래서 7월 14일은 '바스티유의 날'이라 불리며 불꽃놀이와 퍼레이드가 펼쳐지는 등 여전히 프랑스 국경일로 기념되고 있다.

바스티유 함락이 중요한 것은 무엇보다 그 상징적인 이유 때문이다. 하지만 혁명에서 상징은 매우 결정적인 역할을 한다. 바스티유가 함락되자 왕정의 취약성이 드러났으며 그 권위는 순식간에 사라졌다. 소문은 여러 지방으로 퍼져 갔고, 각지에서 소작농들이 파리 시민들의 선례를 따라 영주들의 저택을 습격했다. 8월에는 새롭게 이름 붙여진 '제헌국민의회'가 **봉건주의**의 잔재를 공식적으로 폐기했다. 이제 소작농들은 봉건 제도 아래에서 지고 있던 각종 부담으로부터 벗어날 수 있게 되었다.

그다음에 의회는 새로운 정치 체제의 바탕이 될 원리를 결정하는 일로 관심을 돌렸고, 그 결과 8월 26일에 '인간과 시민의 권리선언'이 채택되었다. 이 인권선언은 그 영향력이 미국 독립선언문에 비견할 만했으며 훗날 프랑스 공화국의 상징적 토대가 되었다. 여기에는 계몽주의의 이상과 함께 루소, 몽테스키외, 로크의 사상과 언어가 반영되어 있었다. 군주의 권위에 대해서는 아무런 언급도 없었고 대신 "인간의 자연적이고 양도할 수 없는 신성한 권리들"을 천명했다. "인간은 태어날 때부터 자유롭고 권리에 있어 평등하다." 그 권리란 "자유, 재산, 안전, 억압에 대한 저항" 등의 권리였다.

루이 16세는 인권선언에 서명하기를 거부했다. 이때만 해도 의원들 대부분은 왕의 서명이 있어야 공식적인 문서가 될 수 있다고 여기고 있었다. 왕이 베르사유가 아니라 파리에 있다면 국민의 뜻에 더 잘 호응할 것이라고 생각한 파리 군중은 다시 한 번 행동을 취했다. 시장에 빵이 부족한 데 대해 화가 날 대로 난 여인 6,000명이 베르사유까지 25km를 행진해 가서 왕을 호위하여 파리로 데리고 왔다.

그다음 2년 동안 혁명은 일종의 교착 상태에 빠져 있었다. 제헌국민의회는 새로운 헌법 제정 작업을 하며 군주의 권력에 대해 토론하고 끝나지 않는 재정 위기와 씨름했다. 루이 16세는 사실상 입헌 군주의 모양새가 되어 사태를 관망하고 있었다. 끝도 없는 국가 부채를 처리하기 위해 의회는 교회에 속한 재산을 모조리 몰수했다. '성직자 시민헌장'이 제정되어 성직자와 주교를 국민이 선출하게 되었고, 성직자는 국가에 대한 충성을 서약해야 했다. 마침내 1791년 6월 새로운 헌법이 공포되었고, 그에 따라 입법의회가 선거를 통해 구성될 것이었다. 왕에게는 오직 보류권만이 인정되었다. 다시 말해 왕은 입법을 지연시킬 수는 있지만 파기할 수는 없었다.

일이 이런 식으로 전개되는 것에 경악한 루이 16세는 평민으로 변장해 파리를 탈출했다. 그는 프랑스 국경으로 가서 혁명에 반대하는 세력을 결집하고자 했다. 사실상 유럽의 모든 군주가 혁명에 반대하고 있었다. 프랑스에서 발생한 사건들이 자신이 통치하는 나라에서도 일어날 수 있는 것으로 보였기 때문이다. 러시아의 여제 예카테리나 대제는 "프랑스 사태는 왕관을 쓰고 있는 모든 이들의 근심거리"라고 잘라 말했다. 하지만 루이 16세는 국경으로 가는 도중 발각되어 다시 파리로 붙잡혀 왔다. 마침내 새 헌법이 발효되어 입법의회가 구성되었다. 곧이어 프러시아와 오스트리아가 프랑스에 대항해 손을 잡았다. 두 나라 군대가 프랑스를 침공해 들어오기 시작했을 때, 루이 16세가 외국 군주들과 결탁했다는 비난 여론이 일며 파리에서 또 한 번 폭동이 발생했다. 그리고 새로운 선거가 실시되었다. 1792년 9월 새로 선출된 '국민공회'는 1년도 안 된 헌법을 폐기하고, 왕정을 폐지했으며, 프랑스 최초의 공화정을 선포했다.

혁명의 여성들

프랑스혁명에서 여성들은 중요한 역할을 했다. 루이 16세가 파리에 있다면 더 책임감 있게 행동하고 의사소통도 잘될 것이라는 기대로 베르사유까지 가서 루이 16세를 데리고 파리로 행진해 온 것이 대표적인 사례이다. 그러나 혁명 지도자들은 대부분 남자였고, 그들이 이루어 낸 성과에 대해 모든 여성이 만족한 것은 아니었다. '인간과 시민의 권리선언'만 해도 여성에 대해서는 언급조차 하지 않았다. 프랑스 극작가 올랭프 드 구주(1745~1793)는 1791년 『여성의 권리선언』을 출판했다. 그는 앞선 권리선언의 문구들을 유사하게 사용하되, '인간'(man)을 '여성'(woman)으로 바꿔 놓았다. 나아가 드 구주는 왕비 마리 앙투아네트에게 "한 사람의 어머니이자 아내로서" 자신이 펼치는 운동을 강력히 지원해 달라고 요청하기도 했다.

영국에서는 교사이자 작가인 메리 울스턴크래프트(1759~1797)가 프랑스혁명을 반기며 그 속에서 대의 정치의 가능성을 보았다. 대의 정부에서라면 남성과 여성 모두의 권리가 존중받을 수 있을 것 같았다. 하지만 그녀 역시 '인간과 시민의 권리선언'에 실망했고, 프랑스 의회가 교육받을 권리를 남성에게만 한정하자 더더욱 분노했다. 울스턴크래프트는 『여성의 권리 옹호』(1792)를 출간해 결혼을 "합법적인 매춘"이라 묘사하고, 교육받을 권리를 제한하는 것이 여성을 "무지와 노예적 의존 상태"에 머물게 하는 것이라며 공격을 가했다. 영국에서 여성의 투표권과 공직진출권을 옹호한 책은 『여성의 권리 옹호』가 최초였다.

기요틴의 공포정치

왕정의 몰락은 곧 대중 민주주의의 승리였으며 그에 따라 성인남자들의 보통선거제가 복원되었다(보통선거제는 1789년에 도입되었으나 1791년에는 재산을 기준으로 **선거권**을 부여했다). 파리에서는 조르주 당통과 막시밀리앙 로베스피에르 같은 카리스마 넘치는 지도자들이 권력을 획득하여 영향력을 행사하고자 치열하게 경쟁했다. 급진파 '자코뱅' 같은 정치 클럽과 파벌이 형성되었다. 의회 회합에는 일반 대중이 참석하여 정치 지도자들과 연사들을 향해 야유하고 환호하며 소리 지르고 물건을 던지곤 했다. 그러한 대중 참여는 정책 결정과 지도부 교체(교체 빈도가 잦았다)에 대단히 큰 영향을 끼쳤다. 파리에서는 물론이고 지방에서도 수많은 상퀼로트(귀족이 입는 반바지인 퀼로트를 입지 않은 이들)가 지역 클럽과 지역 의회를 통해 거의 매일같이 정치 활동에 참여했다.

국민공회의 새로 선출된 의원들에게 부여된 첫 임무는 이전 왕의 운명을 결정하는 일이었다. 일부는 반역죄 혐의를 물어 재판에 회부해야 한다고 주장했고, 일부는 재판할 필요도 없이 즉각 처형해야 한다고 주장했다. 그런 한편 보수주의자들은 이전 왕이 재판과 기소로부터 면제된다는 입장을 취했다. 결국 의원들은 국민공회가 직접 주관하는 재판을 벌이기로 결정했다. 루이 16세는 두 번 출두해 자신을 변호했지만, 한 달 뒤 의원들은 외세와 공모한 혐의에 대해 만장일치로 유죄를 선고했고 아슬아슬한 표차로 사형을 확정했다. 1793년 1

월 루이 16세는 기요틴(단두대)에 목이 잘렸고, 아내 마리 앙투아네트도 9개월 뒤에 기요틴의 제물이 되었다. 당시 도입된 기요틴은 목을 베는 기계장치로서 효율적이고 고통을 주지 않는 처형 수단이었으며 프랑스혁명의 또 다른 상징이 되었다.

루이 16세가 처형되고 한 달도 되지 않아 오스트리아와 프러시아가 프랑스와 벌이고 있던 전쟁에 영국, 네덜란드, 스페인이 참가했다. 유럽 군주들이 프랑스 혁명가들에게 느끼던 위협감은 이제 마리 앙투아네트가 오스트리아 황제의 동생이라는 사실 때문에 더욱 직접적이고 개인적인 것이 되었다. 프랑스 국내에서는 반혁명과 외세의 위협에 직면하여 국민공회 내에서도 더 급진적인 파벌의 영향력이 강화되었다. 새로 설치된 '공안위원회'가 혁명이 이루어 낸 것들을 지키고 혁명의 적들을 타도하는 데 앞장섰다. 처음에는 당통이, 그다음에는 로베스피에르가 이끈 공안위원회는 '공포정치'를 공식적으로 천명하며 프랑스 내부의 적들과 외세 침략의 위협에 대응했다. 혁명에 반대했던 이들은 체포되고 재판에 회부되었다. 로베스피에르는 이렇게 말했다. "혁명정부는 훌륭한 시민에게는 국가의 완벽한 보호를, 민중의 적들에게는 오로지 죽음만을 제공할 것이다." 사형 집행 시에는 통상 기요틴이 사용되었다. 공포정치 기간에 전부 약 4만 명이 목숨을 잃었다. 공포정치는 채 1년도 못 되어 그 수명을 다했지만, 소멸 전에 스스로의 몸뚱이까지 불살라 버렸다. 당통은 사형집행인에게 "저들에게 내 머리를 보여 주라, 꽤 멋진 구경거리가 될 테니"라고 말하며 교수대로 끌려갔고, 몇 달 뒤 로베스피에르 역시 당통의 뒤를 이어 기요틴 아래 목을 내밀었던 것이다.

로베스피에르가 죽은 뒤 국민공회는 혁명정부의 독재 체제를 청산했다. 그리고 헌법을 다시 한 번 더 만들어 5인의 총재가 행정권을 갖는 '총재정부'를 수립했다. 총재정부는 4년간 지속되며 급진적 혁명노선과 왕당파의 반동노선 사이에서 타협점을 찾으려 애썼다. 유럽 나머지 국가들과의 전쟁이 여전히 계속되는 가운데 끊임없는 정치적 소요에 시달리던 총재정부는 그 정치적 입지가 약해지면서 점차 군대의 도움에 의존하게 되었다. 그리하여 1799년 말 총재들 스스로가 쿠데타를 지원해 젊고 용맹한 장교 나폴레옹 보나파르트의 손에 권력을 넘겨주었다.

찰스 디킨스, 기요틴을 이야기하다

프랑스혁명이 무엇을 남겼으며 그 의미는 무엇이었나 하는 것은 인류 전 역사를 통틀어 가장 뜨거운 논쟁이 펼쳐지는 문제 중 하나이다. 프랑스혁명은 굉장한 업적을 이뤄 낸 시기이기도 했지만 한편으로는 크나큰 고통의 시기이기도 했다. 정치적 변화가 주로 평화적인 방식으로 이루어졌던 영국에서는 많은 사람이 프랑스혁명의 폭력성에 경악을 금치 못했다. 일례로 프랑스혁명 이후 세대였던 소설가 찰스 디킨스는 『두 도시 이야기』에서 공포정치 기간의 기요틴 광풍에 대해 혐오감을 표출한다.

"기요틴은 제거하고 싶은 것을 철저하게 깎아 내는 '국가의 면도날'이었다. (…) 인류는 기요틴과 함께 다시 태어났다. 기요틴이 십자가의 자리를 대신했다. 사람들의 가슴마다 십자가가 버려지고 기요틴의 모형이 자리 잡았다. 사람들은 십자가를 부인하는 대신 기요틴을 믿고 숭배했다."

유럽의 정복자, 나폴레옹

나폴레옹은 1793년 24세의 나이에 장군이 되었다. 그는 2년 뒤 파리에서 왕당파 반란을 진압하여 명성을 얻었으며, 그다음 해에는 이탈리아 원정군 지휘관으로 임명되어 당시 더 강하다고 여겨지던 오스트리아군에 연전연승하면서 일약 영웅으로 부상했다. 1799년 쿠데타를 일으켰음에도 그의 인기는 식을 줄 몰랐다. 1802년 나폴레옹은 종신통령으로 선출되었고, 2년 뒤에는 스스로 프랑스 황제 자리에 올라 나폴레옹 1세가 되었다. 나폴레옹은 10년간 황제의 자리에 앉아 있었으며, 그 대부분의 기간에 그와 프랑스는 유럽을 지배했다.

국내 정치에서 나폴레옹은 총재정부의 중도노선을 따르며 혁명의 주요 성과들을 지키려고 노력하는 한편, 급진주의 혹은 왕정으로의 복귀는 피하고자 했다. 그는 여러 기관들을 무력화시켰고, 언론을 검열하고 폭동을 진압했으며, 왕당파든 공화파든 음모를 꾸미다 붙잡힌 자들은 투옥하거나 사형에 처했다. 그리고 가톨릭교회와 화해했으며, 교황과 정교협약을 맺어 혁명 이후 성직자와 교회를 구속해 오던 제도들을 대거 없애 주었다. 나폴레옹의 유산 중 가장 길이 남은 것은 당시 처음으로 반포된 '나폴레옹 법전'일 것이다. 이 법전은 오늘날 프랑스를 비롯한 유럽 대부분 국가의 법체계 근간이 되었다.

나폴레옹은 대규모로 편성한 군대를 이끌고 다른 나라를 침략하여 혁명 이념을 전파하고 프랑스와 자신의 세력을 키웠다. 1805년에는 오스트리아 아우스터리츠에서 오스트리아-러시아 연합군을 대파했고, 그다음 해에는 독일 예나에서 프러시아군을 격퇴하고 베를린을 점령했다. 나폴레옹 제국의 전성기였던 1810~1812년 사이에 프랑스는 스페인, 이탈리아, 벨기에, 네덜란드, 스위스, 독일, 폴란드, 크로아티아, 슬로베니아 등을 지배했다.

• 〈알프스를 넘는 나폴레옹〉, 자크 루이 다비드, 1801년.
혁명을 지지했던 다비드의 그림은 나폴레옹의 영웅적 이미지를 구현했다.

나폴레옹 법전

프랑스혁명 전까지는 프랑스의 많은 지방에서 왕의 법과 교회의 법이 각 지역 전통과 우열을 다퉜다. 나폴레옹은 많은 법률가의 도움을 받고 그 자신도 한몫을 하며 프랑스 전역에 균일하게 적용될 수 있는 법전을 만들어 냈다. 2,000개가 넘는 조항이 포함된 이 법전은 법 앞에서의 평등, 종교의 자유, 재산권 등을 비롯해 혁명의 성과 중 많은 부분을 제도화했다. 또한 이 법전에는 가족에 대한 나폴레옹의 전통적인 시각도 담겨 있다. 나폴레옹은 가족을 국가와 개인을 잇는 중요한 매개체로 여겼으며, 한번은 이런 불평을 하기도 했다. "여자들은 지나치게 우대받고 있다. 여자들이 남자들과 동등한 대우를 받아서는 안 된다. 현실적으로 여자들이란 아이 낳는 기계에 불과할 뿐이다." 여성과 자식은 남편이나 아버지에게 법적으로 종속되며, 남성은 가족의 재산을 뜻대로 할 수 있다는 등의 가부장적 시각이 새로 제정된 법전에 반영되어 있었다. 하지만 법전은 유산을 아들과 딸 모두에게 골고루 상속할 것을 명시하고 있었기 때문에 장자에게 모든 재산이 돌아가는 장자상속권의 관습은 종말을 고하게 되었다. 그러자 유산이 크게 나뉘게 될 것을 염려한 프랑스의 부부들이 자식을 두세 명 정도만 낳는 예상치 못한 결과가 나타나기도 했다.

나폴레옹 법전은 유럽 많은 국가에 적용되고 도입되었으며, 지금도 유럽 대륙의 많은 국가, 이슬람교도가 대부분인 터키, 법전이 반포된 시기에 프랑스 식민지였던 미국의 루이지애나 주 등지에서 법제도의 근간이 되고 있다. 나폴레옹 스스로도 가장 길이 남을 자신의 유산은 법전이라는 것을 느끼고 있었다. "나의 영광은 40번의 전투에서 이긴 것이 아니다. (…) 어떤 것도 파괴할 수 없는 것, 영원히 살아남을 것은 바로 내가 제정한 민법이다."

나폴레옹은 혁명가는 아니었지만, 1789~1791년 사이에 일어났던 혁명적 변화들 중 많은 부분을 확고히 자리매김시켰으며 그 자신도 계몽주의 철학 사상과 방침 대부분을 지지했다. 그리고 군사적 정복 활동을 통해 계몽주의와 프랑스혁명 사상을 대거 유럽 대륙에 전파했다. 나폴레옹은 유럽 많은 지역에서 헌법, 권리선언, 선출 입법기관, 시민 평등 등이 구현된 위성 공화국을 수립하고 프랑스를 모델로 삼아 재정적, 법적, 행정적 개혁을 실시했다. 그는 제국 전 영역에 걸쳐 봉건주의를 약화시키고 법전을 도입했으며, 대의 정부 개념을 발전시키고 민족주의 정신을 일깨웠다. 각 지역 사람들은 프랑스의 지배 자체를 환영했던 것은 아니었지만, 프랑스적 혁신이 자신들을 억압하는 군주제에 대항하는 도구가 될 수 있다는 것을 알았다. 물론 군주들의 눈에는 나폴레옹이 구질서와 유럽의 세력 균형을 위협하는 존재로 보였다.

하지만 나폴레옹은 군사적 정복 활동을 대규모로 벌이면서 세력이 극히 약화되고 말았다. 1812년 그는 40만 군사를 결집해 러시아 원정에 올랐다. 당시 나폴레옹은 유럽에서 벌어지는 전쟁의 성격 자체를 바꿔 놓고 있었다. 그는 대규모 군사를 징집해 자유, 평등, 박애라는 프랑스혁명 정신과 조국 프랑스를 위해 싸운다는 신념을 주입했다. 강한 정신력으로 무장한 그 군사들은 훈련은 더 잘 되어 있지만 단지 돈을 위해 싸울 뿐인 유럽 군주들의 군대를 거의 모든 전투에서 이길 수 있었다. 그러나 러시아 원정군은 이전 어떤 부대도 미치지 못할 정도로 대군이었음에도 불구하고 오히려 그 규모 탓에 보

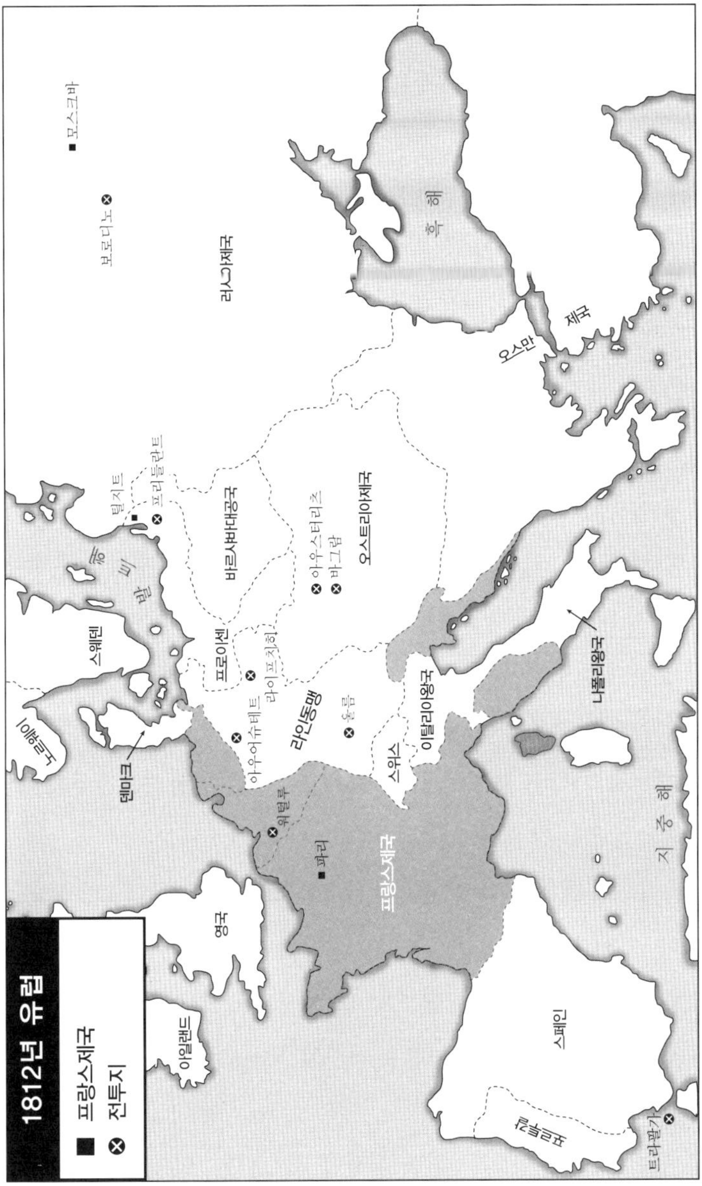
1812년 유럽
프랑스제국
전투지
모스크바
보로디노
러시아제국
흑 해
오스만 제국
틸지트
프리들란트
바르샤바대공국
아우스터리츠
바그람
오스트리아제국
발트 해
스웨덴
노르웨이
덴마크
프로이센
라이프치히
아우어슈테트
라인동맹
울름
스위스
이탈리아왕국
나폴리왕국
지 중 해
워털루
파리
프랑스제국
영국
아일랜드
스페인
포르투갈
트라팔가

• 1812년 유럽

급, 이동, 병참 등에서 까다로운 문제들을 일으키고 말았다. 그리고 나폴레옹군이 모스크바에 당도했을 때 러시아의 겨울이 시작되었고, 모스크바는 러시아인들 스스로 놓은 불길로 잿더미가 된 터라 나폴레옹군은 추위를 피할 곳이 없었다. 퇴각하는 길에 프랑스군은 추위와 굶주림, 러시아군의 게릴라 공격 등으로 목숨을 잃는 병사와 탈영병이 속출하여 거의 전멸하다시피 했다. 겨우 7만 명만이 프랑스로 돌아왔다.

이러한 상황에서 오스트리아, 프러시아, 영국 등은 나폴레옹에 대항해 러시아와 동맹을 맺었고, 나폴레옹의 군사적 성공은 그 운을 다하기에 이르렀다. 압박해 들어온 동맹군은 파리를 점령하고 나폴레옹을 강제 퇴위시킨 뒤 이탈리아 연안의 엘바 섬으로 추방했다. 1년도 채 되지 않아 엘바 섬을 탈출한 나폴레옹은 프랑스에서 지지 세력을 규합하여 동맹군에 다시 맞섰지만, 1815년 벨기에의 워털루에서 벌어진 유명한 전투에서 영국-프러시아 연합군에 패배했다. 이번에는 남대서양의 작은 섬 세인트헬레나로 유배된 나폴레옹은 1821년 그곳에서 삶을 마감했다.

나폴레옹이 패하자 유럽 군주들은 프랑스에서 구질서를 회복하고자 했다. 루이 16세의 동생 루이 18세가 왕위에 오르며 부르봉 왕조가 복원되었고, 프랑스 국경은 1790년 당시 국경으로 되돌아갔다. 그러나 혁명의 요정을 완전히 램프 속으로 되돌려 놓을 수는 없었다. 루이 18세는 1789년 이후 프랑스인들의 삶과 사회 속에 스며든 변화들 중 많은 것을 수용하는 헌법 헌장을 반포했다. 언론의 자유와 의

+ 역사 상식사전

1812년 전쟁

미국과 영국 간에 벌어진 '1812년 전쟁'은 당시 유럽에서 계속되던 나폴레옹 전쟁의 간접적 영향을 받아 발발했다. 영국과 프랑스 사이의 갈등에 대해 미국은 중립을 유지했지만, 미국 내에서는 프랑스혁명의 이상에 공감하는 분위기가 많았다. 또한 한 세대 앞서 일어난 미국혁명 때 프랑스가 지원해 준 데 대한 고마움이 남아 있는 상태였다. 그런데 유럽에서의 전쟁 기간에 미국과 프랑스 간의 무역이 계속되자 이에 자극받은 영국은 미국 항구들을 봉쇄했고, 미국 상선들을 나포해 갔으며, 미국 선원들을 영국군 탈영병으로 몰아 강제로 억류했다. 나폴레옹을 물리치는 데 주력하고 있던 영국에게는 미국과의 이러한 분쟁이 부차적인 일이었지만, 미국은 1812년 영국에 전쟁을 선포했다. 그러다 마침내 나폴레옹이 몰락하자 영국의 해상 봉쇄도 끝이 나고 미국과 갈등을 빚은 문제도 종결되어 전쟁은 1815년에 막을 내렸다. 많은 미국인이 이 전쟁을 '제2의 독립전쟁'으로 여기고 경축했다. 그리고 1814년 볼티모어의 맥헨리 항구에서 영국 해군의 포격에도 성조기가 흔들림 없이 서 있는 것을 지켜본 프랜시스 스캇 키는 감동하여 시를 썼고, 이 시가 훗날 미국 국가의 가사가 되었다.

회 정부 정도까지의 변화가 받아들여졌다.

승리한 4강국(영국, 오스트리아, 러시아, 프러시아)은 빈 회의1814~1815에서 약간의 조정을 거치는 구질서 복원을 공식화했으며, 예전과 같은 세력 균형 상태로 되돌아갔다. 군주의 힘을 지키고 항구적인 평화를 유지하려는 의도였다. 실제로 다음 100년간은 유럽 대륙 전체에 걸친 전쟁이 일어나지 않았다. 그러나 프랑스혁명과 나폴레옹 전쟁이 끄집어 낸 힘은 장차 유럽 사회의 기반을 흔들어 놓게 된다. 1789년에 일어난 사건은 최초의 현대적 혁명이었으며, 1792년 프랑스 공화국은 민주주의에 대한 유럽 최초의 현대적 실험이었다. 이 사건들은 민주주의자, 자유주의자, 사회주의자, 혁명가 등에게 지속적으로 영감을 제공했다. 나폴레옹은 군사적 파괴를 자행하고 수십만 명의 목숨을 희생시키기는 했지만, 유럽 전역에 민주주의, 자유, 평등 사상을 퍼뜨리고 대의 정부라는 씨앗을 뿌렸다. 1812년에 프랑스의 공격을 이겨 낸 러시아조차 그 영향을 피해 가지 못했다. 퇴각하는 프랑스군을 쫓아 프랑스에 들어갔던 러시아 군인들은 프랑스 문화와 계몽주의 사상, 혁명 이념 등을 접할 수 있었고, 러시아로 돌아온 그들 중 일부는 1825년 러시아에 입헌군주제를 수립하고자 '데카브리스트 반란'을 일으켰다. 데카브리스트들의 노력은 실패로 돌아갔지만, 이들의 영향을 받은 다음 세대의 혁명가들은 1917년에 거대한 현대적 혁명을 러시아에서 일으키게 된다.

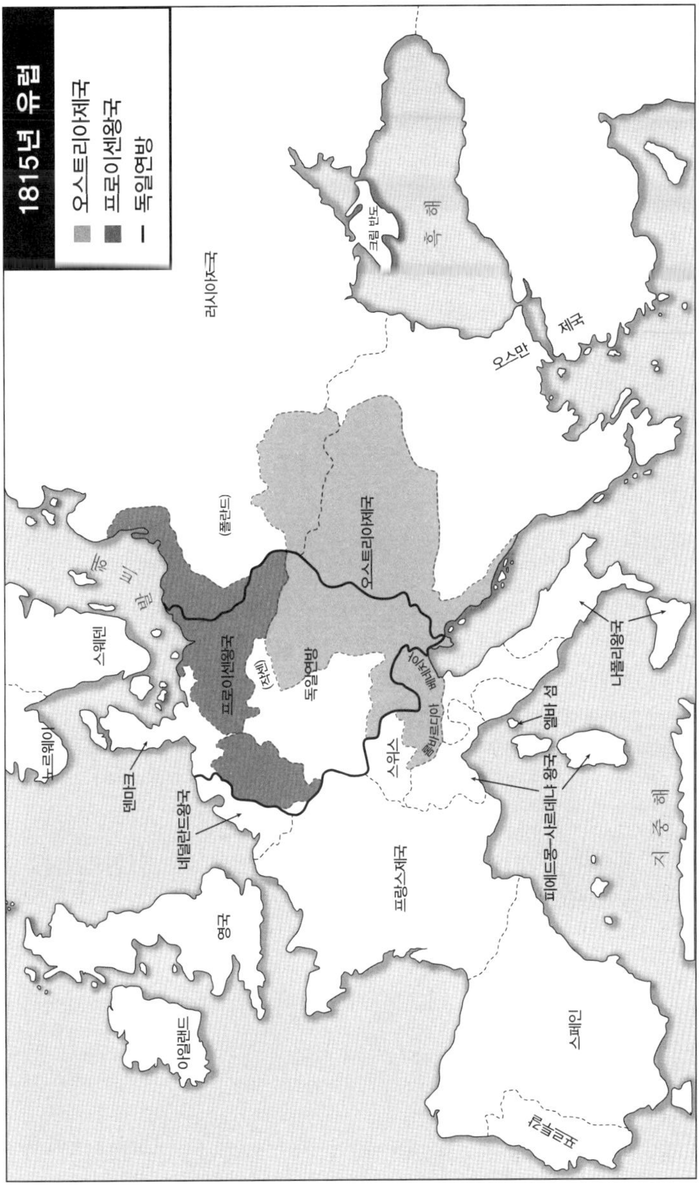
1815년 유럽
오스트리아제국
프로이센왕국
독일연방
러시아제국
크림 반도
흑 해
오스만 제국
(폴란드)
발트 해
스웨덴
노르웨이
덴마크
네덜란드왕국
프로이센왕국
(작센)
독일연방
오스트리아제국
바이에른
롬바르디아
스위스
엘바 섬
나폴리왕국
피에드몽-사르데냐 왕국
지 중 해
프랑스제국
영국
아일랜드
스페인
포르투갈

• 1815년 유럽

베토벤과 나폴레옹

독일의 작곡가 루트비히 판 베토벤(1770~1827)은 음악의 세계에서 혁명가였다. 다른 혁명가들과 마찬가지로 그 역시 프랑스혁명과 나폴레옹 보나파르트에 대해 분열된 감정을 가졌다. 그 자신이 공화주의자였던 베토벤은 처음에는 나폴레옹을 프랑스혁명의 가치가 구현된 인물로 보고 존경하여 1803년 3번 교향곡을 나폴레옹에게 헌정했다. 하지만 그다음 해 나폴레옹이 스스로 프랑스 황제 자리에 오르자, 나폴레옹에 대한 환상이 깨진 베토벤은 나폴레옹에게 헌정한다고 적은 페이지를 찢어 버리고 교향곡 제목을 그냥 '영웅'으로 바꾸었다. 그것이 바로 〈영웅 교향곡〉이다.

베토벤이 음악을 작곡하는 방식과 그 음악은 실로 혁명적이었다. 그 음악에는 당대의 정신이 담겨 있었다. 하이든과 모차르트 같은 그의 선배들은 대부분 왕이나 왕자의 의뢰로 작곡을 했고, 그 때문에 고상하고 품위 있는 궁정에서 귀족 관객에게 연주하는 것을 염두에 두고 곡을 썼다. 하지만 베토벤은 자신의 정신이 지향하는 바를 따랐으며, 열정과 호기를 갖고 곡을 써서 관객에게 충격을 주었다. 공연 역시 공공장소에서 이루어져 일반인들이 돈을 내고 음악을 들었다. 베토벤은 음악을 거리로 가지고 나왔던 것이다. 〈영웅 교향곡〉은 베토벤의 다른 대표작들과 마찬가지로 긴장과 감정, 슬픔과 기쁨이 가득한 대규모의 장편 작품이다. 이것은 혁명적인 음악이었으며, 베토벤 자신은 자유와 개인주의의 상징이 되었다.

3

산업혁명과 자본주의의 탄생

산업혁명이란 사람의 손을 이용하는 경제적 생산 활동의 시대에서 석탄과 증기를 연료로 쓰는 동력기계를 이용하는 시대로 급격히 변화한 시기를 일컫는다. 이러한 변화는 대체로 1750~1850년 사이 유럽에서 일어났으며, 특히 가장 격렬한 변화는 1780년 이후 반세기 동안 영국에서 일어났다. 산업혁명은 프랑스혁명과 거의 같은 시기에 발생했지만, 두 혁명은 서로 동떨어져 있었다. 산업혁명이 주로 영국에서 일어났고 경제적 영역에 큰 영향을 끼쳤다면, 프랑스혁명은 프랑스와 유럽 대륙에서 발생했고 주로 정치적 영역에 영향을 끼쳤다. 영국은 프랑스혁명과 나폴레옹 전쟁의 여파에서 비교적 벗어나 있었으며, 유럽은 1820년까지는 산업혁명을 완전히 시작하지 못하고 있었다.

산업혁명의 영향력은 프랑스혁명의 영향력만큼이나 컸다. 산업혁명은 영국에서 서유럽으로, 서유럽에서 동유럽으로, 이어서 나머지 세계로 퍼져 나갔으며, 장차 19세기를 관통해 20세기까지 이어질 더 큰 현대화의 물꼬를 텄다. 생산의 기계화를 통해 생산성과 경제적 산출량이 크게 증가했고, 이는 현대 산업사회의 토대가 되었다. 또한 산업혁명은 광범위한 사회적, 정치적 결과들을 낳았다. 조립라인 공장의 출현, 도시화, 가족 형태의 변화, 그리고 새로운 사회 계층인 도시노동자 계층, 즉 **프롤레타리아**의 부상 등이 그것이다.

농업혁명에서 산업혁명으로

18세기 후반 유럽의 다른 국가들과 비교해 봤을 때, 영국은 산업혁명이 일어나기에 적당한 장소였다. 영국에는 교육받은 유동인구가 있었고, 석탄과 철이 언제든 공급될 수 있었다. 유통망이 강, 운하, 연안 바닷길까지 넓게 펼쳐져 있었으며, 국내 간 이동거리도 길지 않았다. 인구는 증가하고 있었고, 정치적으로는 안정되어 있었다. 또한 프랑스혁명과 나폴레옹 전쟁이 빚어낸 혼란과 정치적 격변을 피할 수 있었다. 영국에서 산업혁명을 처음 일으켰던 이러한 특징들은 이후에도 지속적인 원동력이 되었고, 영국은 19세기에도 변함없이 산업화의 선두주자가 될 수 있었다.

사실 산업혁명에 앞서 농업혁명이 일어났다. 농업혁명은 어떤 부분에서 산업혁명의 원인이 되기도 했다. 농업혁명에는 크게 두 가지 요소가 있었다. 하나는 과학적 영농법의 발전, 또 하나는 **인클로저 운동**이었다. 우리는 앞서 과학혁명이 계몽주의의 초석을 놓았음을 보았다. 그 외에도 과학혁명은 실제적인 발명과 혁신을 많이 이끌어 냈으며, 이는 농업 분야에서도 마찬가지였다. 1700년경 제스로 툴은 줄을 맞춰 깔끔하게 씨를 심을 수 있는 파종기를 개발하여 손으로 씨를 흩뿌리던 기존의 비능률적인 방식을 대체했다. 18세기 중반 영국 농부들은 순무를 심기 시작했다. 순무는 토양의 질을 높여 주었을 뿐 아니라 겨울 몇 달 동안 가축을 먹일 수 있는 사료가 되었다. 이전에는 겨울이 시작되면 가축을 죽여야 했다. 소와 양의 과학적 사육 방식도 비슷한 시기에 도입되었다. 이 새로운 농업 기술들은 생산성을 극적으로 향상시켰으며, 그리하여 영국은 (그리고 나머지 유럽 국가들도) 급격히 증가하는 인구에 식량을 공급할 수 있었다. 영국의 경제학자 토머스 맬서스는 『인구론』1798에서 인구는 기하급수적으로 증가하지만 식량 생산은 산술급수적으로만 증가하기 때문에 빈곤과 기근을 피할 수 없다고 주장했다. 하지만 농업혁명 덕분에 맬서스의 암울한 예측을 적어도 일시적으로는 비켜 갈 수 있었다.

농업혁명의 또 다른 요소인 인클로저 운동은 토지를 소유한 귀족들과 시골 상류층이 공유지에 울타리를 둘러 사설 목장으로 전환을 꾀한 것이었다. 당시까지는 관습법에 의해 소를 방목할 수 있는 목초지나 나무를 할 수 있는 삼림 등을 공유지로서 자유롭게 사용할 수 있었다. 그러나 인클로저 운동은 그러한 중세적 관습을 점차 사라지게 만들었다. 17세기 말에 대지주들은 영국 의회에 입김을 넣어 인클로저 법안 수백 개를 통과시켰고, 이를 합법적인 행위로 만들어 버렸다. 그리하여 토지 소유권은 몇 안 되는 부유한 지주의 손에 집중되었다. 전체적인 농지 면적이 증가하자 규모의 경제가 가능해지고 생산성이 증가했으며 더 많은 식량이 산출되었다. 농업의 이러한 변화들은 두 가지 중대한 결과를 낳았다. 한편으로 농업 인구가 줄어들고 많은 이가 일자리를 찾아 시골을 떠나 도시로 갔으며, 다른 한편으로 생산 효율이 높은 농장에서는 더 많은 식량을 생산해 도시 시장에 공급했다. 이 두 가지 결과가 도시화와 산업화에 박차를 가했다.

영국에서 산업화는 면직물과 함께 본격적으로 시작되었다. 섬유 산업이 기계화되기 전까지 영국에서는 대개 아마와 모직을 가정에서 생산하고 면직물은 수입했다. 수입국은 주로 인도였다. 1707년 영국 정부는 영국 면직물 산업을 보호하고 지원할 목적으로 인도 직물 수입을 금지했다. 물론 이러한 조치가 예상했던 효과를 내기도 했지만, 플라잉 셔틀과 제니 방적기, 뮬 방적기 등과 같은 18세기의 중요한 발명품들 덕분에 직조와 방적 과정이 점점 더 기계화되고 크게 능률을 올리게 되어 면직물 생산은 훨씬 더 큰 자극을 받았다. 면직물 의류는 모직을 비롯한 다른 직물 의류보다 가격도 더 싸고 세탁도 더 편리했기 때문에 가난한 이들도 옷을 제대로 입을 수 있게 되었다. 면직물은 순식간에 사회 전 계층에 걸쳐 인기를 끌었다.

그런데 면직물 생산이 계속 늘어나면서 마침내는 영국 자국 내 수요를 넘어서게 되었다. 산업이 계속 성장하기 위해서는 해외 시장이 필요했다. 이러한 시장은 특히 신대륙에서 발견되었다. 미국에서 노예 수가 증가하면서 노예들에게 입힐 값싼 면직물 수요가 늘었고, 이에 영국 상인들이 면직물을 공급해 주었다. 1793년 엘리 휘트니가 목화솜에서 씨를 분리해 내는 조면기를 발명하면서 면직물 무역은 영국과 미국 사이의 쌍방무역이 되었다. 이전에는 솜에서 씨를 분리하는 작업이 수작업으로 이루어졌고, 영국은 면화 대부분을 **오스만제국**

과 카리브 해 지역에서 수입했었다. 하지만 조면기 덕분에 미국 면화의 가격이 크게 낮아지자, 이때부터 영국 면직물 제조업자들은 면화 대부분을 미국에서 수입하고 제조된 면직물을 다시 미국으로 수출했다. 그리하여 영국 면직물 생산은 호황을 누렸고, 미국과 영국의 교역과 경제 성장에 자극제가 되었다.

영국 방적기와 미국 조면기도 산업혁명의 기폭제가 된 중요한 발명품이었지만, 이 시대의 가장 중대한 발명품으로 단 하나를 꼽으라면 바로 증기기관일 것이다. 1711년 영국인 토머스 뉴커먼은 광산에서 물을 퍼내는 용도로 사용하기 위해 조악한 수준의 증기기관을 만들어 냈다. 1763년 스코틀랜드인 제임스 와트는 뉴커먼의 증기기관을 크게 향상시켰다. 와트의 증기기관은 처음에는 뉴커먼의 증기기관과 마찬가지로 광산에서 사용되었지만, 곧 다른 용도로도 활용될 수 있다는 것이 분명해졌다. 1790년대에는 면을 방적하는 뮬 방적기에 증기동력을 더했더니 사람이 수동물레를 조작했을 때보다 100배 높은 생산성을 보여 주었다. 영국에서 가장 중요하면서도 보편적이던 면직물 산업에서 이는 가히 혁명적인 변화였다.

이러한 새로운 기계들로 또 다른 혁신이 이어졌다. 공장의 탄생이었다. 증기와 수력 동력을 얻기 위해서는 동력의 원천 가까이에 노동이 집약되어야 했고, 커다란 장비(방적기, 직조기, 증기기관)를 집어넣을 큰 건물도 필요했다. 영국 중부 지방의 직물 제조 중심지 맨체스터는 최초의 현대적인 산업도시가 되었다. 공장이 확산되고 기계화와 조립라인 덕에 생산성이 증가하면서 맨체스터의 직물 생산량은 급증하여 곧 인도를 능가하게 되었다. 18세기 초에는 인도 직물 수입 금지를 통해 무역을 제한하려는 노력이 있었지만, 이제 영국 면직물을 더 이상 보호할 필요가 없게 되자 영국 제조업자들은 자유무역을 요구하는 로비를 폈다. 이 자유무역이라는 용어는 초기 자본주의의 대명사가 되었다.

증기기관은 다른 방식으로도 경제성장의 원동력이 되었다. 1825년 증기기관은 달링턴의 한 광산에서부터 항구도시 리버풀까지 10km 철길 위에서 석탄을 실어 나르는 수레에 장착되었다. 이것이 철도의 시초로서 철도는 산업에는 물론 교통에도 혁명을 일으켰다. 1850년까지 1만km가 넘는 철길이 영국에 깔렸다. 철도는 교통을 더욱 편리하고 빠르게 해주었으며 산업이 발전하는 데에도 크게 기여했다. 철도가 급속히 확산되면서 석탄과 증기기관, 철, 강철 등에 대한 수요가 늘었던 것이다. 이를테면 새로 깔리는 철길 1.5km마다 300톤의 철이 사용되었다. 소위 '철도에 미친 시대'라 하는 1830~1850년 사이 영국의 철 생산량은 3배 이상 늘었다. 그리하여 맨체스터와 같은 도시의 직물 공장 부근에는 곧 철 공장, 강철 공장, 증기기관 공장 등이 잇따라 들어섰고, 이는 현대 산업 경제의 근간이 되었다.

초기 산업화 시대의 혁신과 발명품들은 대개 산업 현장에서 효율을 높이고 이익을 내는 방법을 찾고자 노력한 끝에 얻어 낸 산물이었다. 앞서 언급한 발명품들 중 과학자가 구상해 만들어 낸 것은 거의 없었다. 하지만 철학자이자 경제학자였던 애덤 스미스 같은 사람은 저서 『국부론』1776에서 산업화와 초기 자본주의에 대한 지적, 철학적 기반을 마련하기도 했다. 우리는 1장에서 스미스의 경제적 교환에 관한 자연법 이론이 계몽주의 사상이라는 더 큰 조류와 시대적 흐름을 함께했음을 살펴본 바 있다. 그런데 스미스는 계몽주의의 세례를 받기도 했지만 산업혁명의 세례도 함께 받은 철학자였다. 그래서 『국부론』에는 당시 영국의 경제에 무슨 일이 일어났는가 하는 것과 그러한 추세를 더욱 강화하고 합법화한 것은 무엇이었는가 하는 것이 함께 담겨 있었다.

『국부론』에서 스미스는 생산과 교환의 자연법칙, 수요와 공급의 자연법칙이 있으므로 그 법칙이 작동하도록 내버려 두기만 하면 경제는 자연히 가장 좋은 방향으로 나아갈 것이라고 주장한다. 마찬가지로 각 개인은 어떤 규제도 없이 저마다의 경제적 이익을 추구하는 것이 허용되어야 한다. 그러면 수요와 공급의 자연법칙이 개인의 이익 추구에 대응함으로써 결국 합산된 개별 이익은 공공복지의 향상으로 귀결될 것이다(개인의 악이 공공의 선을 낳는다). 이러한 관점에서 본다면 정부는 큰 틀에서 경제적 관리나 규제를 하지 말아야 한다. 다만 정치적 안정을 유지하거나 사유재산과 계약을 법적으로 보호해 주고 법을 집행하는 등 안정적인 경제적 환경을 조성하는 데에만 그 역할을 한정시켜야 한다.

물론 이 모든 주장들은 영국에서 새롭게 부상하던 기업가들의 이익에 전적으로 합치되는 것이었다. 그들은 옛 중상주의 체제의 규제를 못 견뎌 하며 자유무역과 공장에 대한 법적인 보호, 정부 개입의 최소화를 원하고 있었다.

수정궁

최초의 세계적 박람회였던 1851년 런던 만국박람회는 산업의 발전을 축하하는 자리로서 산업혁명과 영국 국력을 상징적으로 보여 주었다. 박람회가 열린 장소는 '수정궁'이었다. 온실의 모양을 닮은 수정궁은 철과 유리로 된 거대한 구조물로, 조립식 건물의 승리였다. 건물의 길이는 개최년도와 같은 1,851피트(507미터)였고, 박람회에는 산업, 상업, 예술 등 다양한 분야를 망라하여 세계 각지에서 온 제품들이 전시되었다. 6개월 동안 600만 명이 박람회장을 찾았다. 가장 인기 있던 전시관 중에는 '움직이는 기계관'이 있었다. 이곳에는 최신식 증기기관을 비롯한 여러 장치들이 마치 예술작품이나 조각품처럼 진열되어 있었다. 또한 박람회에서는 대량 생산되는 가정용 신제품들, 이를테면 정교한 가구라든지 은도금한 부엌용품, 조각상, 꽃병 등도 많이 전시되었다. 이런 면에서 수정궁은 대량소비시대의 막을 열기도 했다. 이와 유사한 박람회가 곧 파리, 빈, 뉴욕 등지에서 잇따라 개최되었다.

• 1851년 만국박람회를 개최하기 위해 하이드 파크에 세운 수정궁. 이후 시드넘의 한 유원지에 중앙장식물로 옮겨 세웠으나 1936년 화재로 소실되었다.

산업화가 낳은 거대한 전환

산업화는 영국의 경제만이 아니라 일터, 가족, 일상생활까지 변모시켰다. 18세기 이전에는 대부분의 사람들이 마을이나 소도시의 농장에서 생활을 영위했고, 대부분의 일은 밭이나 가정, 소규모 가게에서 이루어졌다. 그런데 공장이 생기고 도시화가 진척되면서 이 모든 것이 바뀌기 시작했다. 전형적인 초기 산업도시 맨체스터는 18세기의 마지막 25년 동안 10배나 성장했으며, 같은 기간 영국 전체가 새로운 대도시들의 성장으로 폭발할 듯했다. 1785년에는 인구 5만 이상의 도시가 영국과 스코틀랜드를 합쳐 4개밖에 없었지만, 70년 후에는 32개가 되었다.

이러한 도시들은 산업적 필요에 따라 건설되었기에 그다지 살기 좋은 곳은 아니었다. 1835년까지 영국에는 도시 조직에 관한 일반적인 절차가 존재하지 않았고, 대부분의 새로운 공장 도시들에는 세금을 낼 지방 정부나 규정 같은 것도 없었다. 또한 의회에 보낼 대표 역시 없었다. 그러니 경찰력이나 수도와 하수도, 쓰레기처리와 같은 기본적인 도시 서비스를 제공할 재정적, 행정적 자원이 거의 없었다. 한 문헌은 이 새로운 도시들의 상황을 다음과 같이 묘사하고 있다.

> 새롭게 형성된 도심 주거 공동체들은 음침한 곳이었다. 초창기에 석탄이 쏟아져 들어오던 시절, 흩날린 검댕이가 공장이건 노동자 숙소건 어디든 두껍게 내려앉아 온통 새까맸다. 또 중부 지방의 기후가 청명하지

못한 탓에 아무리 좋은 날씨에도 주위가 어두컴컴했다. 급속히 성장한 공동체에서는 어디나 그렇듯이 노동자들의 주거지는 서둘러 지어졌고 빽빽이 밀집해 있었으며 언제나 무언가 공급이 부족했다. 한 가족이 모두 단칸방에서 생활하면서 가족의 삶은 붕괴되곤 했다. 글래스고의 한 경찰관이 목격한 바로는 도시 내 다세대주택마다 누더기를 걸친 아이들이 수백 명씩 우글댔다. 그 아이들에게는 성만 있을 뿐 이름 없이 보통 별명으로 불리고 있어 경찰관이 보기에 동물과 다를 게 없었다.

공장 일은 무자비하고 형편없었다. 노동자들 대부분은 휴식 시간이나 교대 없이 하루 14시간 넘도록 같은 업무를 계속 반복해야 했다. 업무는 빠른 속도와 조직적인 체계, 격렬한 강도를 요하도록 편성되어 있어 노동자들끼리 어울릴 시간은 거의 없는 형편이었다. 프랑스의 여성운동가이자 사회주의자였던 플로라 트리스탕은 영국을 방문한 뒤 다음과 같은 글을 남겼다. "영국의 공장에서는 노랫소리나 이야기소리, 웃음소리가 들리지 않는다. (…) 사업주는 노동자들이 아주 잠시라도 어떤 일 때문에 주의를 빼앗기는 것을 원하지 않는다. 그는 침묵을 요구하며, 그래서 공장 안에는 죽은 듯한 침묵만이 감돈다."

공장을 돌리는 것은 보통 석탄이었다. 그 말은 곧 공장 안팎이 시커먼 먼지로 뒤덮인다는 것을 뜻했다. 임금은 일반적으로 매우 낮아서 한 집안의 가장은 아내와 아이들을 부양하기가 어려웠다. 그래서 아이들 역시 공장에서 일해야 할 때가 많았다. 겨우 여섯 살 된 아이가 일하기도 했다. 19세기 영국에서 노동자 계층이 처했던 잔혹한 상황은 『올리버 트위스트』나 『어려운 시절』과 같은 찰스 디킨스의 소설 속에서 고스란히 전해지고 있다. 디킨스 자신이 이런 상황을 몸소 체험했다. 그의 아버지는 항상 빚을 지고 살았고, 결국 빚 때문에 아버지가 감옥에 가게 되자 디킨스는 가족의 생계를 위해 열두 살의 나이에 학교를 그만두고 구두닦이 공장에서 일해야 했다.

도시와 공장에 노동자들이 집중되면서 정치적인 결과도 파생되었다. 공장의 비좁고 더러운 근무 환경에 노동자들이 불만을 품게 되었을 뿐 아니라, 그러한 환경과 그들이 공통적으로 겪고 있는 어려움에 대해 이야기 나눌 기회를 갖게 되었던 것이다. 노동자들의 연대감과 잠재력이 커지면서 노동조합이 결성되었다. 사실 영국에서 노동조합은 1825년까지 공식적으로는 불법이었다(파업은 그 후로도 오랫동안 불법이었다). 혁명이 일어날까 두려웠던 의회는 1832년 유권자 수를 2배로 늘리는 선거법 개정안을 통과시켰지만, 그래도 성인남자 중 5분의 1만이 투표권을 가지고 있었다. 1838년에는 '차티스트'라 불리던 한 노동자 단체가 인민헌장을 작성하여, 모든 성인남자에게 투표권을 부여하는 보통선거권을 요구하고 더불어 선거에 출마하기 위해서 일정 재산 요건을 갖춰야 하는 제도를 폐지할 것을 주장했다. 인민헌장을 지지하는 청원서에 100만 명 이상이 서명하여 하원에 제출했지만 하원은 이를 거부했다. 그 후 영국에서 선거권이 실질적으로 확대되기까지는 다시 30년이 더 걸렸다. 이렇듯 의회를 통한 온건한 노동 개혁 시도가 실패하자, 많은 노동자가 사회주의 사상, 혁명을 통한 자본주의 전복 등 더 급진적인 해결책 쪽으로 발길을 돌리게 되었다.

맨체스터에서 면직물 공장을 운영하던 독일 태생의 프리드리히 엥겔스1820~1895는 산업화와 사회주의 사이에 중대한 연결고리를 만들어 냈다. 산업사회의 상류층에 속해 있었음에도 도시의 빈곤 문제에 큰 충격을 받았던 엥겔스는 자신의 눈으로 관찰한 바를 기록해 『영국 노동계급의 상태』1844라는 책을 펴냈다. 그 직후 같은 독일인 카를 마르크스를 만나 친구가 된 엥겔스는 마르크스를 영국으로 데려와 연구와 저술 활동을 지원해 주었고, 마르크스에게 차티스트 운동의 여러 지도자를 소개해 주기도 했다. 1848년 마르크스와 엥겔스는 "전 세계의 노동자들이여, 단결하라!"라는 구호로 마무리되는 『공산당 선언』을 공동으로 발표했다. 이 선언은 사실상 공산당 운동의 첫 걸음으로서 공산당 운동은 1917년 러시아혁명으로 그 결실을 맺게 된다.

19세기 전반기에는 공산주의를 비롯해 많은 '주의'들이 하나둘씩 등장했다. 온갖 종류의 교리와 운동이 이 시기에 확산되었다. 사회와 밀접한 관계를 느끼고 사회적, 정치적 문제들을 자신의 문제로 인식하는 사람들이 많아졌으며, 이들은 사회에서 발생하는 문제들에 대해 체계적으로 사고하기 시작했다. 그리하여 1820~1850년 사이에 '자유주의', '급진주의', '사회주의', '민족주의'라는 말이 처음으로 등장했다.

낭만주의 역시 이 시기에 탄생했지만, 정치적인 '주의'와는 달리 문학예술 분야의 운동이었다. 낭만주의는 계몽주의의 순수한 이성을 거부하고, 프랑스혁명과 산업혁명이 낳은 가혹한 정치사회적 현실로부터 안식처를 찾고자 했다. 낭만주의자들은 이성만이 아니라 감정도 중요함을 강조했고, 세계는 이성과 과학적 증거만으로는 온전히 이해될 수 없다고 믿었다. 낭만주의는 유럽 전체에 걸쳐 예술가들과 작가들에게 영향을 끼쳤다. 그리하여 독일의 요한 괴테, 프랑스의 빅토르 위고, 러시아의 알렉산데르 푸슈킨, 영국의 새뮤얼 테일러 코울리지, 윌리엄 워즈워스, 바이런, 알프레드 테니슨 등의 시인들과 소설가들이 19세기의 첫 10년 동안 화려한 꽃을 피웠다. 이 작가들 중 많은 이는 산업혁명이 가져온 불분명한 결과물, 그리고 전통과 변화 사이의 팽팽한 긴장과 맞서 싸웠다. 산업은 거대한 부와 진보를 낳았지만, 또한 불행과 소외를 낳기도 했던 것이다. 이것은 유럽에서 앞으로 등장할 세대들도 직면하게 될 문제였다.

산업혁명의 여파

산업혁명은 영국에서 시작되었지만 빠르게 전 세계로 퍼져 나갔다. 영국에서 가장 중요한 초기 발명 몇 가지가 이루어졌지만, 곧 세계 각지에서 다른 발명들이 뒤따랐다. 미국에서는 로버트 풀턴이 증기선을 만들었고, 사이러스 맥코믹의 수확기가 밀 수확에 혁명을 몰고 왔다. 유스투스 폰 리비히를 필두로 한 독일 화학자들은 화학비료를 개발했다. 철도는 유럽 전역으로 거미줄처럼 퍼져 나가며 유럽 대륙을 하나로 연결했다. 또한 철도는 미국의 서부 팽창과 러시아의 동부 팽창(두 사건은 거의 같은 시기에 발생했다)을 가속화했다. 독일의 철 생산은 1825~1860년 사이 4배가 늘어났고, 같은 시기 프랑스의 석탄과 철 생산은 각각 2배씩 늘어났다.

1837년에는 19세의 빅토리아가 영국 왕위에 올랐다. 빅토리아 여왕은 그 후 64년을 통치하게 되며, 지금은 그 시기를 그녀 이름을 따 빅토리아 시대라고 부른다. 빅토리아가 왕위에 오르던 시기에 영국의 산업화는 순탄히 진행되고 있었으며, 새롭게 부상한 중산층이 영국 사회의 주류를 이루고 사회의 가치 체계를 형성하려 하고 있었다. 산업화와 도시화는 노동자 계층에게 힘든 짐을 안겨 주었지만, 중산층에게는 많은 혜택과 변화를 가져다 주었다. 여유 있는 이들은 더 많은 소비재를 살 수가 있었고, 이전에는 귀족들만이 손에 넣을 수 있었던 사치품들이 공장에서 쉼 없이 생산되었다. 도서관, 극장, 연주회장 등이 도시마다 잇따라 생겨나 중산층에게 즐거움을 제공했고, 주요 대도시에서는 신문이 발행되었다.

사회경제적 변화의 일부로서 성 역할도 새롭게 규정되고 있었다. 산업화 이전에는 보통 한 가족이 밭이나 오두막집에서 함께 일했지만, 산업화 이후 도시에서는 남자가 일하러 가고 여자는 집에서 가사와 육아를 맡게 되었다(물론 19세기 노동자 계층 여성들은 늦게까지 공장에 있는 경우가 많았던 것이 사실이다). 빅토리아 시대 가치관에서는 열심히 일하는 것이 재능보다 훨씬 더 중요했고, 핵가족의 안정성과 견고함이 각광을 받았다. 연애결혼이 대세가 되었으며 가족 규모는 점점 더 작아졌다.

중산층 규범과 빅토리아 시대 가치관은 19세기 영국 사회를 지배했으며, 영국이 상대적으로 안정과 번영을 유지하는 데 힘이 되었다. 그러나 그 껍데기 아래에는 디킨스와 엥겔스, 그리고 낭만주의 시인들의 작품 속에 나타나듯 불만과 갈등이 시커먼 그을음을 만들어 내고 있었다. 유럽 대륙에서는 프랑스혁명이 그러한 갈등 중 많은 것을 끄집어 내고 산업혁명이 닥쳐 왔지만, 영국은 그러지 못했던 것이다.

테니슨의 「록슬리 홀」

알프레드 테니슨이 쓴 「록슬리 홀」(Locksley Hall)은 낭만주의 시대의 고전시로, 젊은 시절의 사랑이 주는 날것 그대로의 감정과 열정을 그려 내고 있으며 또한 산업혁명기 인간 상황에 대해 상충되는 시각을 제시한다. 시에서 영국 시골 상류층 출신인 화자는 배를 타고 고향으로 돌아가며 에이미란 여인과 사랑에 빠졌던 추억("봄날 한 젊은이의 공상이 떠올라 사랑이 되었네"), 그리고 에이미의 부모가 정해준 구혼자 때문에 에이미가 사랑을 받아 주지 않은 것(아 나의 에이미는 더 이상 내 것이 아니야! / 아 황량하고 황량한 땅이여! 아 생명 없는 불모의 뭍이여!) 등을 회상한다. 그다음에 테니슨은 젊은 사랑의 낙관주의와 19세기 초반 사회적 낙관주의 사이의 연관성("내 형제들, 노동자들은 언제나 새로운 무언가를 거두어들이고")을 끌어내는데, 그 낙관주의는 결국 회의와 좌절로만 채워지고 "에덴의 여름 군도"에 대한 열망만이 더해질 뿐이다. "에덴의 여름 군도"는 "생각이 꼬리를 무는 이곳보다, 증기선보다, 철길보다, / 인류를 흔들어 놓는 사상보다 더 큰 즐거움이 있는 곳"이다. 하지만 결국 화자는 철도를 향해 고개를 끄덕이며 낙관주의와 진보를 선택한다. "먼 곳의 등불은 헛되지 않으리. 앞으로, 앞으로 나아가자, / 울리는 변화의 리듬에 맞춰, 위대한 세계여 끝없이 회전하자."

4

1848년, 민중의 봄

유럽의 1848년은 '민중의 봄'이라 불리기도 한다. 그 해 몇 달간 유럽 전역에 걸쳐 대중 봉기와 혁명이 일어났기 때문이다. 대중 봉기와 혁명은 프랑스에서 시작되어 사실상 영국과 러시아를 제외한 유럽 모든 나라에 영향을 미쳤다. 프랑스, 오스트리아, 헝가리, 보헤미아, 독일, 이탈리아 등지에서 군주제가 전복되고 헌법이 선포되었으며 독립이 선언되었다. 그토록 광범위하고 보편적인 대중 시위는 유럽 역사상 처음 있는 일이었으며, 이후에도 그와 비슷한 혁명의 확산을 보여 준 사례는 1989년 동유럽혁명뿐이다. 그러나 1848년에 일어난 혁명들은 전부 실패로 돌아갔으며, 그 혁명들이 성취해 낸 것들도 대부분 몇 년 안에 폐기되고 말았다. 그렇지만 1789년 프랑스혁명이 민주주의와 민족주의라는 씨앗을 뿌려 놓았다면, 1848년 봉기들은 그 씨앗을 더욱 번식시켰다고 할 수 있다.

모든 혁명이 다 그렇듯이 1848년에 일어난 혁명에도 장기적 촉진요소와 단기적 촉진요소가 있었다. 계몽주의는 개인주의와 인권, 대중 주권 등의 사상으로 무대를 만들어 놓았다. 문학과 예술에서의 낭만주의 운동 역시 개인과 개인주의를 강조했으며, 이미 여러 개념이

혼합되어 있는 가운데 영웅주의와 영웅의 투쟁이라는 개념까지 더해졌다. 산업혁명은 거대한 사회적, 경제적 세력을 움직이게 했다. 그 세력에는 자기 표현이 날로 증가하는 새로운 중산층과 프롤레타리아가 포함되어 있었다. 두 계층이 품고 있는 이해관계는 구체제의 사회경제적 구조와는 상충하는 것이었다. 이 모든 변화의 흐름이 뒤섞이고 있는 가운데 사회정치적 엘리트들은 구습의 끈을 놓지 않으려 했다. 앞에서 본 대로 1815년 이후는 반동의 시대였다. 나폴레옹이 패배하자 유럽 군주들은 혁명의 요정을 다시 램프 속에 집어넣고 뚜껑을 닫으려 했다. 하지만 변화의 힘은 억눌릴 수 없었다. 1820년대에 이미 독립운동이 벨기에(네덜란드의 지배에 항거하여)와 그리스(터키에 항거하여)에서 진행되고 있었고, 1830년에 파리는 다시 한 번 거리에서 일어난 혁명으로 진동했다. 이 모든 긴장 상태에 더해 1845년 이후에는 감자 대기근 사태가 벌어졌고, 이 사태는 유럽 대륙 전체 경제가 불황에 빠지는 데 일조했다. 그리고 1848년에 프랑스에서 또 한 번 혁명이 일어나 도화선에 불을 붙였다.

반동의 시대, 1815년 이후 유럽

나폴레옹이 워털루에서 패하자 유럽 열강은 1815년 빈에 모여 옛 지도(1789년 이전)에 따라 유럽을 재구성했다. 몇 가지 변화는 있었다. 39개 독립국으로 구성된 독일연방이 새롭게 만들어져 기존 동맹과 신성로마제국을 대체했다. 오스트리아는 북이탈리아 상당 부분을 지배하게 되었다. 핀란드와 리투아니아, 폴란드 동부에 대한 러시아의 지배가 확정됐으며, 러시아의 차르를 왕으로 하는 폴란드 분할왕국이 만들어졌다. 나폴레옹이 세운 독립 공화국들 중 살아남은 것은 거의 없었다. 당시 러시아 차르 알렉산드르는 이렇게 말했다. "공화국 유행은 한물갔다."

이 시기 유럽 지도(59쪽)에서 볼 수 있듯이 당시 유럽 대륙은 **민족국가**, 제국, 공국, 소국 등이 뒤죽박죽 모여 있는 상태였다. 포르투갈, 스페인, 프랑스, 영국 등 4개국은 어느 정도 통합된 민족국가를 이루고 있었지만, 나머지 유럽에는 오늘날과 같은 민족국가들의 배치가 이루어지지 않은 상태였다. '독일'이란 나라는 아직 존재하지 않았고, 중부 유럽은 대체로 독일인들이 살고 있는 바바리아와 프러시아 등의 중소 규모 국가 수십 개로 나뉘어져 있었다. 합스부르크 가문의 오스트리아 제국은 독일인, 헝가리인, 슬라브인 등이 모여 있는 다언어 집합체였다. 이탈리아 반도에는 다양한 왕국, 공국, 교황령이 분포되어 있었다. 오스만제국은 유럽 남동부를 지배했으며, 러시아는 핀란드인, 폴란드인, 우크라이나인 등 수십 개 주요 민족과 수백 개 소수 민족이 모여 있는 다민족 제국이었다.

유럽 주요 열강은 모두 군주의 통치 아래 있었다. 통치 방식은 영국의 입헌군주제부터 러시아의 폭정에 가까운 전제정치에 이르기까지 다양했다. 나폴레옹이 패한 뒤 승전국들(영국, 러시아, 오스트리아, 프러시아)은 보나파르티즘이나 혁명이 재발하는 것을 막기 위해 **4국동맹**을 결성하였다. 1818년 프랑스가 참여하면서 이 동맹은 '협조체제'라 불리게 되었다. 보수 지도자인 오스트리아 재상 클레멘스 폰 메테르니히는 **유럽 협조체제**를 주도하였다. 메테르니히는 1820년대에 유럽의 지도자들로 구성된 회의를 여러 번 조직하여 유럽 대륙의 정치적 소요에 개입할 것을 논의했고, 실제로 4국동맹은 1820년대 초반 민족주의자와 자유주의자들의 봉기를 진압하기 위해 이탈리아와 스페인에 개입했다.

보수주의에 맞선 자유주의와 민족주의

이러한 보수주의 세력에 맞서 자유주의와 민족주의가 대두하고 있었다. 자유주의와 민족주의 둘 다 계몽주의와 프랑스혁명에 그 기원을 두고 있었다. 자유주의에는 서로 구분되지만 연관되어 있는 두 개의 흐름이 존재했다. 하나는 정치적 자유주의, 또 하나는 경제적 자유주의였다. 정치적 자유주의는 동의에 근기한 정부와 대중 주권 원리, 입헌주의(정부 권력이 헌법에 의해 제한됨), 다양한 견해에 대한 관용 등을 옹호하는 로크와 루소 등 여러 사상가들의 계몽주의 사상을 토대로 성장했다. 비록 그들 대부분이 입헌군주제를 받아들이긴 했지만, 계몽사상가들은 개인의 인권과 사유재산에 대한 존중, 법의 지배와 의회의 권한 강화 등을 지지했다. 19세기 자유주의의 대표자라 할 수 있는 영국 철학자 존 스튜어트 밀은 에세이 『자유론』에서 한 사람의 자유는 그것이 다른 사람의 자유를 침해할 때만 제한될 수 있다고 주장했다. "어느 문명 공동체의 구성원에게 그의 의사에 반하여 공권력을 집행할 때 그것이 정당화될 수 있는 경우는 단 한 가지, 그가 타인에게 위해를 끼치는 것을 막을 때뿐이다."

경제적 자유주의도 사유재산에 관한 계몽주의 사상과 관련되어 있기는 하지만, 그보다는 애덤 스미스와 데이비드 리카도에게 더 직접적인 기원을 두고 있다. 두 사람은 시장의 '보이지 않는 손'과 자유무역을 강조했다. 정치적 자유주의자들과 마찬가지로 경제적 자유주의자들도 정부 권력을 제한하기를 원했는데, 특히 정부의 경제 규제에 대한 부분에서 그랬다. 경제적 자유주의자들은 중상주의 체제의 해체를 지지했다. 중상주의 체제 아래에서는 정부가 거의 모든 해외무역을 통제했기 때문이다. 그리고 그들은 보호 **관세**의 철폐와 더불어 상업 활동과 산업 활동을 저해하고 제약하는 정부 규제를 감소시킬 것을 지지했다.

정치적 자유주의자들과 경제적 자유주의자들은 많은 부분에서 의견을 같이했지만, 강조하는 부분에서 차이를 보이기도 했다. 예를 들어 존 스튜어트 밀도 자유방임 경제를 옹호하긴 했지만, 먼저 사업주의 힘과 노동자 및 노동조합의 권리가 균형을 이루어야 한다는 조건이 있었다. 19세기에 이 두 가지 형태의 자유주의는 중산층의 급부상과 함께 세력을 키웠다. 중산층 구성원들은 정치와 경제 양쪽 영역에서 자신들의 힘과 영향력을 키우고자 했다.

19세기 유럽을 움직인 또 하나의 강력한 원동력은 민족주의였다. 민족주의의 궁극적인 목표는 한 국가(정치 공동체) 안에 한 민족(핏줄)이 살아가는 하나의 통일된 민족국가를 수립하는 것이었다. 민족국가의 이상은 유럽에서 비교적 새로운 것이었다. 16세기 이전에는 대부분의 정치 공동체들이 가문을 토대로 하고 있었고(세습 군주), 대중의 충성도나 민족 문화에는 거의 관심을 두지 않았다. 16세기에 강력한 군주들은 각국 내부에서 정치 권력을 중앙집권화하며 황제나 교황 등의 외부 통제로부터 거리를 두기 시작했다. 이러한 움직임은 마침 종교개혁과 때를 같이했다. 종교개혁은 로마가톨릭교회의 패권에 의문을 품고 도전했다. 한 예로 1534년 영국 왕 헨리 8세는 아라곤의 캐서린과 이혼하고 앤 불린과 결혼하기 위해서, 교황의 권위를 거부하고 영국 국교회를 설립해 영국 왕이 수장이 되는 것을 골자로 하는 '수장령'에 서명했다. 이를 시작으로 영국은 민족국가로 부상하게 되었으며, 뒤이어 스페인과 프랑스 등도 민족국가로의 통합을 향해 갔다.

군주가 주도하여 중앙집권화되고 통일된 민족국가를 구축하는 것을 **위로부터의 민족주의**라 부르기도 한다. 대중이 주도하는 **아래로부터의 민족주의**는 훨씬 더 최근의 경향으로 계몽주의에 연결되어 있으며, 이때에는 민중의 혁명 사상이 힘의 근원이 된다. 아래로부터의 민족주의는 공동의 언어와 문화와 정체성을 공유한 사람들, 즉 한 민족이 그들의 정치적 운명에 대해 책임을 져야 한다는 것을 전제로 하며, 엘리트만이 아니라 민중 전체를 문화의 보고로 여긴다. 이러한 대중적 민족주의는 1789년 혁명기 프랑스에 분명하게 나타났다. 사람들은 가발을 쓰지 않고 머리를 있는 그대로 두며 실크 반바지 대신 흔한 작업복 바지를 입는 것을 하나의 상징으로 표현했다. 실제로 혁명의 주역이었던 일반 노동자들은 '상퀼로트'(귀족이 입는 반바지인 퀼로트를 입지 않은 사람들)라는 이름으로 불렸다.

민족주의를 정치적으로 구현하는 것은 민족에 기반을 둔 자주적인 정치 공동체를 세우고자 하는 것이다. 따라서 당연하게도 민족주의는 19세기에도 여전히 유럽 대부분을 지배하고 있던 다민족 독재국가에게 위협이 되었다. 나폴레옹은 폴란드, 네덜란드, 이탈리아 일부 등지에 새로운 민족국가들을 세우면서 민족주의 사상을 퍼뜨리는 데 일조했지만, 그렇게 탄생한 국가들 대부분은 빈 회의에서 폐기되었다. 그래도 민족주의 사상은 여전히 널리 퍼져 있었고, 마침내 민족국가의 선례가 만들어졌다. 이탈리아 민족주의자이자 혁명가인 주세페 마치니1805~1872는 1815년 이후 반동의 시대에 민족주의 원리를 대중에게 널리 알렸고, 1830년대에 비밀 조직 '청년이탈리아당'을 설립했다. 청년이탈리아당은 이탈리아에서 외국 통치자들을 몰아내고 이탈리아 통일국가를 수립하는 것을 목표로 했다. 마치니는 "교황도 없고 왕도 없다"며 "오직 신과 민중만이 있을 뿐"이라고 선포했다. 이후 마치니는 민주주의 헌법을 요구하며 청년이탈리아당의 국제 지부인 '청년유럽당'을 만들었고, 유럽 대륙 전체에 걸쳐 연락망을 구축하고 비밀단원들을 훈련시켰다.

7월혁명, 1848년을 예고하다

그러한 자유주의적이고 민족주의적인 운동들은 1820년대와 1830년대에 많은 곳에서 봉기와 혁명을 일으켰다. 그중에는 벨기에(네덜란드의 지배에 신음하고 있던)와 스페인, 그리고 이탈리아의 몇몇 국가들도 포함되어 있었다. 하지만 1830년 이전에 일어난 혁명 운동 중 가장 잘 알려지고 성공적이었던 것은 오스만제국의 지배에 항거한 그리스 봉기였다. 그리스는 이슬람 지배에 항거해 싸우는 기독교 국가라는 점과 서구 문명은 그리스에서 시작되었다는 유럽인들의 인식을 바탕으로 유럽의 동정을 얻을 수 있었다. 그래서 그리스 봉기 때에는 다른 민족 반란 때와 달리 몇몇 유럽 군주의 지원을 받기도 했고, 마침내 그리스는 1829년 독립을 쟁취했다(영국의 낭만주의 시인 바이런은 그리스를 위해 싸우다 전사했다).

그러나 이 시기 가장 중요한 격변은 1830년 7월혁명으로, 그 무대는 또다시 프랑스였다. 부르봉 왕조가 복원된 프랑스의 왕위는 1824년 루이 18세에서 샤를 10세로 넘어갔는데, 이 새로운 왕은 더 절대주의적인 체제를 만들기 위해 빠르게 움직이면서 1789년 혁명의 성과 대부분을 폐기해 버릴 조짐을 보였다. 그러자 1830년 총선거에서 왕의 반동적 경향에 반대하고 저항하는 이들이 대거 승리하여 의회에 진출하게 되었다. 이에 샤를 10세는 7월에 선거 무효를 선언하고 공공집회를 금지하며 검열을 강화했다. 당장 반발이 시작되었다. 노동자, 학생, 지식인 등은 거리에 모여 바리케이드를 치고 군대와 경찰에 저항했다. 그리고 군인들 대부분은 시위대에 발포하기를 거부했다. 결국 샤를 10세는 자신의 형(1793년 처형된 루이 16세)과 같은 운명에 처해지고 싶지 않았기에 왕위에서 물러나 영국으로 망명했다.

혁명가들은 더 이상 부르봉 가문에 왕위를 허용하지 않고 오를레앙 공작을 왕으로 추대했다. 젊은 오를레앙 공작은 1792년 공화국 군에 복무한 적도 있었기 때문에 혁명의 이상에 동조할 것으로 여겨졌다. 그는 루이 필리프라는 이름을 취하고 자신을 프랑스의 왕이 아니라 프랑스 국민의 왕이라 칭했다. 그리고 부르봉 가문의 백합기가 아니라 프랑스혁명을 상징하는 삼색기를 달았다. 프랑스에서 군주제는 사라지지 않았지만, 부르봉 가문의 지배는 끝이 났고 왕은 핏줄의 덕이 아니라 반란의 덕을 보고 왕위에 앉게 되었다.

7월혁명에 대한 소문은 유럽 전역에 퍼져 나가 이탈리아와 독일, 스위스, 스페인, 포르투갈, 벨기에, 폴란드 등지에서 유사한 봉기를 촉발시켰다. 그리고 그 결과는 엇갈렸다. 7월혁명이 일어난 지 한 달 후에 벨기에 브뤼셀에서 일어난 소요사태는 독립에 대한 요구로 이어졌고, 이듬해 벨기에는 결국 독립을 얻어 냈다. 하지만 러시아에 항거해 일어난 폴란드의 민족주의 봉기는 잔인하게 탄압되었다. 그 여파로 폴란드는 러시아에 합병되어 다시 한 번 지도에서 사라졌다. 그렇지만 1830년에 일어난 일련의 사건들은 혁명을 요구하는 분명한 메시지로 유럽 대륙 전체에 메아리쳤다. 프랑스 소설가 빅토르 위고는 1831년 이렇게 썼다. "파리라는 광산에서 유럽 모든 왕국의 지하로 갱도가 뻗어 나갔다. 땅 속 깊이, 그 갱도를 지나는 둔탁한 혁명의 소리를 나는 들었다."

1848년 혁명

프랑스에서는 두 세대 동안 일어난 두 번의 혁명을 통해 대중 주권 원칙이 적어도 대략적인 형태로나마 더욱 굳건히 확립되었다. 그래서 1840년대에 새로운 곤란이 닥쳐오고 억압이 다시 시작되었을 때, 프랑스인들은 다시 한 번 혁명을 선택할 수 있었다. 1846~1847년의 경제 불황과 식량 부족은 대중 불안을 야기했다. 경제 문제는 프랑스만이 아니라 유럽 모든 나라에 영향을 끼쳤다. 감자 농사의 대실패도 경제 문제를 일으킨 원인 중 하나였다. 감자 흉작에 특히 큰 타격을 입은 아일랜드에서는 대기근이 발생해 100만 명 이상이 죽고 100만 명 이상이 이민을 갔다.

프랑스에서는 1840년대에 새로운 정치적 억압이 경기침체에 더해졌다. 의회는 군주 루이 필리프의 권력을 어느 정도 견제하기는 했지만, 성인남자 30명 중 1명꼴로 선거권이 있는 상황에서 의회의 역할은 점점 더 유명무실해졌다. 왕은 선거권 확대를 비롯해 여러 개혁을 주장하는 대중 운동에 단호하게 반대했다. 1848년 2월, 파리에서 평화적인 시위가 벌어졌지만 경찰이 행동을 취했고, 이는 다시 한 번 바리케이드 시가전과 혁명으로 이어졌다. 루이 필리프는 18년 전 샤를 10세가 그랬듯이 퇴위하여 영국으로 망명했다. 파리 혁명은 또다시 3일만에 왕을 왕좌에서 쫓아냈다.

그러나 이번에는 왕을 축출하는 것만으로 성이 차지 않았다. 1840년대에 프랑스, 특히 파리는 산업혁명의 혼란 속에 있었고, 그 결과 도시노동자 계층이 목소리를 높이며 새롭게 부상하고 있었다. 많은 노동자가 정치혁명뿐 아니라 사회혁명을 부르짖었고, 프랑스를 비롯하여 유럽 여러 나라의 도시들에서 사회주의 사상이 유포되고 있었다. 1848년 1월에는 마르크스와 엥겔스가 사회주의 혁명을 촉구하는 『공산당 선언』을 발표했다.

파리에서는 임시정부가 국립작업장을 개설해 실업자들에게 일거리를 제공해 주었는데, 그곳을 중심으로 노동 환경을 더 개선하라는 노동자들의 요구가 터져 나왔다. 4월에는 성인남자 모두가 투표에 참가하는 남성 보통선거를 통해 의회가 새롭게 구성되었다. 하지만 이 선거에서는 보수파가 압도적인 승리를 거두었다. 6월에 의회가 국립작업장 폐쇄를 결정하자, 노동자들은 거리로 나와 시위를 벌였다. 노동자들은 의회를 습격해 의회 해산을 선포했으며, 자신들의 임시정부를 수립하고는 정치혁명을 보완할 수 있는 사회혁명을 부르짖었다. 하지만 군대와 경찰은 정부 편에 서서 제헌의회를 복구했고, 제헌의회는 즉각 계엄령을 선포했다. 파리에서 걷잡을 수 없는 계급전쟁이 휘몰아쳤다. 무장한 노동자들은 시 전역의 바리케이드에서 군인들과 맞섰다. 6월 24일부터 26일까지 이어진 유혈전에서 수천 명이 숨졌으며 1만여 명의 반군이 투옥되거나 추방되었다. 사회혁명이라는 유령은 진압되었지만, 유럽의 모든 정부가 이 사건을 보고 몸서리를 쳤다.

낭만주의 시인이자 혁명가였던 아담 미키에비치

폴란드 민족시인 아담 미키에비치(1798~1855)는 낭만주의와 민족주의, 그리고 혁명이 서로 밀접한 연관이 있음을 상징적으로 보여 준다. 그는 처음에 『발라드와 로망스』(1822)로 주목을 끌었다. 이 시집은 폴란드 문학에서 낭만주의 시대를 열었다. 걸작 서사시 『판 타데우시』는 몰락해 가는 귀족사회와 귀족사회를 분쇄하려는 세력들의 모습을 아련한 파노라마처럼 보여 준다. 판타지 드라마 『선조의 전야제』에서 미키에비치는 폴란드가 고난과 구원이라는 기독교적 주제를 구현함으로써 유럽 국가들 중에서 구세주적인 역할을 수행한다고 보았다. 이 작품을 비롯한 여러 작품에서 그는 저항과 반란을 찬미한다. 그러한 낭만주의적 개념들과 '민족들 중의 그리스도'라는 폴란드에 대한 이미지는 1989년에 이르기까지 폴란드 민족주의자들을 결집시키는 동력이 되었다.

미키에비치는 뛰어난 작가일 뿐 아니라 정치 활동가이기도 했다. 젊은 시절 그는 볼테르를 비롯한 여러 계몽주의 철학자들에게 매료되었다. 그리고 나폴레옹 군대가 1812년 러시아 원정을 가면서 폴란드에 들어왔을 때 그 모습을 지켜보고 흠모했었다. 그는 애국문학조직에 가담하였다가 체포된 뒤 추방되며, 결국 파리에 머무르게 되었다. 1830년에는 러시아에 대항해서 일어난 (그러나 실패할 운명의) 민족 반란에 힘을 보태기 위해 폴란드로 돌아가려 했으나 실패했다. 1848년 민중의 봄 때에는 폴란드 부대를 조직해서 이탈리아 해방을 위해 오스트리아와 싸우고자 이탈리아로 향했다. 이때 부대의 신조를 발표했는데 그 밑바탕에는 계몽주의 원리가 깔려 있었다.

"나라의 모든 사람은 시민이다. 모든 시민은 법 앞에 평등하다. (…) 우리의 형인 유대인에게는 영원한 선과 안녕, 그리고 무엇보다도 평등한 권리로 나아가는 길에 존경과 지지를 표한다. (…) 모든 가정에게는 공동체 보호 아래 한 구획의 땅을, 모든 공동체에게는 국가의 보호 아래 공동의 땅을."

1848년 혁명들은 실패로 끝났고, 미키에비치는 파리로 돌아갔다. 1855년 그는 또다시 성공하지 못할 영웅적 대의에 뜻을 함께했다. 미키에비치는 크림전쟁에서 폴란드 부대에 합류해 러시아와 싸우고자 콘스탄티노플을 향해 떠났다. 그러나 그곳에서 콜레라에 걸려 숨을 거뒀다. 그의 시신은 프랑스로 보내졌지만, 1890년에 유해가 폴란드로 이송되어 크라코프의 바벨 성당에 폴란드 왕들과 나란히 묻혔다.

1789년 혁명과 1830년 혁명 때 그랬듯이 1848년 혁명의 성과도 프랑스에서 오래가지 못하고 곧 폐기되었다. 혁명의 여파로 제헌의회는 새로운 공화국을 세우기 위한 헌법 제정에 착수하여 대통령 선거를 실시하기로 했다. 입후보자 중에는 나폴레옹 황제의 조카 루이 나폴레옹 보나파르트가 있었다. 그는 보통사람의 친구가 되겠다고 주장하는 한편 질서를 회복할 것도 약속했다. 충격적인 사건을 경험한 프랑스인들에게 그 두 가지의 결합은 매력적인 것이었고, 그는 1848년 12월 선거에서 크게 이겨 당선되었다. 하지만 곧 삼촌의 행태를 좇아 자신에게 권력을 가져다 준 민주주의를 훼손하기 시작했다. 1851년 루이 나폴레옹은 쿠데타를 일으켜 절대 권력을 손에 쥐고 의회를 해산했다. 이듬해에는 자신을 황제로 선포하고 나폴레옹 3세라 칭했다. 프랑스 정치의 추는 또다시 반동의 자리로 되돌아갔다.

전 유럽으로 퍼진 봉기

1848년 혁명의 영향은 프랑스 국경 너머 멀리까지 미쳤다. 오스트리아, 프러시아, 헝가리, 보헤미아, 이탈리아 일부 등지에서도 1848년과 1849년에 봉기가 일어났다. 이 봉기들 중에는 프랑스에서 일어난 봉기의 자유주의적인 요소나 사회주의적인 요소를 품은 것도 있었지만, 지주에 대항하는 소작농들의 불만이나 민족주의자들의 열망을 담은 것도 있었다.

빈을 수도로 하여 합스부르크 가문이 지배하는 오스트리아 제국

• 독일혁명.
1848년 베를린에서의
무기고 습격.

도 가장 심각하고 광범위한 봉기들로 타격을 입었다. 당시 오스트리아 제국은 유럽에서 러시아 다음으로 인구가 가장 많았다. 지리적으로는 오스트리아, 보헤미아, 헝가리 등 크게 세 부분으로 나뉘었고, 독일인, 체코인, 마자르인(헝가리인), 폴란드인, 슬로바키아인 등 10개 이상의 민족을 포함하고 있었기 때문에 자유주의에도 민족주의에도 취약했다. 파리에서 일어난 2월혁명의 소식이 빈에 전해진 직후부터 빈에서는 반란이 일어나기 시작했다. 노동자들과 군인들이 제국 왕궁까지 침입했다. 유럽 협조체제의 충실한 일꾼이었던 메테르니히는 변장을 하고 빈을 떠나 영국으로 도망쳐야 했다. 빈 정부가 무너지자, 합스부르크 가문의 지배 아래에 있던 체코인, 헝가리인, 이탈리아인 사이에서도 민족주의 봉기가 터져 나왔다. 헝가리의 급진 민족주의자들은 헌법에 의거해 제국으로부터 분리한다고 선언하며, 몇 달 후 수도를 오스트리아 국경 근처의 프레스부르크에서 헝가리 중심부에 있는 부다페스트로 옮겼다. 당황한 황제 페르디난트는 보헤미아의 체코인들에게도 그와 유사한 자치를 허용했다. 하지만 가을쯤 혁명 운동이 너무나 널리 퍼져 나가자 페르디난트는 자포자기로 퇴위했고, 18세의 조카 프란츠 요제프에게 왕위를 물려준 뒤 빈에서 도망쳤다.

이탈리아에서는 민족주의자들이 오스트리아 주둔군을 몰아내고 밀란, 토스카나, 사르데냐 등지를 장악했다. 베네치아는 독립공화국을 선포했다. 로마에서는 마치니가 이끄는 급진 로마 공화국이 선포되었고, 교황 비오 9세는 바티칸 궁에서 도망쳤다. 프러시아에서는 빈에서 반란이 일어난 지 며칠 후 베를린에서 폭동이 발생했다. 프러시아 왕은 어쩔 수 없이 헌법을 제정하겠노라고 약속했다. 마침내 5월 초 프랑크푸르트에서 의회가 소집되었다. 의회의 목표는 모든 독일 국가들을 자유주의적이고 민주적인 단일 국가로 통일시키는 것이었다.

억압과 반동의 계절

1848년 민중의 봄 기간에는 사실상 유럽 모든 나라가 폭풍에 뒤흔들렸다. 예외라면 가장 자유주의적인 국가 영국과 가장 반동적인 국가 러시아뿐이었다. 그 몇 달 동안의 변화는 실로 경이로운 것이었다. 혁명가들과 민족주의자들, 애국지사들은 헌법, 대의제 의회, 책임정부, 선거권 확대, 배심 재판, 의회의 권리, 언론 자유 등을 요구했으며, 얼이 빠진 정부들은 입헌 의회, 독립, 농노제 폐지 등을 허용했다.

그러나 1년도 채 못 되어 반동 세력이 다시 주도권을 잡고 혁명은 막을 내렸다. 앞에서 본 바와 같이 프랑스에서는 루이 나폴레옹이 대통령으로 선출되면서 혁명은 그대로 끝이 났다. 오스트리아에서는 1848년 3월의 충격에서 벗어난 합스부르크 왕가가 군대를 이끌고 보헤미아와 이탈리아, 헝가리의 반군에 공격을 가했다. 러시아 차르가 10만 병력을 지원하여 헝가리의 반란은 진압되었다. 이탈리아에서도 프랑스군이 개입하며 마치니와 공화주의자들은 로마 밖으로 밀려났고, 교황은 바티칸 궁으로 돌아왔다.

프랑크푸르트의 독일 의회는 내부적으로는 분열, 외부적으로는 보수반동 세력 때문에 실패했다. 독일어를 사용하는 유럽 모든 지역에서 선출되어 온 대표들은 통일독일에 적용할 헌법을 작성했다. 하지만 통일독일에 독일민족이 영유한 영토만 포함할 것인가, 아니면 오스트리아도 포함할 것인가를 놓고 대표들 간에 의견이 나뉘었다. 유럽 동부에 있는 오스트리아 제국에는 대체로 비독일 지역이 많았던 것이다. 결국 의회는 오스트리아를 배제하고 프러시아 왕을 새로운 통일독일의 황제로 추대하기로 결정했다. 하지만 바로 그 시기에 혁명의 추가 반동의 자리로 되돌아갔다. 필요하다면 군사력으로 민족주의 운동을 억누를 수 있다고 자신한 프러시아 왕은 "왕관을 시궁창에서 줍지는 않겠다"고 선언했다. 이는 곧 프랑크푸르트 의회를 완전히 무시하는 것이자, 1848년의 대중적이고 혁명적인 민족주의 정서를 묵살해 버리는 것이었다.

1848년 혁명의 결과와 유산

결국 새롭게 수립된 공화국은 단 한 곳도 존속하지 못했다. 1848년에 얻어진 진정한 입헌적 성과는 고작 몇 개의 소국에만 남았다. 프랑스에서는 군주제가 무너지긴 했지만, 루이 나폴레옹이 자신에게 권력을 안겨다 준 공화 체제를 곧 무력화시키면서 3년도 채 되지 않아 독재 체제의 황제가 또다시 등장했다. 그리고 민중의 봄은 유럽 어느 곳에서도 민족주의적 자유를 지켜 내지 못했다.

이러한 패배에도 불구하고 중요한 변화들이 있었으며, 그리하여 1848년은 개별 국가들에게도 유럽 대륙 전체에게도 유럽 역사상 분수령이 된 한 해로 남아 있다. 프랑스는 군주제를 최종 폐기하고 남성 보통선거권을 영구히 확립함으로써 대의 정부에 한 걸음 더 가까이 다가갔다. 독일과 합스부르크 가문의 영토에서는 농노제의 마지막 흔적이 사라지면서 장원제가 영구히 폐지되었다. 프러시아에서는 그 힘이 비록 제한적이지만 의회가 생겼다.

1848년에 일어난 혁명들 앞에서 유럽의 왕들은 혼비백산했으며 몇몇은 왕위에서 물러났다. 왕위에 남은 이들도 자유주의와 민족주의, 사회주의가 가할 수 있는 위협을 잘 인식하고 있었으며, 추후에 그들 중 일부는 혁명을 야기했던 문제들을 누그러뜨리기 위한 조치를 취하기도 했다. 러시아의 새로운 차르 알렉산드르 2세는 1861년 농노해방을 비롯한 일련의 자유주의적 개혁을 시작했다. 오스트리아 황제 프란츠 요제프도 자유주의자들과 민족주의자들에게 어느 정도 양보와 타협을 했다. 이를테면 1867년 '아우스글라이히'(타협)는 황제가 헝가리인들의 자치에 대한 열망을 인정하고 타협한 것으로, 이를 통해 오스트리아-헝가리 제국이 세워졌다.

가장 중요한 것은 1848년에 일어난 혁명들을 통해 혁명 사상이 더 힘을 얻었다는 것이다. 단지 프랑스 왕만이 아니라 유럽의 보수적인 군주제 전체가 위기 상황이라는 사실이 1848년에 드러났다. 지금까지는 혁명이 프랑스 한 국가에서만 발생하는 것으로 보였다. 하지만 1848년 봄에는 혁명의 열기가 벨기에, 이탈리아, 헝가리, 독일, 보헤미아, 네덜란드, 덴마크로 전염되었다. 하나의 시스템이었던 유럽 협조체제는 시스템으로서의 강점이 있는 반면 약점도 있었던 것이다. 보수적인 군주들이 혁명을 억누르는 데 공동으로 대처할 수 있다는 것이 강점이라면, 유럽의 한쪽에서 일어난 변화가 다른 모든 지역에 영향을 줄 수 있다는 것이 약점이었다. 특히 사상의 경우 시스템의 약점을 발판 삼아 영국과 프랑스에서 유럽 대륙 전역으로 가차 없이 퍼져 나갔다. 동의에 의한 정부라는 기본적인 자유주의적 원칙도 중산층의 수와 영향력이 커져 가면서 서서히 그 힘을 얻고 있었다. 민족주의와 민족을 기반으로 한 국가 통일이라는 사상은 1848년에 좌절되긴 했지만, 시대의 중심 사상으로 자리를 잡았다. 그리고 다음 세대에 독일과 이탈리아에서 민족주의는 승리를 맛보게 된다. 또한 프랑스와 헝가리를 비롯해 여러 곳에서 붉은 기를 들어 올렸던 사회주의는 중요한 정치적 주제로 떠오른다.

5

마르크스와 마르크스주의, 그리고 사회주의

1848년은 혁명적 열기로 가득 찼던 '민중의 봄'에 더해 『공산당 선언』으로도 의미가 있는 한 해였다. 독일인 망명객 두 사람, 카를 마르크스와 프리드리히 엥겔스가 작성한 『공산당 선언』은 전 세계 노동자들에게 혁명을 통해 자본주의를 타도하고 모든 재산을 공동으로 소유하는 사회를 건설할 것을 부르짖었다. 앞장에서 보았듯이 1848년에 일어난 혁명들은 결국 실패했으며, 또 사회주의나 공산주의 이념이 그 혁명들의 요인이라 할 수 없었다. 그렇지만 『공산당 선언』은 사회주의가 유럽의 정치경제적 변화를 이끌 강력한 힘으로 새롭게 발돋움하는 계기가 되었다. 이후 1883년 마르크스가 세상을 떠날 때쯤에는 마르크스주의자들이 주도하는 사회주의 당들이 유럽 전역에서 각국 정부에 도전하고 있었다. 그리고 1917년에는 러시아에서 공산주의 혁명가들이 권력을 잡았으며, 세계 최초로 마르크스주의 이념에 기초를 둔 정부인 **소비에트 사회주의 공화국 연방**USSR, 약칭 **소련**을 건설했다.

그러나 마르크스의 사상과 공산당 이념이 1848년의 산물이었던 것은 아니다. 그보다는 계몽주의와 프랑스혁명, 산업혁명과 밀접한 관련을 맺고 있었다. 그 속에는 과학과 역사의 진보, 인간 조건의 개선 등에 대한 계몽주의의 믿음이 깔려 있었다. 붉은 기와 '자유, 평등, 박애'라는 구호를 포함하여 프랑스혁명의 사상, 상징, 실천은 마르크스 사상에 영감을 주었다. 그리고 거대한 부와 끝없는 빈곤을 만들어 낸 산업혁명은, 물질적 풍요와 완전한 평등에 토대를 둔 새로운 사회를 건설하겠다는 염원을 담은 혁명의 전제조건이 되었다.

청년 마르크스, 엥겔스를 만나다

카를 마르크스는 1818년, 프러시아(지금은 독일의 일부)의 한 중산층 가정에서 태어났다. 부모는 모두 유대인이었는데, 아버지는 마르크스가 태어나기 직전에 기독교로 개종했고 마르크스 자신도 여섯 살 때 세례를 받았다. 성공한 변호사였던 아버지는 계몽주의를 신봉했고, 칸트와 볼테르의 열렬한 독자였으며, 프러시아 입헌주의 운동을 지지했다. 마르크스는 젊은 시절 트리어, 본, 베를린 등지에서 교육을 받고 1841년 예나 대학에서 철학 박사학위를 받았다. 그는 대학, 특히 베를린 대학에서 철학자 헤겔의 사상과 급진 정치사상을 접하고 큰 영향을 받았다.

1842년 마르크스는 『라인신문』의 편집장이 되었다. 이 신문은 곧 프러시아 언론의 선두주자가 되었지만, 너무 노골적이라는 이유로 곧 프러시아 당국에 의해 폐간되었다. 이듬해 결혼한 마르크스는 아내 예니와 함께 파리로 가서 또 다른 자유주의적 언론 활동을 했다.

• 1875년 런던에서 카를 마르크스.

당시 파리는 사회주의 사상과 급진주의의 온상이자, 공산주의라는 이름을 가진 더 극단적인 새 종파의 중심지이기도 했다. 마르크스는 파리에서 프리드리히 엥겔스를 만났다. 엥겔스는 『영국 노동계급의 상태』(3장 참조)라는 책을 쓴 독일 태생의 맨체스터 기업가였다. 그리고 40년간 지속된 두 사람의 협력이 시작되었다. 그런데 프러시아 정부가 프랑스(두 나라 다 보수적인 군주가 통치하고 있었음을 기억하라)에 마르크스의 추방을 요청하여, 마르크스는 고작 1년 반의 파리 생활을 접고 브뤼셀로 이주했다.

『공산당 선언』의 탄생

1847년 마르크스와 엥겔스는 '공산주의자 동맹'이라는 비밀 조직에 가입했다. 이 조직의 목표는 "계층 간 적대감에 기반을 둔 과거 부르주아지 사회를 폐기하고, 계층 구별이 없고 사유재산도 없는 새로운 사회를 건설하는 것"이었다. 두 사람은 이제 막 걸음을 떼기 시작한 이 조직을 위해 강령을 쓰기로 했다. 그것이 1848년 1월 발표된 『공산당 선언』으로, 대중이 읽을 것을 염두에 둔 23쪽짜리 소책자였다. 이후에도 마르크스와 엥겔스는 수천 쪽에 이르는 책과 기사를 써냈지만, 마르크스의 사상과 공산당이 추구하는 바를 짧으면서도 가장 분명하게 제시한 것은 바로 『공산당 선언』이었다.

『공산당 선언』은 그 시작과 끝을 드라마틱하면서도 조금은 무시무시하기까지 한 선언들로 장식한다. 『공산당 선언』이 발표되고 몇 달 동안의 추이를 봤을 때, 다음과 같은 글의 첫머리는 특히 선견지명을 담고 있다. "하나의 유령이 유럽을 떠돌고 있다. 공산주의라는 이름의 유령이. 이 유령을 쫓아내기 위해 옛 유럽의 세력들, 교황과 차르, 메테르니히와 기조, 프랑스 급진파와 독일 경찰이 신성동맹을 맺었다." 여기서 마르크스는 유럽 보수주의와 구질서의 수호자들인 **신성**

동맹, 즉 교황, 러시아 차르, 오스트리아와 프랑스의 보수적 재상들을 언급하고 있으며, 공산주의자가 아닌 좌파 라이벌인 프랑스 급진파까지 한데 묶고 있다. 다만 1848년에 유럽에 떠돌던 유령은 공산주의라기보다는 혁명이라 할 수 있었고, 프랑스 정치가 프랑수아 기조와 합스부르크 왕가의 메테르니히는 그 해에 제일 먼저 자리에서 밀려나게 된다.

『공산당 선언』의 첫 장은 "지금까지 존재한 모든 인간 사회의 역사는 계급투쟁의 역사"라는 주장으로 시작되어, **사적 유물론**의 주요 개념들과 계급 갈등, 그리고 마르크스주의 이론의 핵심인 프롤레타리아 혁명 등의 내용이 요약적으로 전개된다. 역사는 위대한 개인들의 이야기나 나라 간 갈등의 이야기가 아니라, 사회 계급과 그 계급들이 서로 투쟁하는 이야기로 이해해야 한다는 것이 마르크스와 엥겔스의 주장이었다. 마르크스주의 이론에 따르면, 사회가 발전해 온 각 단계를 특징짓는 것은 지배계급과 피지배계급 사이의 갈등이다. 자본주의 단계에서는 공장주나 자본가와 같은 부르주아지가 지배계급이고, 공장에서 일하는 프롤레타리아가 피지배계급이다. 시간이 흐르면 이러한 계급 간 갈등이 혁명으로 분출되어, 프롤레타리아가 부르주아지를 타도하고 계급이 존재하지 않는 평등사회를 건설할 것이다. 그리고 『공산당 선언』은 노동자 계급의 행동을 촉구하며 끝을 맺는다. "지배계급을 공산주의 혁명 앞에 떨게 하자. 프롤레타리아에게 잃을 것이라곤 족쇄밖에 없다. 하지만 승리하면 세상을 얻는다. 전 세계의 프롤레타리아여, 단결하라!"

『공산당 선언』이 런던에서 독일어로 처음 출간된 시기는 파리와 빈에서 혁명이 일어나 프랑스 왕 루이 필리프와 오스트리아 황제 페르디난트가 왕위에서 물러나기 몇 주일 전이었다. 오스트리아와 독일에서 혁명 운동이 탄력을 얻자, 마르크스는 프러시아로 돌아가 새로 창간된 자유주의적 성향의 잡지에 입헌 민주주의를 옹호하는 입장에서 다시 글을 쓰기 시작했다. 파리에서 6월에 벌어진 일들은 마르크스와 엥겔스의 눈에 혁명이 임박했다는 신호로 보였다. 하지만 프러시아에서 마르크스는 좀 더 온화한 노선을 취했다. 엥겔스와 논의한 끝에 『공산당 선언』의 사상은 잠시 접어두고, 대신 자유주의적이고 민주주의적인 통일독일의 헌법을 작성하려는 프랑크푸르트 의회에 진출하고자 하는 무소속 노동자 후보들을 위해 일하기로 했다. 그런데 1848년 여름 보수반동이 시작되며 프러시아 왕이 새로 구성된 민주적 의회들 일부와 마찰을 빚자, 마르크스는 급진적 노선으로 다시 복귀하여 정부에 대해 무장봉기를 일으킬 것을 부르짖었다. 하지만 혁명의 기운이 사그라지면서 마르크스는 또다시 추방되었다. 파리로 돌아갔지만 역시 추방당한 뒤 런던으로 돌아갔다.

그가 혁명을 행동으로 실천한 것은 민중의 봄 시기에 활동한 것이 유일했다. 나머지 15년 동안 마르크스는 대부분의 시간을 런던의 대영도서관에서 자료를 조사하고 글을 쓰며 보냈다(대영도서관의 열람실에 있는 한 책상에는 마르크스의 이름이 새겨져 있다). 그는 아내와 네 아이와 함께 작은 방 두 칸에서 기거하며 이 시기 대부분을 빈곤 속에서 살았다. 빵과 감자만으로 연명할 때가 많았으며 한번은 방세를 내지 못해 거리로 쫓겨나기도 했다. 아이 둘은 목숨을 잃었다. 친구 엥겔스가 보내 주는 보조금이 마르크스의 주된 수입원이었다. 하지만 그의 최고 걸작은 서서히 완성되어 가고 있었고, 마침내 『자본론』이라는 제목을 달고 독일어로 출판되었다.

1864년, 마르크스는 런던에서 창립된 '국제노동자협회'에 참여하면서 다시 정치적으로 적극성을 보였다. 국제노동자협회는 보통 '제1인터내셔널'이란 이름으로 불리며, 다음 세기 등장하게 될 소련 공산당의 선조 격이라 할 단체였다. 제1인터내셔널은 점차 명망이 높아지고 회원 수도 증가해 1869년에는 지지자가 약 80만 명에 달하게 되었다. 그러나 여러 가지 요인으로 내리막길을 걸어 결국 해체되고 말았다. 우선 1870년 파리에서 발발한 또 한 번의 혁명으로 수립된 '파리코뮌'이라는 단명한 급진 혁명정부 때문에 인터내셔널 내부에서 분열이 생겼다. 코뮌군과 베르사유 정부군 사이에 잔혹한 싸움이 벌어지며 코뮌군은 인질로 잡혀 있던 파리의 대주교를 처형시켰다. 코뮌군은 결국 패배했고, 정부는 약 2만 5,000명의 파리 시민을 사형에 처했다. 마르크스와 엥겔스는 이 사건을 완전한 공산주의로 가는 예비단계인 '프롤레타리아 독재'가 최초로 이루어진 것으로 보고 파리코뮌을 지지했다. 하지만 인터내셔널의 많은 이는 생각이 달랐고, 또 어떤 이들은 그 끔찍한 폭력사태에 몸서리를 치며 폭력혁명이라는 사상에 등을 돌렸다.

인터내셔널의 힘을 약화시킨 또 다른 요인은 점진적인 개혁의 가능성이 점점 더 커져 갔다는 사실이다. 한 예로 영국에서는 1867년 개혁법이 제정되면서 도시노동자(남성) 계층 일부가 선거권을 얻게 되어, 노동조합에게는 새로운 정치적 기회의 장이 열렸다. 독일에서 비슷한 시기에 창당된 '독일사회민주당'은 국가를 전복하는 것이 아니라 국가와 협력하여 사회주의적 목표를 달성하고자 했다. 이러한 점진적인 개혁 추세 때문에 노동자들은 인터내셔널의 급진적인 방향에서 떨어져 나왔다.

마르크스는 마지막 10년간 스스로 '만성 우울증'이라 부르며 우울함에 시달렸다. 서유럽에서는 프롤레타리아 혁명의 희망이 거의 보이지 않았다. 그는 유럽에서 전쟁이 일어나 보수주의와 반동의 중심인 러시아 전제정치를 무너뜨려 주기를 점점 더 기대하게 되었다. 그러면 노동자 계급의 정치적 에너지가 다시 살아나리라고 기대했던 것이다. (이러한 일이 그의 사후에 실제로 일어났다. 제1차 세계대전으로 러시아 전제정치는 무너지고 러시아 공산주의자들이 권력을 잡게 된다.) 마르크스는 1883년 숨을 거두고 런던에 있는 하이게이트 묘지에 묻혔다. 프리드리히 엥겔스는 장례식에서 마르크스의 이론적 과업에 대해 이야기하면서도, 또한 마르크스가 "무엇보다도 혁명가였다"고 덧붙였다. 그리고 마르크스가 "이 시대에 가장 미움받고 가장 욕을 많이 먹은 사람"이었지만, 또한 "수백만 혁명 노동자 친구들의 사랑과 존경과 애도를 받고 있는 사람"이라고 말했다. 마르크스의 묘비에는 이렇게 적혀 있다. "지금까지 철학자들은 다양한 방식으로 세상을 설명해 왔다. 하지만 중요한 것은 세상을 변화시키는 것이다."

마르크스의 혁명적 사상

카를 마르크스의 저작과 이론은 요약하거나 종합적으로 설명하기가 쉽지 않다. 너무나 방대할 뿐 아니라 그 사상이 풍부하고 복잡하며 어떤 부분에서는 난해하고 모순적이기까지 하기 때문이다. 그래도 **마르크스주의**는 유럽 사회주의의 발전에 큰 영향을 끼쳤고 지금도 여전히 중요하기 때문에(비록 호불호가 엇갈리더라도), 그 기본 원리를 이해하는 것이 중요하다.

『카를 마르크스와 프리드리히 엥겔스 전집』은 두꺼운 책으로 거의 50권에 육박하며, 서가에 꽂아 두면 약 2m의 공간을 차지한다. 이 저작들 중 마르크스주의 이론을 이해하는 데 가장 중요한 것은 1848년에 발표된 『공산당 선언』과 1867년에 제1권이 출간된 『자본론』이다. 『자본론』의 2권과 3권은 1883년 마르크스 사후 엥겔스가 완성하고 편집하여 펴냈다. 초기 저작들은 상당수가 세월이 많이 지난 후에야 출판되었다. 초기 저작에서 마르크스는 주로 휴머니즘에 입각해 자본주의의 과잉을 비판했다. 찰스 디킨스가 소설을 통해 도시 자본주의를 비판한 것과 거의 같은 맥락이었다. 그러나 마르크스의 후기 저작들은 더 역사적이고 체계적이며, 역사학과 경제학의 '과학'을 만들고자 했다. 찰스 다윈이 자연사 분야에서 했던 것처럼(1859년 출간된 『종의 기원』을 통해), 마르크스도 인간 사회의 어떤 보편적인 이론을 창안해 내고자 했다. 실제로 마르크스는 『자본론』 제1권을 다윈에게 헌정하는 것을 고려해 보기도 했다.

인간 사회를 연구하는 데 '과학적'으로 접근하는 마르크스의 방식은 19세기 중반 문학, 예술, 철학 등의 분야에서 낭만주의를 벗어나 리얼리즘과 유물론을 지향하던 추세를 반영하고 있었다. 1848년 혁명이 실패로 돌아간 뒤, 마르크스는 이상적이고 유토피아적인 것이 아닌 현실적이고 빈틈없는 비전을 제시했다. 그는 사회주의의 다른 형태들을 유토피아적이라고 낙인찍었다(『공산당 선언』에서도 맹비난을 퍼부었다). 반면 그의 사회주의는 '과학적'인 것이었다.

이러한 측면에서 마르크스주의 이론의 핵심 요소는 사적 유물론이었다. 마르크스는 역사적 발전을 비롯한 모든 것에는 물질적 기반이 있음을 지적했다. 사람은 그 사회의 '생산수단'을 파악함으로써 역사를 이해할 수 있고 또 그 자신이 역사의 어떤 단계에 와 있는지 이해할 수 있다는 것이 마르크스의 주장이었다. 여기서 생산수단이란 가치 있는 물질을 생산하는 수단을 가리킨다. 즉 주로 농경에 기반을 둔 봉건사회에서는 농입상품을 생산하는 요소인 토지가 생산수단이 된다. 자본주의 사회에서는 보통 공장이라는 형태를 띠고 물질상품을 생산하는 자본이 바로 생산수단이다. 어느 사회에서나 생산수단을 소유한 이들이 사실상 사회의 모든 측면을 지배하고 그 사회 계급 구조의 토대를 형성한다. 봉건사회에서는 지주(일반적으로 귀족)가 생산수단을 소유하며, 자본주의 사회에서는 부르주아지가 생산수단을 소유한다. 프롤레타리아는 그들의 공장에서 일하는 종속된 계급이다.

이러한 물질적, 경제적 관계가 사회의 바탕, 혹은 '하부 구조'를 이루며, 이 하부 구조 위에 사회의 다른 모든 것이 만들어진다. 경제적 생산의 형태에 따라 지배계급이 결정되면, 지배계급은 그 사회의 경제와 정치 체제, 사회적 관계, 문화 등 사회의 '상부 구조'를 좌지우지하게 된다. 마르크스는 『정치경제학 비판 요강』1859에서 다음과 같이 썼다.

> 물질적 삶에서의 생산 양식에 따라 삶의 사회적, 정치적, 지적 과정의 일반적인 특징이 결정된다. 사람의 의식이 존재를 규정하는 것이 아니다. 반대로 사람의 사회적 존재가 그의 의식을 규정한다.

즉 의식과 인간 본성조차 그 상부 구조의 일부이기 때문에 바뀔 수가 있는 것이다. 하부 구조가 바뀌면, 인간 의식은 물론 인간 본성에 대해 우리가 가지고 있는 개념까지 포함하여 상부 구조의 모든 측면이 함께 바뀔 것이다. 종교 역시 이러한 상부 구조의 한 부분이며, 또한 하층계급이 사후세계를 기대하면서 이 세계에서의 낮은 지위에 고착되도록 하는 지배계급의 도구로 쓰일 뿐이다. 엥겔스는 "종교는 민중의 아편"이라고 말했다.

마르크스는 모든 사회의 모든 역사가 이미 정해진 길로 나아가고 있으며, 지배계급과 종속계급 간 충돌을 통해 한 단계에서 다음 단계로 나아간다고 보았다. "지금까지 존재해 온 인간 사회의 역사는 모두 계급투쟁의 역사"라고 마르크스는 주장했다. 모든 사회가 원시공동체 단계에서 시작하여 노예제(노예 소유주가 지배계급)를 거쳐 봉건주의, 자본주의, 결국에는 공산주의에 이른다. 공산주의 단계에 이르면 더 이상 계급은 존재하지 않는다. 마르크스가 쓴 글의 상당 부분은 자본주의 단계와 자본주의가 프롤레타리아 혁명으로 전복되고 공산주의로 대체되는 과정에 초점을 맞추고 있다. 마르크스는 이 과정이 모든 사회에서 자연스럽고 또한 필연적으로 일어날 것이라고 믿었다.

마르크스는 또한 영국, 프랑스, 독일 등과 같은 선진 자본주의 국가에서는 자본주의의 쇠퇴가 이미 진행되고 있다고 믿었다. 그의 설명에 따르면, 역사의 이전 단계들이 모두 그랬던 것처럼 자본주의 역시 다음 단계로 나아갈 길을 닦았으며, 그가 '변증법'이라 이름 붙인 과정 속에서 자본주의 스스로 파멸의 씨를 뿌렸다. 분배만 불공평하지 않다면, 자본주의는 공장에서의 대량 생산을 통해 방대한 양의 물자를 만들어 냄으로써 모든 이의 기본적인 욕구를 충족시킬 수 있다. 그러나 정당한 보수를 지급받지 못하는 노동자들은 자신이 공장에서 조립하는 제품을 살 여유조차 없을 때가 많다. 노동자들이 받는 보수는 자신이 생산하는 제품이 지닌 가치의 극히 일부에 불과할 뿐이다. 나머지 '잉여 가치'는 공장주들(부르주아지) 몫으로 돌아간다. 이리하여 결국 사람들이 사지 못하는 물건들이 축적되며, 이는 자본주의 사회에서 주기적인 과잉 생산의 위기로 이어져 기업가들은 생산량을 감축하고 노동자들을 해고할 수밖에 없게 된다. 그 결과는 크게 두 가지로 나타난다. 하나는 점점 더 심각해지는 경제 위기가 주기적으로 발생한다는 것이며, 또 하나는 임금이 감소하고 점점 더 많은 노동자들이 실업 상태가 되면서 노동계급의 '궁핍'이 심해진다는 것이다. 경제 위기가 지속되고 노동계급의 궁핍이 심화되면서 프롤레타리아의 **계급의식**이 자라나고 자본주의 체제에서는 얻을 수 있는 것이 아무것도 없다는 각성이 뒤따르게 된다. 그러다 마침내 경제 불황기 중 어느 시기에, 노동자들은 혁명을 통해 부르주아지를 몰아내고 단번에 공장을 손에 넣음으로써 역사의 새로운 단계를 열어젖힐 것이다.

로버트 오언과 카를 마르크스

『공산당 선언』 제3부에서 마르크스와 엥겔스는 '반동 사회주의', '부르주아 사회주의', '비판적-공상적 사회주의' 등과 같은 대안적 사회주의 이론들을 비판한다. '비판적-공상적 사회주의'를 다룬 부분에서는 로버트 오언(1771~1858)이 언급된다. 그는 최초의 사회주의자 중 한 사람이었으며 또한 맨체스터와 스코틀랜드 최초의 면직물 부호 중 한 사람이었다. 오언은 공장에서 일하는 노동자들의 환경을 보고, 특히 아이들이 처한 환경을 보면서 충격을 받았다. 스코틀랜드 뉴래너크의 직물공장 4곳을 인수한 그는 매우 어린 아이들의 고용을 금지하고, 노동 시간을 줄이고, 학교를 설립하고, 보조금 지원 주택과 공장 직영 매점을 제공하는 등 종업원을 위한 공동체 모델을 만들어 내려고 했다. 오언은 (나중에 마르크스가 그랬던 것처럼) 사람의 환경이 성격을 결정하므로, 더 나은 사람과 더 나은 사회를 만들기 위해서는 우선 올바른 환경을 만들어야 한다고 주장했다.

종교에 대해 부정적인 입장을 취하는 등 사상이 점점 더 급진적으로 되어 가면서, 그는 영국에서 자리를 찾지 못하고 1825년 미국 남부 인디애나 주에 땅을 사서 '새로운 조화'라는 이름의 공동체를 설립했다. 그는 자신의 유토피아가 구세계에서보다 신세계에서 훨씬 더 쉽게 이루어질 수 있으리라고, 그리고 '새로운 조화'는 비슷한 다른 공동체들을 낳을 씨앗이 되리라고 믿었다. '새로운 조화'는 공동노동과 공동육아, 무상교육과 무상의료를 기반으로 하는 공동체를 지향했다. 그러나 이 실험은 내부 분열과 재정 문제에 부딪치고, 기회주의자와 뜻 없는 식객들이 넘쳐 나면서 실패하고 말았다. 오언은 5년 만에 '새로운 조화'를 포기하고 영국으로 돌아가 사회개혁과 노조발전을 위해 일했다.

마르크스와 엥겔스는 오언을 비롯한 다른 사회주의자들의 작업이 유토피아적이며, 역사적 역학관계와 계급투쟁을 충분히 파악하지 못했다고 비판했다. 그리고 뉴하모니와 '새로운 조화'에서 시도한 오언의 실험이 "'새로운 예루살렘'(요한계시록에서 제시되는 기독교적 이상향)의 축약판"일 뿐이라고 일축했다.

공산주의라는 새로운 이념

마르크스주의 이론에 의하면, 노동자들이 생산수단을 소유하게 되면 경제적 하부 구조 전체가 무너진 뒤 다시 세워질 것이며, 사회의 상부 구조 역시 같은 과정을 겪을 것이다. 그리고 사회적 계급 구분은 사라질 것이다. 『공산당 선언』에는 이런 구절이 있다. "계급과 계급 사이에 적대감이 존재하던 옛 부르주아 사회를 대신하여, 한 사람의 자유로운 발전이 모든 사람의 자유로운 발전에 조건이 될 수 있는 협력체가 탄생할 것이다." 부르주아지가 잉여 가치를 쏙 뽑아 가는 일은 없을 것이며, 노동자와 농민은 노동의 과실 전체를 거두어들이게 될 것이다. 자본주의가 대량 생산을 통해 모든 이의 요구를 충족시킬 충분한 물자를 마련할 수 있었던 만큼, 공산주의 아래에서 더 공정한 분배가 이루어진다면 모든 이의 기본적 요구는 충족될 것이다. 새로운 사회의 지배 원리는 "각 개인은 능력에 따라 일하고, 필요에 따라 분배받는다"가 될 것이다. 즉 각 개인은 자신이 가장 잘 할 수 있는 것을 통해 사회에 공헌하고, 자신이 필요로 하는 것은 무엇이든 얻게 될 것이다.

그렇다면 몇몇 탐욕스러운 이들은 실제 필요한 것보다 더 많은 것을 요구할 수도 있지 않겠느냐는 이의가 제기될 수도 있다(예를 들어 만약 누군가가 15미터짜리 호화요트가 필요하다고 한다면?). 이에 대해 마르크스주의자는 인간 본성 역시 상부 구조의 일부이기 때문에 마찬가지로 바뀔 것이라고 대답한다. 자본주의는 인간 본성이 경쟁적, 공격적, 탐욕적이 되기를 요구했지만(개인의 악이 공공의 선을 낳는다는 애덤 스미스의 개념을 기억하라), 공산주의는 협력과 연대의 인간적 가치를 낳을 것이다. 노동에 대한 착취 없이 한 사람의 노동에 대해 적절한 보답이 주어진다면, 노동자들은 일터에서 경쟁할 필요를 느끼지 않게 될 것이다. 마르크스와 엥겔스의 말에 따르면 '새로운 인간'이 새로운 사회를 건설하게 된다.

사회 계급이 사라지면 빈곤과 착취, 적개심, 탐욕, 범죄 등도 사라질 것이며, 그리하여 경찰도 필요 없게 될 것이다. 사실상 정부란 지배계급의 우월한 지위를 영속시키는 역할을 할 뿐이기에, 사회 계급이 사라지면 정부마저 필요 없게 될 것이다. 엥겔스는 국가가 그저 "시들어 갈 것"이라고 말했다. 국가가 사라지면 국경도, 국가 간 마찰도, 전쟁도 사라질 것이며, 지구는 연대로 결합된 노동자들의 거대한 공동체로 진화할 것이다.

당시 마르크스주의 이론은 참으로 논리적이면서도 폭넓은 호소력을 지니고 있었다. 그 엄격함과 과학성은 많은 학생과 지식인을 매료시켰고 19세기의 진보정신, 리얼리즘, 유물론, 과학 등의 풍조에 정확히 맞물렸다. 그 이론은 모든 분야의 노동자들에게 그들이 왜 그런 고생을 해야 하는지 설명해 주었고 또 그에 대한 매력적인 해결책도 제시해 주었다. 하지만 그럼에도 공산주의는 19세기에는 그다지 주목받지 못하는 일개 정치사상으로 머물렀다. 만약 20세기 초 러시아 혁명가들이 그것을 되살려 현실에 적용시키지 않았더라면 공산주의는 그저 역사책 속의 주석 한 부분으로 남을 뻔했다.

세계를 뒤흔든 마르크스주의

지금까지 보았던 대로 마르크스주의는 계몽주의, 자본주의, 산업화 등에 대한 반동이자 그 산물이었다. 그것은 우리가 역사와 인간 사회를 이해하는 데, 그리고 그러한 주제들을 연구하는 방식에 큰 기여를 했다. 마르크스는 사회를 연구하는 데 과학적이고 체계적인 방법론을 적용한 최초의 사회과학자 중 한 사람이었다. 비록 그의 사상 중 많은 것이 현대 사회과학자들에게 거부되어 오긴 했지만, **경제결정론**(경제가 사회의 다른 많은 것을 결정한다는 것)은 현대의 사회학, 정치과학, 경제학, 그리고 다른 여러 학문 분야에서 폭넓게 적용되어 왔다.

그러나 마르크스의 가장 큰 유산은 물론 학문 분야보다는 정치 영역에 있다. 마르크스와 엥겔스의 저작들은 유럽에서 사회주의와 사회주의 정당이 발전하는 데 (특히 1870년대와 1880년대에) 중요한 밑거름이 되었다. 사회주의는 북아메리카에서는 결코 큰 세력이 되지 못했지만, 유럽에서는 강력한 정치 운동이었으며 오늘날에도 사회주의 정당, 민주사회주의 정당, 사회민주주의 정당 등의 형태로 사실상 유럽 모든 나라에서 주류의 위치를 점하며 여전히 중요한 역할을 하고 있다.

19세기 이후 이 사회주의 정당들 중 대다수는 각국 정치 체제의 법적 한계 내에서 사회주의적 프로그램을 실현하려 했다는 점에서 의회 정당이었다. 그들은 폭넓은 의미에서의 평등, 사회복지, 생산수단의 공공소유 등을 추구했지만, 마르크스 이론의 본질이었던 프롤레타리아 혁명은 거부했다. 마찬가지로 공산주의도 러시아의 급진파들과 혁명가들이 19세기 말 무렵 부활시키기 전까지는 정치적으로 주류가 되지 못했으며, 심지어 정치적인 용어로 제대로 이야기되지도 못했다.

마르크스주의가 결국 발 디딜 곳을 얻고 확장될 수 있는 기반을 구축한 곳은 말할 것도 없이 러시아였다. 차르가 지배하던 러시아에는 1905년 이전까지 근본적으로 의회나 민주 정치가 없었고, 따라서 합법적인 정치 정당은 어떤 것도 들어설 자리가 없었다. 당시 존재했던 정치는 지하나 불법으로, 또는 망명 정치조직의 형태로 이루어지고 있었다. 러시아 최초의 마르크스주의 정당도 1883년 스위스에서 러시아 망명자들이 만든 것이었다. 『자본론』은 1870년대에 러시아어로 번역되어, 당시 강력한 러시아 전제국가를 바꿔 보려 애쓰고 있던 러시아 급진파들의 관심을 사로잡았다. 마르크스주의는 러시아의 후진성을 설명해 줄 뿐 아니라 러시아가 지닌 문제들에 대한 해답도 제공하는 것으로 보였다.

블라디미르 레닌은 1903년 브뤼셀과 런던에서 열린 러시아 사회민주당(러시아의 마르크스주의 당) 제2차 대회에 참가해 곧 당의 **볼셰비키**(다수파) 지도자가 되었다. 제1차 세계대전1914~1918에 러시아가 관여하면서 러시아 전제정부의 힘은 점차 약해졌고, 볼셰비키는 1917년 11월 권력을 손에 넣었다. 볼셰비키는 마르크스 사상에 토대를 둔 정부를 수립했고, 레닌은 러시아 상황에 맞게 마르크스 사상을 수정했다. 이 새로운 국가의 공식 이념은 마르크스-**레닌주의**였다. 볼셰비키는 공산당이 되었고, 러시아제국은 소련이 되었다. 『공산당 선언』의 마지막 부분 "전 세계의 노동자들이여, 단결하라!"는 러시아에서 발행되던 모든 신문(그리고 전 세계 공산당 신문들)의 헤드라인을 장식했다. 공산주의자들은 1991년 공산주의가 붕괴될 때까지 소련을 통치했다. (이 모든 것은 10장에서 더 상세하게 다룰 것이다.)

제2차 세계대전이 끝난 후 공산주의는 동유럽, 중국, 북한, 동남아시아, 쿠바 등으로 퍼져 나갔고, 공산주의 이념과 모델은 **제3세계**에 엄청난 영향력을 발휘했다. 1883년 카를 마르크스의 장례식에는 고작 11명만이 참가했지만, 1960년대에는 세계 인구의 절반이 그의 이름으로 통치하는 정부 아래에서 살았다.

6

다윈주의와 사회다윈주의

『공산당 선언』이 발표되고 약 10년 후, 영국인 찰스 다윈이 또 하나의 혁명적인 저작 『종의 기원』을 출간했다. 마르크스가 역사와 사회 발전에 관한 보편적인 이론을 만들어 내었다면, 다윈은 살아 있는 모든 종의 기원과 발전에 관한 보편적인 이론을 제시했다. 다윈 스스로 수집한 광범위한 증거들을 바탕으로 수립한 **자연선택**이라는 진화론은 생물학에, 나아가 과학 전반에 혁명을 일으켰고, 사회과학의 발전까지 촉진시켰다. 또한 성경의 창조 이야기를 문자 그대로 해석하는 당시 종교사상이나, 자연은 신에 의해 조화롭게 설계되었다고 주장하던 자연신학은 진화론의 직접적인 도전을 받았다. 다윈주의는 인간의 본성과 종교의 근본적인 믿음 그 자체에 의문을 제기했다. 결국 다윈주의가 세상에 받아들여졌을 때, 종교와 신학 역시 다윈주의의 영향을 받아 변화하게 되었다.

다윈주의도 마르크스주의와 마찬가지로 시대와 장소의 산물이었다. 다윈이 경험주의와 과학을 신봉한 태도에는 과학혁명과 계몽주의가 반영되어 있었다. 그는 애덤 스미스와 토머스 맬서스로부터도 영향을 받았고, 지구의 나이에 의문을 제기한 지질학과 고생물학의 최신 증거 및 이론들로부터도 영향을 받았다. 또한 성실과 노력을 강조하면서 가난의 원인은 그 사람에게 있다고 비난하기도 했던 빅토리아 시대의 중상류층 분위기 역시 다윈이라는 사람을 만드는 데 한몫했다.

종의 기원에 대한 다윈의 연구는 **사회다윈주의**라는 또 다른 일련의 이론을 파생시켰다. '적자생존'이라는 말을 만들어 낸 영국 철학자 허버트 스펜서가 대중화시킨 사회다윈주의는 종의 진화에 관한 다윈의 생각을 인간 사회에 적용시켜 특정 집단과 인종, 민족 등의 '진화'를 설명했다. 그러나 철저하게 증거를 토대로 했던 다윈주의와 달리 사회다윈주의는 증거는 없이 당위성만 내세웠고, 근본적으로 빈곤층과 약자, 또는 '열등'한 이들을 돕는 정부 프로그램을 없앨 것을 촉구했다. 그런 이들은 자연의 생존경쟁 속에서 죽게 내버려 둬야 한다는 논리였다. 사회다윈주의는 다음 수십 년 동안 군국주의, 인종주의, **제국주의**, 그리고 더 강경한 형태의 민족주의를 뒷받침해 주었다.

찰스 다윈

찰스 다윈은 1809년 영국에서 명망 있는 의사의 아들로 태어났다. 다윈은 여덟 살에 어머니를 여의었지만, 그 외에는 유복하고 즐거운 어린 시절을 보냈다. 다윈의 아버지는 처음에 다윈을 의과대학으로 보냈으나, 마취 없이 수술하는 광경을 보고 질겁한 다윈은 캠브리지 대학으로 옮겨 신학을 공부했다. 그는 특별히 우수한 학생은 아니었으며 1831년에 졸업했다.

졸업한 해에 다윈은 HMS 비글호에 탑승할 기회를 얻게 되었다. 비글호는 남아메리카 동부와 서부 연안에 이어 태평양의 섬들까지 탐사할 예정을 갖고 있었으며, 선장의 말동무가 되어 줄 무보수 선원을 구하고 있었다. 비글호의 예정 항해 기간은 2년이었지만 실제 항해는 5년이 걸렸다. 그 기간 다윈은 일기와 메모를 꼼꼼히 기록했고 지질학, 생물학 표본들을 영국으로 보냈다. 그리고 항해 중 찰스 라이엘의 『지질학 원리』를 읽기도 했다. 이 책이 주장하는 바는 지진, 화산, 침식 등의 작용이 쌓이고 쌓이면서 지구의 성질이 시간의 흐름에 따라 점진적으로 변화했다는 것이었다. 일종의 지질학적 진화론이라 할 수 있는 이 이론은 당시 논란의 대상이 되었지만, 다윈은 탐사 과정에서 라이엘의 이론을 떠받치는 증거를 찾아냈다. 그는 관찰한 것과 수집한 것을 바탕으로 남아메리카의 지질에 대한 책을 세 권 써냈고, 그리하여 항해 도중에 이미 어느 정도 명성을 얻었다.

영국으로 돌아온 뒤 다윈은 사촌 엠마 웨지우드에게 청혼하여(결혼의 좋은 점과 나쁜 점에 대해 대차대조표를 작성해 본 다음!) 결혼하고, 런던에서 25km 떨어진 다우니 마을에 집을 마련했다. 두 사람은 10명의 아이를 낳아 키웠고, 다윈은 아버지의 재산 덕분에 안락한 환경에서 읽고 쓰며 여생을 보낼 수 있었다.

다윈은 비글호에서 항해를 하던 중에 이미 종의 진화에 관한 생각의 틀을 만들어 가기 시작했고, 항해 후 몇 년 동안 그 생각들을 글로 쓰기 시작했지만 세상에 공개하지는 않았다. 그 생각들이 과학적으로도 급진적이었을 뿐 아니라 신성모독과 선동의 죄목으로 소송에 연루될 수도 있었기 때문이다. 당시 영국은 프랑스를 비롯한 유럽 대륙에서 혁명적 분위기가 넘쳐흐르던 것에 대한 반작용 때문에 종교적으로 또 정치적으로 보수적인 분위기가 팽배해 있었다. 그런 분위기 속에서 자연계 동식물의 새로운 종은 신성의 개입에 의해 창조된다고 여겨졌다.

• 당시의 풍자만화.
다윈이 인간의 조상을 응시하고 있다.

다윈이 갖고 있는 증거들은 그러한 해석에 정면으로 배치되는 것이었다. 1838년 그는 맬서스의 『인구론』(3장 참조)을 읽었다. 맬서스는 이 책을 통해 인구는 기하급수적으로 증가하지만 식량 생산은 산술급수적으로만 증가하며, 그로 인한 주기적인 기근과 질병으로 인구가 억제된다고 주장했다. 이러한 주장을 접한 다윈은 생존경쟁에서 "유리한 변종들은 살아남기 쉽고 그렇지 못한 변종들은 멸종하기 쉽다"는 생각을 갖게 되었고, 그 생각으로부터 자연선택 이론을 끌어내었다.

마침내 1859년, 자연선택에 의한 생물 진화에 관한 다윈의 이론이 『자연선택에 의한 종의 기원에 관하여』라는 제목으로 출판되었다. 초판은 순식간에 매진되었다. 다윈의 이론과 증거에 대해 처음에는 과학자들조차 회의적인 반응이 많았고, 교회는 거세게 반대했다. 다윈은 『종의 기원』에서 인간의 진화를 직접적으로 언급하지는 않았지만, 대부분의 사람들은 동식물에 대한 그의 이론을 인간에 적용시켰다. 그리하여 성경을 문자 그대로 해석할 경우 다윈의 이론은 성경에, 특히 창세기에 반하는 것이 되었다. 다윈은 1871년, 인간의 진화 문제를 본격적으로 다룬 『인간의 유래』를 출간하며 다시 한 번 사회에 일격을 가했다. 또한 이 책에서는 **진화론**의 범위가 확장되어 신체적 특성만이 아니라 도덕적이고 정신적인 특성을 습득하는 것까지 진화에 포함되었으며, 인간과 유인원의 신체적 유사성과 함께 정신적 유사성까지 제시되었다.

자연선택의 진화론

지구 자체가 점진적으로 진화하듯이 변화한다는 것을 이해하는 한편 화석과 동식물의 다양한 종을 직접 관찰하면서 다윈이 처음 내린 결론은 모든 종이 고정된 모습으로 있지 않으며, 시간에 따라 변화할 수 있고 또 실제로 변화한다는 것이었다. 모든 종은 생물 진화의 느린 과정 속에서 작은 변화들을 겪으며 예전에 존재했던 종으로부터 발전한다. 그 작은 변화들은 자연선택이라는 과정을 통해 일어난

다. 그 말은 곧 가장 유용한 특성을 지닌 유기체가 살아남고 그 특성을 후손에게 물려주는 경향이 크다는 것이다. 다윈은 각각의 종 안에서 생존경쟁이 일어난다는 것을 깨달았다. 즉 어떤 특정한 영역에 서식하는 집단 내에서 그 환경에 적합한 우수한 특성을 지닌 개체, 이를테면 더 날카로운 부리나 더 밝은 색을 지닌 개체는 다른 개체보다 번식 가능성이 더 높다. 그러한 특성은 세대에서 세대로 전해지면서 그 집단 내에서 지배적인 특성이 된다. 그런 유리한 특성을 소유한 개체들은 살아남고 번식하며, 그렇지 못한 개체들은 죽고 마침내는 집단에서 완전히 사라져 버릴 가능성이 높다.

다윈의 이론은 당대의 종교는 물론 과학조차 흔들어 놓았다. 다른 생물학자들도 여러 종 사이에 경쟁이 벌어진다는 점을 지목하긴 했지만, 다윈 이론의 초점은 단일한 종 내에서 생존경쟁이 벌어진다는 데 있었다. 바로 그 사실이 종의 변화를 설명해 주었다. 그리고 생물의 진화 그 자체는 새로운 생각이 아니었다. 다윈의 혁신성은 다윈이 종의 변화에 대한 증거와 함께 제시한, 그런 변화가 일어나는 작동 원리인 자연선택 이론 속에 있었다. 자연선택 이론의 틀에서 생각하면 인간이란 존재는 더 이상 동물의 세계에서 우월한 자리에 놓일 수가 없었던 것이다. 인간은 그저 다른 것들과 다른 방식으로 진화해 온 동등한 존재일 뿐이었다. 이는 모든 종류의 생명에 대한 전혀 새로운 사고방식이었으며, 태양계에서의 지구 위치에 대한 우리 생각에 코페르니쿠스와 갈릴레이가 혁명을 몰고 온 것에 버금가는 자연과학의 혁명이었다.

다윈주의와 종교

다윈주의는 종교, 특히 보수적이고 근본주의적이던 빅토리아 시대 영국 기독교에 심각한 도전이 되었다. 아울러 18~19세기에 널리 퍼져 있던 자연신학 역시 다윈주의의 도전에 직면했다. 자연신학은 성경보다 이성에 근거해 신과 신의 창조를 이해하는 철학적 경향으로, 자연의 아름다움, 복잡함, 조화로움 등을 볼 때 자연은 신이 설계했다고 볼 수밖에 없다는 견해를 내세웠다. 그러나 다윈주의 이론에서는 종의 창조에 신의 개입이 필요치 않았다. 성경을 문자 그대로 해석하는 것, 특히 창세기의 창조 및 아담과 이브 이야기를 있는 그대로 받아들이는 것도 다윈의 진화론과 전혀 맞닿는 지점이 없었지만, 자연신학의 지적설계론 역시 예측 불가능성이 내포된 자연선택 이론과 양립할 수 없었다.

성경을 문자 그대로 해석하는 데 대한 도전은 다윈 이전에도 있었다. 코페르니쿠스와 갈릴레이의 이론은 지구가 태양계 중심이라는 믿음을 뿌리째 뽑아 놓았고, 지질학(특히 라이엘의 연구)과 화석학을 통해 발견된 지구 역사에 대한 증거들은 창세기에 서술된 짧은 역사에 대해 정면에서 반기를 들었다. 그런데 진화론은 종교에 대해 더욱더 비판적인 것으로 보였다. 진화론은 모든 종교 원리의 핵심요소라 할 인간 본성에 초점을 맞추었기 때문이다. 사실 19세기 중반 유럽 대륙에서는 성경에 대한 비판적 고찰이 어느 정도 행해졌고, 몇몇 부분과 구절들을 문자 그대로가 아니라 비유적으로 보는 경향도 커지고 있었다.

하지만 영국에서는 프랑스혁명에 이어진 보수반동이 종교에도 영향을 끼쳐, 성직자들 사이에서건 민중 사이에서건 근본주의가 지배적인 분위기를 형성하고 있었다. 『종의 기원』이 출판되고 몇 년 뒤, 보수 신학의 요새라 할 옥스퍼드 대학에서는 영국 국교회 성직자 1만 1,000명이 「옥스퍼드 선언」에 서명했다. 이것은 성경이 일부분이라도 거짓임이 인정된다면 성경 전체가 신뢰성을 잃게 될 수 있으므로, 성경에는 조금도 오류가 있을 수 없다는 것을 지지한다는 내용의 선서였다. 당연하게도 이러한 태도 속에는 다윈의 진화론이라는 신과학이 나란히 놓이거나 접점을 찾을 수 있는 여지가 거의 없었다.

세월이 흐르면서 신앙인들도 서서히 진화론을 받아들여 갔다. 하지만 그것은 느리고도 고통스러운 과정이었다. 대부분의 교회와 신학자들은 20세기에 이르러서야, 신앙과 과학은 별개의 것이지만 꼭 대척점에 있어야만 하는 것은 아니라는 사실을 받아들이며 마침내 진화론과의 접점을 찾게 되었다. 영국인들도 점차 성경의 일부 특히 창세기를 대할 때, 대다수 유럽인들처럼 그 이야기에 진실이 내포되어 있긴 하지만 그것이 꼭 있는 그대로의 진실은 아니라고 여기게 되었다. 그러다 20세기 말인 1996년, 교황 요한 바오로 2세가 "진화론은 단순한 가설 이상의 것"임을 공식적으로 인정하면서 로마가톨릭교회는 결국 진화론과 타협점을 찾게 되었다. 요한 바오로 2세는 인간 영혼을 창조할 수 있는 것은 오직 신밖에 없다는 것을 믿는 한, 신앙은 진화론과 공존할 수 있다고 밝혔다. 다윈은 인간 영혼에 관해서는 아무런 언급도 하지 않았으므로 평화로운 공존의 길이 열린 것이었다. 그리고 새로운 천 년이 시작될 때쯤에는 유럽에서 진화론과 창조론 사이의 갈등이 더 이상 표면화되지 않았다. 단지 미국에서만 진화론에 대한 회의론이 여전히 널리 퍼져 있었다.

사회다윈주의

생존경쟁과 자연선택에 관한 찰스 다윈의 이론은 동식물 종의 생물학적 진화에만 적용되는 것이었다. 하지만 몇몇 정치 사상가들과 사회과학자들도 이 이론에 커다란 흥미를 보였다. 사회가 어떻게 형성되는지(또는 형성되어야 하는지)를 설명하는 데 다윈의 진화론을 적용하는 여러 주장들을 통틀어 사회다윈주의라고 한다. 일부 사회다윈주의자는 개인 간의 경쟁보다 사회집단 혹은 민족 간의 경쟁에 초점을 맞추었으며, 그 대부분이 "적자가 살아남았다"고 주장하는 데 그치지 않고 "적자만이 살아남을 권리가 있다"고 주장했다. 그리하여 사회다윈주의는 단순히 역사와 자연에 대한 설명이 아니라, 정책 수립에 영향을 미치는 하나의 처방이 되기에 이르렀다.

다윈주의 이론은 많은 사람과 이념에 따라 제각각의 입맛에 맞게 받아들여졌다. 아일랜드 극작가 조지 버나드 쇼는 "도끼날을 갈아야 했던 사람들 모두가 다윈의 덕을 보았다"고 말했다. 사회다윈주의를 옹호한 가장 저명한 이는 영국 철학자 허버트 스펜서1820~1930였다. 스펜서는 다윈의 『종의 기원』이 출판되기 전부터 이미 사회진화론에 관한 자신만의 이론을 창안했다. 실제로 다윈은 스펜서의 저작을 자신의 글에 인용하기도 했다. 스펜서는 1852년에 쓴 에세이에서 '적자생존'이라는 용어를 처음으로 사용했고, 다윈은 이를 나중에 『종의 기원』의 장 제목 중 하나로 삼았다.

다윈과 마찬가지로 스펜서 역시 토머스 맬서스의 글에서 영향을 받았다. 스펜서는 맬서스의 의견을 좇아, 자원은 한정되어 있는데 인구가 증가하면 사람들 사이에 생존경쟁이 벌어지며, 그리하여 가장 똑똑한 사람들이 살아남는다고 주장했다. 스펜서는 이러한 과정을 통해 인간들이 점점 더 똑똑해지고 사회는 점점 더 강해져서 마침내는 인간 진화의 정점에 현대 자본주의가 우뚝 설 것이라고 생각했다. 그러므로 이러한 진화 과정과 생존경쟁에는 어떠한 개입도 없어야 한다고, 특히 정부의 개입이 있어서는 안 된다고 주장했다. 교육 또는 의료에 대한 국가의 지원, 빈곤퇴치 프로그램, 주택 문제에 대한 국가 규제 등 가난한 이와 약자를 지원하는 정부 프로그램 어떤 것에 대해서도 스펜서는 반대했다. 스펜서가 보기에 그런 프로그램이 없다면 약자는 사라지고 강자가 살아남아, 결국 사회는 더 나아질 것이었다. 그 과정에서 많은 고통이 있을 것이라고 인정하면서도 스펜서는 그것이 "겪어야만 하는 과정이며, 견뎌 내야만 하는 고통"이라고 합리화했다. 다윈의 『종의 기원』이 출간되기 8년 전에 출간된 에세이 「빈민구제법」에서 스펜서는 가난한 이들이 그러한 투쟁의 결과를 견뎌 내야 함을 눈 하나 깜짝하지 않고 다음과 같이 역설했다.

과부들과 고아들이 살고자 사투를 벌이는 것을 그저 보고만 있어야 한다는 건 힘든 일일 수 있다. 그러나 그것만 별도로 생각할 것이 아니라 보편 인류의 이익과 연관 지어 생각해 보면, 그 가혹한 죽음 속에는 지극한 선이 가득 차 있는 것으로 보인다. 그것이 어떤 선이냐면, 병든 부모가 낳은 아이들이 일찍 죽음에 이르는 것과 같은 선이다. 무기력자, 주정뱅이, 심신미약자들이 전염병의 희생자로 선별되는 것과 같은 선이다.

스펜서는 자유방임 경제와 애덤 스미스의 사상을 열렬히 지지했다. 애덤 스미스도 경제에 대한 정부 개입을 반대했었다. 스펜서의 사상은 당시 무제한적인 자본주의를 지지하는 이들에게 곧잘 인용되고 선전되곤 했다. 특히 미국에서 더욱 그랬다. 미국은 자본주의와 거의 같은 시기에 태어난 국가로, 개인주의와 제한정부 사상이 강력하게 뿌리내리고 있었기 때문이다. 미국의 산업가 앤드루 카네기와 존 록펠러는 허버트 스펜서의 팬이었다. 록펠러는 어느 주일학교 강연에서 다음과 같은 말을 했다고 한다.

대규모 사업의 성장은 그저 적자생존일 뿐이다. (…) '아메리칸 뷰티' 장미가 그 빛깔과 향기를 훌륭히 내게 하려면 그 주변에서 자라나는 싹들을 초기에 제거해야만 한다. 사업에서 그것은 악한 행동이 아니다. 그저 자연법칙과 신의 법칙이 작용하는 것일 뿐이다.

다윈의 핀치와 비둘기

비글호를 타고 항해하던 다윈은 에콰도르에서 서쪽으로 약 1,000km 떨어진 적도 부근의 야생 군도 갈라파고스제도를 5주간 탐사했다. 다윈은 그 작은 섬들에 서식하는 동식물의 수와 다양함에 놀라워하며 부지런히 그 목록을 작성했다. 그중에는 "매우 특이한 핀치 무리"가 있었다. 핀치는 전부 13종으로, 각 종은 서로 다른 특징을 지니고 있었다. 다윈은 특히 이 새들의 부리가 다양한 모양과 크기를 하고 있는 데 이끌렸다. 그는 일기에 다음과 같이 썼다. "서로 밀접한 관련을 맺고 있는 소규모의 한 무리 새들 속에서 그 구조에 미묘한 차이와 다양함이 있는 것을 보노라면, 이 군도에 원래 새가 부족한 상태에서 하나의 종이 채택되어 여러 가지 목적에 맞게 변형되었다는 상상을 할 수밖에 없다."

생물학 교과서를 보면 진화를 논하는 부분에서 으레 이 핀치들의 사진이 실리곤 한다. 하지만 다윈이 자연선택에 의한 진화론을 개념화하기 시작한 것은 이 갈라파고스 탐사로부터 수년이 지난 후였다. 영국으로 돌아온 다윈은 동식물 교배에 관심을 갖게 되었다. 사육인들은 혼종 교배를 통해 다른, 때로는 '더 나은' 품종의 난초, 장미, 딸기, 개, 말 등을 개발하고 있었다. 비글호 항해가 끝나고 20년 후, 다윈은 다우니 마을의 자택에서 비둘기를 수집해 사육하기 시작했다. 얼마 지나지 않아 텀블러, 트럼페터, 라프터, 팬테일, 파우터, 폴랜드, 런트, 드래곤, 스캔다룬 등 15개 품종을 키우게 되었는데, 이들 상당수가 마치 전혀 다른 종인 것처럼 보일 정도로 서로 현격한 차이가 났다. 하지만 이들 모두가 양비둘기와는 닮은 점을 가지고 있었다.

다윈은 자신이 사육하고 있는 비둘기 품종이 전부 양비둘기의 후손이라는 가설을 세우고, 논리와 제거 과정을 통해 경쟁 가설들을 제거해 나갔다. 예를 들어, 이 15개 품종 전부가 하나의 공통된 조상으로부터 일정 기간에 걸쳐 나온 것이 아니라면, 이들이 "적어도 7~8개 원종"으로부터 나왔다는 걸 밝혀낼 수 있을 것으로 기대해야 할 것이다. 왜냐하면 원종이 7~8개 정도는 되어야 지금과 같이 다양한 비둘기 품종들이 나올 수 있을 것이기 때문이다. 하지만 그 7~8개의 다른 종이 야생종으로든 사육종으로든 존재했었다는 사실을 밝혀내 줄 증거는 역사에 없었다. 그러니 그 15개 품종은 자연선택에 의해서든 사육을 통한 인공선택에 의해서든 하나의 조상에서 나온 것일 수밖에 없다고 다윈은 본 것이다.

자연선택과 진화는 직접적인 관찰을 통해 입증해 보이기가 어렵다. 갈라파고스제도 핀치들의 경우와 같이 종의 변화는 긴 시간에 걸쳐 일어나기 때문이다. 하지만 비둘기 사육은 사람들이 이해하기 쉬울 뿐 아니라 어느 정도까지는 선택적 번식의 결과를 직접 관찰할 수도 있다. 그래서 다윈은 비둘기에 대한 논의로 『종의 기원』 첫 장을 열었다.

경제 영역에서는 사회다윈주의의 영향력이 유럽보다 미국에서 더 컸다. 하지만 스펜서의 사상은 19세기와 20세기 유럽에서 다른 많은 운동과 철학의 근거로서도 적용되었다. 군국주의, 인종주의, 제국주의, **우생학** 등 그러한 운동과 철학의 상당수는 악한 동기에서 출발해 결국 비극적인 결과를 초래했다.

다윈과 스펜서의 영향력 있는 저작들이 출간된 시기는 19세기 후반 유럽 **식민주의**가 급속히 팽창하던 시기와 때를 같이했다. 그것은 제국주의의 시대로, 유럽 국가들은 19세기 마지막 10년 동안 남반구 전체에 걸쳐, 특히 아프리카에 식민지들을 건설했다. 그 시기 영국은 가장 적극적인 제국주의 국가였고, 많은 영국인은 인종적 우월성을 내세우며 다른 문화, 특히 아프리카에 대한 영국의 지배를 정당화했나. 더 열등하고 문명화되지 않은 인종에게 유럽의 도덕, 종교, 법, 문명 등을 가져다 주는 '백인의 책무'를 수행하는 것이 아프리카에서 영국의 임무라는 식으로 이야기되었다. 그런 인종적 우월성에 대한 주장이 바로 사회다윈주의의 맥락에서 이루어졌다. 유럽 사회는 아프리카 사회보다 한 발 더 '진화'된, 혹은 더 발전된 단계에 와 있기 때문에 아프리카에서 유럽의 영향력을 퍼뜨리는 것은 곧 아프리카 문화의 진화를 촉진한다는 논리였다.

사회다윈주의에서 인종우월론까지, 그리고 열등한 것으로 여겨지는 인종에 대한 '청소'(제거) 논리까지의 간격은 그다지 크지 않았다.

그러한 사고방식 상당수는 물론 오래전부터 있어 왔고, 다른 철학과 풍조에 그 뿌리를 두고 있었다. 하지만 다윈주의 덕분에 그것들에 어떤 과학적 타당성과 품위가 부여되었다. 한 예로 19세기 독일의 한 저명한 역사가도 이렇게 썼다. "용감한 이들만이 현존하거나, 진화하거나, 미래를 갖는다. 약한 자들과 겁쟁이들은 사라진다. 그것은 마땅한 일이다."

아돌프 히틀러1889~1945의 생각이 이 역사가와 같은 지점에 있었다. 히틀러는 1926년 펴낸 『나의 투쟁』에서 생존경쟁과 적자생존의 개념을 이용해 자신의 주장에 사이비 과학적인 타당성을 부여하며 인종적으로 순수해야 함을 역설했고, 이는 '나치스' 운동의 핵심 강령이 되었다. 히틀러는 "같은 수준에 있지 않은 사람들끼리 섞이면 안 된다"고 주장했다. 그는 다윈과 스펜서의 사상에 기대어 다음과 같이 썼다.

> 자연은 약한 개인과 강한 개인이 짝을 짓기를 바라지 않으며, 마찬가지로 더 우월한 인종과 열등한 인종이 섞이는 것도 바라지 않는다. 그랬다가는 몇 십만 년에 걸쳐 이루어진 훌륭한 번식 작업이 한 방에 날아갈 수 있기 때문이다.

히틀러는 독일에서 권력을 잡은 뒤 이러한 생각을 실천에 옮겼다. 그는 아리아인의 순수성을 보존하고 아리아인이 아닌 이들은 독일에서 제거하겠다고 선언했다. 이것이 유대인 몰살 계획의 토대가 되었다. 유대인 몰살 계획은 인종혼합 문제에 대한 히틀러의 '최종 해결책'이었고, 그리하여 '홀로코스트'라는 끔찍한 비극이 발생했다.

그러한 혐오스러운 철학과 사건들은 대개 다윈의 이론을 곡해해서 받아들인 것이므로 그 책임이 다윈주의에 있다고 말하는 것은 공정하지 못할 것이다. 하지만 다윈 본인도 간혹 어느 정도 인종주의자적인 면모를 드러내 보이기도 했다. 이를테면 그는 "머지않아 전 세계적으로 무수히 많은 열등한 종족들이 더 문명화된 종족들에 의해 제거될 것이다"라는 예견을 하기도 했다. 물론 그런 믿음은 다윈 한 사람만의 것이 아니라 당시 영국을 비롯한 유럽 많은 지역에 만연해 있던 것이었다. 하지만 어쨌든 자연선택과 적자생존에 관한 다윈의 이론은 유럽의 백인들이 세계를 지배한다는 논리를 더욱 강화하고 공고히 했다.

다윈주의가 끼친 영향

다윈주의는 과학, 종교, 사회를 변화시켰고, 인간에 대한 우리 자신의 사고방식을 바꾸어 놓았다. 가장 커다란 여파는 과학에 있었다. 자연선택과 진화에 관한 다윈주의 이론은 과학에 혁명을 일으켰고, 그 여파는 갈릴레이, 코페르니쿠스, 뉴턴, 그리고 후세의 아인슈타인이 불러온 것과 맞먹는 것이었다. 진화론에 대해 다윈이 내세운 증거는 너무나 설득력이 있었기 때문에 결국에는 모든 과학자가 진화론을 받아들였고, 진화는 생물 관련 학문의 토대가 되었다. 하지만 다윈이 과학에 끼친 영향은 생물학에 국한되지 않았다. 그의 작업으로 과학적 방법론이 자연 현상만이 아니라 인간을 연구하는 데에도 적용될 수 있다(마르크스의 작업이 그랬던 것처럼)는 생각이 일깨워져, 민족지학, 경제학, 사회학, 인류학, 심리학, 정치학 등의 사회과학이 부상하게 되었다.

다윈의 작업과 이론은 과학을 신앙과 종교에서 분리해 내었다. 과학과 종교는 반드시 둘 중 하나를 선택해야 하는 것이 아니라, 서로 이야기 주제가 다를 뿐이었다. 다윈 이전에는 과학자를 포함해 대부분의 사람들이 인간 기원과 본성에 관한 문제들을 대체로 종교적인 관점에서 바라보았다. 그런 점에서 다윈주의는 유럽 사회가 서서히 세속화되어 가는 과정에서 또 한 걸음을 내딛은 셈이었고, 그래서 많은 교회와 신앙인이 다윈주의에 완고하게 저항했다. 하지만 세월이 흐르면서 대부분의 교회들과 사람들도 진화를 받아들이게 되었다. 이제 선진국 중에는 미국에서만 상당수가 진화론을 거부하고 있을 뿐이다. 그러는 동안 교회와 신학도 변화하여, 구약성서를 있는 그대로 해석하는 방식을 피하면서 진화를 비롯한 현대 과학의 성과를 수용하거나 그에 보조를 맞추게 되었다. 모든 종교에서 중심적으로 다루어지는 주제, 즉 인간으로서의 우리 자신을 이해하고 하나의 종으로서 우리의 성장을 이해하며 환경과 우리의 관계를 이해하는 것에 혁명이 일어났고, 그리하여 다윈주의는 역설적이게도 종교 역시 바꾸어 놓았다.

다윈주의는 앞에서 보았던 것처럼 더 좋지 않은 결과들을 불러오기도 했다. 다윈주의에서 파생된 사회다윈주의는 제국주의와 인종주의, 그리고 궁극적으로 '홀로코스트'를 정당화하는 데 적용되었다. 이제 사회다윈주의는 적어도 유럽에서는 대체로 신빙성을 잃었지만, 적자생존 개념과 결합한 몇몇 보수 논리 속에 계속해서 살아 숨쉬며 가난한 이, 약자, 혹은 몸이 불편한 이에 대한 정부 개입에 반대를 부르짖고 있다.

다윈주의와 마르크스주의는 둘 다 인간의 발전에 대한 포괄적이고 보편적으로 적용되는 과학적 이론을 전개하려 했다는 점에서 서로 비견될 수 있다. 실제로 프리드리히 엥겔스는 마르크스의 장례식 추도사에서 그 둘을 짝지어 이렇게 말했다. "다윈이 생명의 발전에 관한 법칙을 발견했듯이, 마르크스는 인간 역사의 발전에 관한 법칙을 발견했다." 다윈과 마르크스는 모두 유럽 사회의 발전에, 그리고 세계 역사에 거대한 영향을 끼쳤다. 하지만 현대의 영향력 면에서 보자면 다윈의 이론이 마르크스의 이론보다 더 오랜 생명력을 지녔다고 할 수 있다. 그러나 다윈의 권위에도 한계는 있었다. 1882년 다윈이 세상을 떠났을 때, 영국 의회에 제기된 청원을 통해 다윈은 명예의 상징인 웨스트민스터 사원에 묻히게 되었다. 장례식에서 우생학 운동의 개척자인 다윈의 사촌 프랜시스 골턴은 웨스트민스터 사원의 웅장한 '창조의 창문'을 진화에 어울리는 무언가로 대체할 것을 제안했다. 하지만 그 제안은 이루어지지 못했다.

지그문트 프로이트: 정신분석과 문명

카를 마르크스는 사회 발전에 대한 과학적 이론을 전개했고, 찰스 다윈은 종의 기원에 대한 과학적 이론을 전개했다. 두 사람 다 종교사상을 비과학적이라며 거부했다. 오스트리아 빈의 의사 지그문트 프로이트(1856~1939) 역시 그러한 전통을 이어갔고, 관찰과 실험을 통해 인간 정신에 대한 신학문과 신경증을 치료하는 방법론을 발전시켰다. 프로이트는 그것을 정신분석이라 명명했다. 프로이트도 다윈처럼 여러 학문 분야를 넘나들며 쌓은 지식으로 자신의 사상과 이론을 발전시킨 다면적인 천재였다. 프로이트는 인간 행동을 설명하면서 무의식과 비이성의 영향력을 강조했는데, 이러한 그의 이론은 이성과 인식 과정을 강조하던 당대의 경향에 정면으로 도전하는 것이었다. 프로이트의 작업은 인간 행동의 동기와 근원에 대해 우리가 일반적으로 가지고 있던 생각을 뒤집어 놓았고, 그 작업의 결과 정신병과 불안을 치료하는 새로운 방식인 '대화치료법'이 탄생했다. 프로이트의 사상과 개념 중 많은 부분, 예를 들어 오이디푸스 콤플렉스, 꿈 분석, 성적 억압, 쾌락-불쾌 원리, 감정 전이, 그리고 정신을 이드-자아-초자아로 나누는 것 등은 서구 사상의 주류가 되었다.

프로이트는 마르크스와 다윈이 세운 사상적 틀 안에서 문명의 발전과 미래에 대해 논하였다. 특히 제1차 세계대전의 참화를 겪고 난 후 그런 경향이 더욱 뚜렷해졌다. 프로이트는 종교가 "문명화된 개인이 유아에서 어른이 되어 가는 과정에서 한번쯤 겪어야만 하는 일종의 신경증"이라며 그 지위를 격하시켰다. 또 그는 경제적 요소가 개인과 사회를 결정짓는 매우 중요한 요소라는 마르크스의 생각을 인정하면서도, 역시 중요한 또 하나의 요소인 심리학적 요소에 대해 마르크스가 간과했다고 보았다. 프로이트는 『문명 속의 불만』에서 문명의 미래는 에로스(사랑)와 타나토스(죽음) 사이의 투쟁 속에 펼쳐질 것이라고 주장했다. 에로스가 지향하는 것은 "인간 개개인을 결합시키고 그다음에는 가족을, 지역민을, 민족을, 국가를 결국 인류라는 거대한 하나의 통합체로 결합시키는 것"이다. 하지만 그러한 에로스의 작용을 죽음 본능이 가로막는다. 따라서 문명의 진화란,

"인간이라는 종족 내부에서 일어나는 에로스와 죽음 사이의 투쟁이며, 삶의 본능과 파괴 본능 사이의 투쟁이다. 모든 생명은 본질적으로 그러한 투쟁을 품고 있다. 따라서 문명의 진화를 한마디로 표현하자면, 인간이라는 종족이 품고 있는 삶에 대한 투쟁이라고 할 수 있을 것이다."

7

이탈리아와 독일의 통일

1860년대에는 중부유럽에 두 개의 중요한 국가가 등장했다. 이탈리아와 독일이 통일을 이루었던 것이다. 남북전쟁 중인 미국의 국가적 통합 가능성이 시험대에 올라 있던 때와 거의 같은 시기, 유럽 지도자들은 전쟁과 위로부터의 민족주의라는 수단을 활용해 서로 이질적인 소규모 정치 단위들을 모아 강력한 민족국가를 새롭게 구축해 냈다. 4장에서 보았던 것처럼 1848년 민중의 봄을 통해 민족주의와 자유주의가 촉발되었지만, 이는 곧 보수반동과 독재정치의 재등장으로 억압되고 무너졌다. 1848년 당시 민족주의는 아래로부터의, 거리로부터의 민족주의로서 유럽의 보수 기득권층을 위협해 공포에 떨게 했다. 그런데 그런 기득권층 내부에서도 중앙집권화된 통일국가를 탄생시키고자 하는 움직임은 있었다. 그 민중혁명의 시기로부터 10년이 지난 뒤 독일과 이탈리아에서는 강력한 인물들이 출현하여, 전쟁이라는 현대적 기술을 활용해 위로부터의 민족국가 수립이라는 역할을 수행했다. 통일 독일과 통일 이탈리아의 수립으로 유럽의 모습이, 그리고 유럽에서의 세력 균형 판도가 바뀌었다. 비스마르크가 일으킨 독일 통일전쟁이 1870년 완료된 이후, 독일은 유럽에서 가장 크고 강한 나라가 되어 있었다.

민족주의와 민족국가

4장에서 보았던 것처럼 민족국가는 같은 민족을 하나로 묶는 정치적 단위로서 유럽에서 16세기에 처음 등장하기 시작했지만, 등장하는 과정에서 속도는 더뎠다. 1860년 이전까지 유럽에서 민족국가라 부를 수 있는 나라는 영국과 프랑스 2개국뿐이었다. 포르투갈이나 네덜란드, 또 스칸디나비아 국가들 같은 다른 민족국가들도 존재하긴 했지만, 이들은 대개 작은 공국에 불과했다. 중부유럽에는 하노버, 바바리아, 토스카나, 시칠리아 등과 같은 소국이 주된 정치적 단위로서 존재하고 있었다. 16세기 이후부터 강력한 군주들이 지방 영주들의 세력을 깨뜨리고 정부의 힘을 강화하면서 강력한 민족국가들을 구축하기 시작했다. 1789년 프랑스혁명 이후에는 아래로부터의 민족주의가 또 다른 동력이 되어 민족통합과 독립, 민족국가 건설에 불을 지폈다.

민족이라는 개념은 비교적 새로운 것이었다. 어떤 면에서 그것은 대중 주권과 문맹 퇴치라는, 산업혁명과 산업화의 흐름과 함께했던 계몽주의 사상에서 파생된 것이기도 했다. **민족**이란 공통된 문화와 정체성을 지니면서 정치적 열망을 품고 있는 사람들의 집단이다. 문화의 영역에는 언어, 종교, 민족성, 전통, 관습, 역사 등이 포함될 수 있다. 하지만 그러한 공통된 특성들만으로 민족이 성립되는 것은 아니다. 정체성과 열망이라는 심리적(혹은 사회심리적) 요소 역시 있어야 한다. 즉 그 집단에 속한 이들이 그러한 공통된 유대감을 느껴야만 민족이 될 수가 있다.

이러한 민족적 정체성의 개념은 19세기에 거의 모든 민족문화 속에서 화가, 작가, 음악가, 언어학자 등이 아로새긴 것이다. 예를 들어 당시 러시아제국의 일부였던 폴란드에서는 낭만주의 애국시인 아담 미키에비치(92~93쪽 참조)가 『판 타데우시』1834라는 서사시를 통해 시골의 목가적인 사회를 그려 냈다. 이 시의 끝부분에서 젊은이들은 폴란드 나폴레옹군 군복을 입고 농노가 자유 시민임을 선포한다. 핀란드의 민족서사시 『칼레발라』는 옛이야기와 시가를 모은 것으로, 핀란드가 스웨덴과 러시아의 지배를 받고 있던 19세기에 처음 출간되었다. 이러한 문학작품들은 유럽 대륙 전체에 걸쳐 창작되어, 여러 민족 집단을 규정짓는 데 기여하였으며 각 민족에게 정체성과 긍지를 부여했다. 음악가들 역시 민족적 색채가 짙은 곡조와 주제를 엮어 곡을 만들며 이러한 흐름에 일조했다. 폴란드 작곡가 프레데리크 쇼팽의 마주르카와 폴로네즈, 핀란드 작곡가 잔 시벨리우스의 민족주의적 색채가 짙은 교향시 〈핀란디아〉가 그 예이다. 같은 시기에 언어학자들은 여러 언어의 사전과 문법서를 편찬하기 시작했다. 많은 사전과 문법서가 19세기에 글로 쓰인 형태로 처음 등장했다. 민족 집단들은 문학, 미술, 음악, 그리고 글로 쓰인 언어 등의 유산을 손에 넣기 시작하면서 점점 더 저마다의 공통된 정체성을 인지하게 되었으며, 그 정체성을 바탕으로 각 민족만의 정치적 공동체를 세우고자 하는 열망이 형성되었다. 그것이 민족주의였다.

민족주의가 오스만제국, 러시아제국, 오스트리아-헝가리 제국과 같은 다민족 국가 혹은 제국에서 발흥했을 때, 민족 집단들이 일반적으로 원했던 것은 다른 민족, 이를테면 터키인, 러시아인, 독일인 등이 지배하는 더 큰 제국으로부터 분리되는 것이었다. 이러한 민족주의적 **분리주의**는 당연히 제국의 존속에 위협이 되며, 따라서 제국의 통치자들은 자연히 그에 저항한다. 민족주의는 19세기에 오스만제국의 붕괴를 이끌어 냈고, 오스만제국으로부터 그리스, 세르비아, 불가리아, 루마니아 등이 떨어져 나와 새롭게 민족국가로 등장했다. 민족주의는 또한 러시아제국을 19세기 내내 (특히 폴란드에서) 흔들어 놓았으며, 1848년에는 오스트리아-헝가리 제국의 왕정을 거의 붕괴 직전까지 몰고 갔다.

때때로 사회주의적 색채를 띠기도 했던 1848년의 대중 봉기들은 유럽의 지도자들과 귀족들만이 아니라 새로 부상한 중산층에게까지 두려움을 안겼지만, 민족주의의 기류는 중산층과 상류층의 내부에서도 휘몰아쳤다. 이러한 민족주의는 종종 **실지회복운동**이라 불리는 매우 다른 형태로 나타나기도 했다. 실지회복운동이란 다른 국가에 속한 영토를 요구하는 것이다. 실지회복운동을 주창하는 민족 지도자들이 위로부터의 민족주의를 이끌면서, 결국 독일과 이탈리아에서 통일국가가 이룩되었다.

+ 역사 상식사전

베르디와 이탈리아의 독립

이탈리아의 위대한 작곡가 주세페 베르디는 민족주의를 주제로 오페라를 썼다. 그래서 많은 이가 그를 이탈리아 독립과 통일 투쟁에 앞장선 음악계의 수장으로 여긴다. 그의 세 번째 오페라 〈나부코〉(1842)에서 히브리인들은 바빌론에서 포로로 살아가는 신세를 한탄하는 합창을 한다. 이 합창은 오스트리아 지배 아래에서 살아가던 이탈리아인들의 자유에 대한 갈구를 숨김없이 보여 주었다. 베르디의 이름(Verdi)은 당시 사르데냐 왕이었던 비토리오 에마누엘레가 장차 이탈리아를 통치하게 되리라는 것을 암시하는 암호로 사용되기도 했다. 이름의 각 철자를 이용해 'Vittorio Emanuele Re D'Italia'(비토리오 에마누엘레는 이탈리아의 왕)라는 구절을 만들 수 있었기 때문이다. 비토리오 에마누엘레는 1861년 실제로 이탈리아의 왕이 되었고, 베르디는 새로 구성된 하원의 의원으로 선출되었다.

통일의 전주곡, 크림전쟁

이탈리아와 독일의 통일을 살펴보기에 앞서, 두 나라의 통일과 어느 정도 관련이 있는 다른 사건을 우선 간략하게 언급해야 한다. 그것은 바로 크림전쟁1853~1856이다. 이 명칭은 흑해로 돌출한, 당시 러시아 제국의 일부였던 크림반도의 이름을 따 붙인 것이다. 러시아가 오스만제국 영토에 대해 권리를 요구하고 오스만제국 내 기독교도들에 대한 차르의 보호를 확장하려고 하자, 영국과 프랑스는 러시아에 저항하는 터키인들을 지원하여 크림반도에 공격을 개시했다. 사르데냐왕국도 영국과 프랑스를 거들어 전쟁에 참가했다. 사르데냐가 참전한 주된 목적은 이탈리아 통일에 대해 영국과 프랑스의 지지를 얻어 내는 것이었다. 그리고 이러한 모든 움직임에는 흑해와 지중해를 연결하는 요충지인 다르다넬스 해협에 대한 통제권이라는 문제도 걸려 있었다. 싸움은 참호전, 콜레라, 대규모 사상자 등으로 얼룩진 끔찍한 것으로, 마치 50년 후 제1차 세계대전의 참상을 예고하는 듯했다. 또한 처음으로 신문사 통신원들이 몰려든 전쟁이자 처음으로 여성이 종군간호사로 참여한 전쟁이었다. 전쟁 기간 영국 간호 사업부를 지휘했던 플로렌스 나이팅게일은 전설로 남았다.

크림전쟁에서 러시아가 패배하며 흑해는 중립지역이 되었다. 오스만제국 내 기독교도들에 대한 유럽의 협력 보호가 확대되고, 오스만제국의 영토보전을 유럽이 보장하게 되었다. 그리고 루마니아와 세르비아가 자치공국으로 인정되었고 얼마 후에는 독립국가가 되었다. 그러나 훨씬 더 중요한 사실은 이 전쟁으로 인해 유럽의 세력 균형이 깨졌다는 것이다. 1815년의 평화 합의를 지키고 변화를 거부하는 데 가장 큰 의지를 보였던 러시아와 오스트리아는 각각 패배와 전쟁참가 포기로 힘이 약화되었다. 또한 사르데냐의 노림수도 성공을 거둬, 이탈리아 통일은 더욱 힘을 받게 되었다.

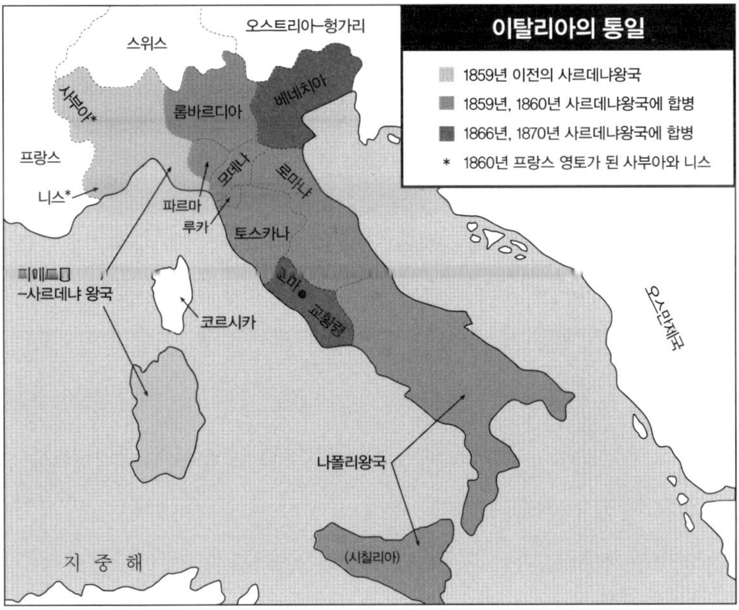

• 이탈리아의 통일

마치니와 카보우르, 그리고 이탈리아의 통일

1860년 이전 이탈리아 반도에는 열두어 개의 커다란 나라와 여러 작은 나라가 산재해 있었다. 그중 이탈리아인 왕조가 서 있던 나라는 사르데냐(피에드몽이라고도 한다) 하나뿐이었다. 롬바르디아와 베네치아는 1814년부터 오스트리아제국에 복속되어 있었고, 토스카나, 파르마, 모데나 역시 오스트리아제국의 지배를 받고 있었다. 이탈리아 중부에는 작은 나라들이 모여 교황령을 이루고 있었다. 교황령은 로

마교황청에 있는 로마가톨릭교회의 통치를 받았다. 남부에서는 프랑스 부르봉 왕조의 일파가 양시칠리아왕국(나폴리왕국과 시칠리아왕국)을 지배하고 있었다.

이탈리아 통일운동을 '리소르지멘토'('부흥'이란 뜻의 이탈리아어)라는 이름으로 부르기도 했다. 이는 1852년 사르데냐의 총리가 된 카밀로 디 카보우르가 1847년 창간한 신문 이름에서 유래한 것이다. 하지만 통일운동의 뿌리는 더 앞선 시기에서 찾아볼 수 있다. 비밀독립조직도 여럿 있었고, 4장에서 살펴본 바와 같이 1848년 혁명 당시 주세페 마치니1805~1872가 이끈 청년이탈리아당 운동도 있었다. 마치니는 거의 평생 프랑스, 스위스, 영국 등지에서 망명생활을 했던 민족주의 혁명가였다. 그는 "민족이란 같은 언어를 말하는 이들이 공통으로 지니고 있는 보편성"이라고 선언했고, 그래서 이탈리아인 모두를 하나의 민족국가 안에 통합시키기를 바랐다. 사르데냐를 비롯한 몇몇 나라 지도자들은 마치니를 지지했지만, 카보우르는 마치니의 혁명적 민족주의에 동조하지 않았다. 그는 자유주의적인 입헌군주제 아래에서의 통일을 추구하는 좀 더 통제 가능한 운동을 더 선호했기 때문이다.

1848년에는 4장에서 본 것처럼 아래로부터의 민족주의가 이탈리아 전역에서 끓어올랐다. 베네치아와 로마에서는 각각 독립공화국이 선포되었고, 시칠리아에서는 부르봉 왕조에 항거해 반란이 일어났다. 하지만 이때 일어난 봉기는 유럽 대륙 다른 곳에서처럼 모두 분쇄되었다. 그러나 10년 후 이탈리아의 상황은 달랐다. 프랑스와 영국은 사르데냐가 크림전쟁에 참여해 준 데 대해 고마워했다. 당시 오스트리아가 지배하고 있던 이탈리아 북부 상당 부분을 사르데냐가 요구하고 나서자, 프랑스의 나폴레옹 3세는 기꺼이 사르데냐를 지원하고자 했다. 나폴레옹 3세의 지지를 등에 업은 카보우르는 1859년 오스트리아를 상대로 전쟁을 일으켰다. 나폴레옹 3세가 직접 10만 병력을 이끌고 이탈리아 북부로 들어와 오스트리아와 싸웠고, 오스트리아는 패했다. 토스카나, 모데나, 파르마, 로마냐 등은 각각 오스트리아 통치자들을 몰아내고 사르데냐에 합병되었다. 남부에서는 피에드몽 출신의 낭만적인 혁명가 주세페 가리발디가 자신의 '붉은 셔츠' 대원 1,000명을 이끌고 시칠리아와 나폴리에 진격해 정권을 장악했다. 이어 실시된 국민 투표를 통해 사르데냐와의 합병이 결정되었다.

평화협정을 통해 전쟁이 종식되면서, 오스트리아는 베네치아를 계속 보유하게 됐지만 그 밖의 다른 지역은 거의 포기해야 했다. 교황은 로마에서 통치를 계속했지만 교황령에 대한 통치권을 잃었고, 프랑스는 사부아와 니스를 차지했다. 사르데냐는 나머지 이탈리아 영토에 대한 통치권을 갖게 되었다. 1861년 5월, 이탈리아인만으로 구성된 의회가 토리노에서 소집되어 사르데냐의 지배자 비토리오 에마누엘레 2세를 이탈리아 왕으로 선포했다. 5년 후, 오스트리아가 프러시아와 전쟁을 벌이는 사이 이탈리아는 베네치아마저 손에 넣었다. 1870년 프랑스가 프로이센-프랑스 전쟁에 정신이 팔린 틈에는 로마를 포함하여 교황령의 나머지 부분을 획득했으며, 교황의 통치령은 바티칸의 영토 안으로 한정시켰다. 그리하여 이탈리아의 통일이 완료되었다. 그러나 영토 합병은 국가건설 과정의 일부일 뿐이었다. 1861년 통일의회가 개회했을 때 이탈리아 민족주의자 한 사람은 이런 발언을 했다. "이탈리아를 만들었으니 이제는 이탈리아인들을 만들어야 한다." 당시 이탈리아에 사는 이들 중 소수만이 토스카나어에서 발전된 이탈리아어를 사용했다. 공통된 이탈리아의 정체성, 특히 북부와 남부 사이에서 공유되는 이탈리아의 정체성을 만들어 내고자 하는 도전은 오늘날까지 지속되어 오고 있다.

비스마르크와 독일의 통일

독일의 통일도 이탈리아 통일과 비슷한 방식으로 전개됐다. 오토 폰 비스마르크1815~1898라는 강력한 지도자를 앞세운 프러시아가 강한 힘을 바탕으로 구심점이 되어, 이웃나라들과 전쟁을 벌이며 다른 독일 영토들을 프러시아 지배 아래 통합했다. 통일을 향한 첫 번째 노력은 이탈리아의 경우와 마찬가지로 1848년 혁명이 실패하며 좌절되었지만, 한 세대가 지난 후 프러시아 국왕과 강력한 총리 비스마르크가 통일을 주도하면서 결국 독일은 통일을 이루었다.

비스마르크는 프러시아 브란덴부르크 출신의 융커(지주 계층)로, 1862년에 독일에서 가장 강력한 국가였던 프러시아의 총리로 임명되었다. 비스마르크는 민족주의자도, 자유주의자도, 민주주의자도 아니었다. 다만 그가 원했던 것은 독일에서 프러시아의 지위를 높이고 나아가 유럽에서 독일의 지위를 높이는 것이었다. 비스마르크는 독일 의회에서 이렇게 말했다. "독일에서 장차 프러시아의 지위를 결정지을 것은 자유주의가 아니라 힘이다. (…) 지금 우리 앞에 놓인 가장 중요한 문제를 해결해 주는 것은 말이나 투표가 아니다. 그런 것에 기댄 것이 1848년과 1849년의 큰 실수였다. 우리의 해결책은 철과 피이다." 이 '철과 피' 연설과 통일을 강력하게 밀어붙인 추진력 때문에 그에게는 '철의 총리'라는 별명이 붙여졌다.

비스마르크는 근본적으로 새로운 독일연방을 원했지만, 거기서 오스트리아는 제외하고자 했다. 그는 목표를 달성하기 위해 덴마크, 오스트리아, 프랑스 등 이웃나라들과 짧지만 결정적인 전쟁을 연달아 벌였고, 그때마다 영토를 조금씩 손에 넣는 한편 그들을 독일 문제에서 배제시켰다. 1864년 덴마크와의 전쟁이 제일 먼저 벌어졌다. 오래전부터 논란이 되어 온 슐레스비히-홀슈타인을 두고 일어난 것이었다. 이 두 공국은 공식적으로는 덴마크 영토가 아니었음에도 덴마크 왕의 통치를 받고 있었다. 그런데 이곳에는 독일인이 굉장히 많이 살고 있었기 때문에, 이곳을 덴마크에서 분리하는 것은 독일 민족주의자들에게 매우 중요한 문제였다. 비스마르크는 두 공국을 그냥 합병해 버리고 싶었지만 문제는 생각보다 훨씬 난해하고 복잡했다. 이 문제에 대해 영국 수상 팔머스톤은 이런 이야기를 하기도 했다. "슐레스비히-홀슈타인 문제를 제대로 이해하고 있는 사람은 세 사람밖에 없는데, 한 사람은 죽고 또 한 사람은 정신이 나갔으며 나머지 한 사람은 나인데 잊어 버렸다." (그 똑똑하다는 팔머스톤조차 알 수 없다고 했을진대, 나도 이 문제를 섣불리 설명하려고 하지 않겠다.) 하지만 문제야 어찌됐든 간에, 덴마크가 슐레스비히를 합병하기로 결정하자 비스마르크는 이를 기회로 삼았다. 그는 오스트리아와 동맹을 맺었고, 힘을 합친 두 강대국은 덴마크를 순식간에 제압했다. 그리고 프러시아가 슐레스비히를, 오스트리아가 홀슈타인을 차지했다.

하지만 비스마르크는 덴마크보다 오스트리아를 더 큰 목표로 삼고 있었다. 그는 오스트리아를 국제적으로 고립시켜 독일 문제에 관여하지 못하게 만들고 싶었다. 그러면 프러시아는 자유로이 북독일연방을 결성(그리고 지배)할 수 있을 것이었다. 오스트리아를 칠 기회는 1866년에 왔다. 슐레스비히-홀슈타인에 대한 통치권을 놓고 오스트리아와 프러시아 사이에 갈등이 생긴 것이다. 앞에서 본 대로 오스트리아는 이미 크림전쟁 이후, 그리고 이탈리아 통일운동 기간 프랑스와의 전쟁 이후 비교적 고립된 상태였다. 나중에 '7주 전쟁'이라는 이름이 붙은 이 전쟁에서 프러시아는 놀라울 정도로 빠른 승리를 거두며 오스트리아를 물리쳤다. 프러시아가 쉽게 이길 수 있었던 원동력은 병참과 전투에 적용한 신기술이었다. 프러시아군은 탄알을 총신 뒤쪽에서 장전할 수 있는 '후장총'(이 총은 엎드린 자세에서 쏠 수 있었다)을 사용했고, 전신과 철도를 이용해 병력과 물자를 편성하고 이동시켰던 것이다. 이 전쟁에서 승리한 결과 프러시아는 슐레스비히-홀슈타인과 하노버를 포함해 여러 영토를 합병했고, 비스마르크는 22개국으로 구성된 북독일연방을 결성했다. 북독일연방의 헌법은 남성 보통선거를 통한 의회 구성을 명문화했다. 이러한 조치 덕분에 비스마르크의 독일제국 구상은 대중으로부터 광범위한 지지를 얻을 수 있었다.

비스마르크의 마지막 과제는 남부 독일 국가들(바바리아 포함)을 합하여 독일제국을 완성하는 것이었다. 하지만 프랑스가 이를 반대했다. 프러시아의 힘이 커지는 것을 프랑스가 두려워하는 것은 당연한 일이었다. 1870년 비스마르크는 다른 더 작은 문제인 스페인 왕위 계승 문제를 두고 프랑스 통치자 나폴레옹 3세를 도발하여, 프랑스가 프러시아에 전쟁을 선포하도록 유도했다. 프러시아-프랑스 전쟁은 고작 6주밖에 걸리지 않았다. 프러시아의 승리는 너무나 빠르고도 예상치 못한 것이었다. 전쟁이 끝났는데도 정작 항복해야 할 프랑스 정부조차 남아 있지 않았다. 포로로 붙잡힌 나폴레옹 3세는 퇴위하여 영국으로 피신했다. 파리에서는 봉기(1789년과 1830년, 1848년의 봉기에 뒤이은)가 일어나 그 결과 프랑스 제3공화국(제2차 세계대전 때까지 존속)이 수립되었다. 6개월간의 혼란을 겪은 뒤 프랑스는 독일에 거액의 보상금을 지불하고 알자스와 로렌 지방을 양도하는 것에 동의하는 치욕적인 평화 합의안에 서명했다. 비스마르크는 빌헬름 1세를 독일 황제로 추대하며 새로운 독일제국의 수립을 선포했다. 이 중대한 선포식이 거행된 장소는 독일이 아니라 프랑스 베르사유 궁전의 거울방이었다(프랑스는 이날의 치욕을 잊지 못해 제1차 세계대전 후 독일 역시 이곳에서 항복문서에 서명하도록 했다). 이탈리아와 마찬가지로 독일의 통일도 위로부터, 무력을 통해 이루어졌다. 하지만 비스마르크는 카보우르와 달리 국가 병합을 비준할 때 국민투표라는 수단을 활용하지는 않았다. 비스마르크는 피와 철이라는 수단을 활용해 독일을 탄생시켰다.

오스트리아-헝가리 제국

독일 통일 이후에도 독일인 전체의 6분의 1은 국외, 대개는 오스트리아제국에 거주하고 있었다. 오스트리아는 19세기 후반 반세기 동안 유럽에서 서서히 영향력을 잃어 가고 있었다. 크림전쟁에서 배제되었을 뿐 아니라 지배했던 이탈리아 영토를 상실했고, 이어 7주 전쟁에서 치욕스런 패배를 당하기도 했다. 게다가 다양한 민족의 민족주의 바람이 거세지고 있었기 때문에 내부적으로도 약화되고 있었다. 특히 마자르인(헝가리인)의 민족주의 열기가 강했다. 오스트리아제국에는 체코인, 슬로바키아인, 폴란드인, 슬로베니아인, 크로아티아인, 루마니아인, 이탈리아인 등 적어도 20개 민족이 있었다. 독일인(주로 오스트리아와 보헤미아 지역에 몰려 있었다)이 총인구의 3분의 1 정도를 차지했고, 대개 제국의 동부지역에 거주하던 마자르인이 총인구의 4분의 1 정도를 차지했다. 마자르인들은 오래전부터 독일인들이 제국을 지배하고 요직을 차지하는 등 권력을 독점해 온 데 대해 불만이 많았다. 1866년 오스트리아가 프러시아에 패해 힘이 약화되자 마자르인들의 요구는 더욱 끓어올랐다. 그 결과 1867년 '아우스글라이히'(타협)가 이루어져 오스트리아-헝가리 제국이 탄생했다. 오스트리아와 헝가리가 각자의 헌법과 의회를 두되, 합스부르크 가문의 통치 아래 하나로 묶이는 것이었다. 이로써 분리된 민족국가가 탄생하지는 않았지만, 불만에 차 있던 헝가리인들은 상당한 수준의 자치를 얻게 되었다. 그러나 오스트리아제국의 민족 문제가 해결된 것은 아니었다. 헝가리인과 오스트리아인은 그러한 조치로 이익을 얻었지만, 제국의 다른 민족들, 특히 체코인, 슬로바키아인, 폴란드인 등 **슬라브 민족**은 거기서 아무것도 얻을 수 없었기 때문이다. 민족 문제는 다음 50년간 곪은 채로 남아서 결국 제1차 세계대전 발발의 원인이 된다.

민족주의와 통일의 의미

독일과 이탈리아에서는 1848년 아래로부터의 민족주의가 실패한 뒤 위로부터의 민족주의를 통해 통일된 민족국가가 탄생했다. 1860년대에 이루어진 두 나라 통일운동은 사르데냐와 프러시아라는 강력한 국가들과 강한 지도자들에 의해 주도되었고, 또한 이탈리아의 경우 외부 지원(프랑스)을 얻기도 했다. 유럽 다른 곳에서 일어난 민족주의는 그리 운이 좋지 못했다. 예를 들어 폴란드인은 1830년과 1848년, 그리고 1863년에 지배 세력에 대항해 봉기했지만 외부 지원을 얻지 못했으며, 결국 성공하지 못했다. 역사가 노먼 데이비스는 이렇게 썼다. "폴란드 민족운동은 그 역사가 가장 길고 성공할 자격을 가장 잘 갖추었으며 가장 투지가 넘치지만, 가장 강한 억압을 받았고 가장 성공하지 못했다." 폴란드는 제1차 세계대전이 끝나고 나서야 국가의 지위를 다시 손에 넣을 수 있었다.

19세기 유럽 대륙 다른 지역에서 민족주의의 성패는 엇갈렸다. 그리스인, 벨기에인, 루마니아인, 노르웨이인 등은 자신들만의 민족국가를 세웠지만, 아일랜드인과 체코인은 그러지 못했다. 러시아제국 내 다양한 민족들도 독립을 얻기까지 한 세기를 더 기다려야 했다. 발칸에 뒤죽박죽이 되어 섞여 있는 민족들은 제1차 세계대전의 불씨를 제공하게 된다(그리고 오늘날까지 심각한 문제로 남아 있게 된다).

이탈리아와 독일의 통일은 근본적으로 유럽의 지형과 함께 세력 판도를 바꾸어 놓았다. 특히 독일제국은 유럽 대륙에서 러시아에 이어 두 번째로 크고 인구가 많은 국가, 그리고 가장 강력한 국가가 되었다. 독일에서 산업혁명은 빠르게 진행되고 있었고 산업이 발전하면서 군사력도 증강되었다. 비스마르크가 벌인 통일전쟁에서 독일은 유럽 대륙의 다른 두 군사강국 오스트리아와 프랑스를 빠르고 수월하게 물리쳤다. 비스마르크의 정책은 강하고 역동적인 통일독일을 탄생시켰던 것이다. 그리고 독일의 지도자가 민족주의를 이용해 나라의 이익을 추구하고자 한 것은 비스마르크가 마지막이 아니었다.

+ 역사 상식사전

이탈리아 민족주의자이자 낭만적 혁명가였던 주세페 가리발디

▪ 1860년 교황의 군대가 카보우르의 군대에 패한 뒤 영국 풍자잡지 『펀치』가 게재한 만화. 가리발디가 교황 비오 9세에게 '자유의 관'을 내밀며 "교황님, 이 관을 쓰세요. 지금 쓰고 계신 것보다 편하실 거예요"라고 말하고 있다.

이탈리아 통일운동에서 군사적으로 가장 중요한 인물이며 대중에게 최고의 영웅이었던 이는 배짱 좋은 모험가 주세페 가리발디(1807~1882)였다. 가리발디는 프랑스 니스(이탈리아와의 국경 가까이에 있다)에서 태어나 거의 독학으로 공부했다. 젊은 시절에는 마치니가 이탈리아 민족의 자유와 독립을 쟁취하기 위해 결성한 청년이탈리아당에 참여했다. 1834년 피에드몽에서 실패한 반란에 가담한 죄목으로 제노바법원에서 사형을 선고받았지만, 남아메리카로 탈출해 거기서 12년을 살았다. 브라질과 우루과이에서 내전에 참가해 군대를 이끌었으며, 그리하여 우루과이가 아르헨티나로부터 독립하는 데 기여하기도 했다.

1848년 민중의 봄 기간에 가리발디는 이탈리아로 돌아와 '리소르지멘토', 즉 이탈리아인의 자유를 찾는 이탈리아 통일운동에 참여했다. 3,000명의 자원자로 구성된 부대를 조직하여 롬바르디아에서 오스트리아군에 맞서 싸웠고, 마치니가 수립한 로마공화국을 지원했다. 결국 패해 대부분의 부대원을 잃고 이탈리아에서 도망친 그는 뉴욕 스테이튼 아일랜드로 가서 미국 시민권을 받고 촛불제조업자가 되었다.

가리발디는 1850년대에 이탈리아로 다시 돌아와 카보우르와 비토리오 에마누엘레의 이탈리아 통일전쟁을 지원했다. 1860년 그는 군복 색깔 때문에 '붉은 셔츠 부대'라 불리던 1,000명의 부대를 이끌고 시칠리아로 갔다. 당시 시칠리아는 나폴리왕국 부르봉 가문의 지배를 받고 있었다. 가리발디는 시칠리아 섬을 정복하고 임시정부를 수립한 다음, 이탈리아 본토로 건너가 나폴리왕국까지 점령했다(나폴리왕국은 이탈리아 반도의 남쪽 절반 대부분을 지배하고 있었다). 이것이 이탈리아 통일이라는 퍼즐을 완성하는 핵심 조각이었다. 이를 발판으로 1861년 비토리오 에마누엘레를 왕으로 하는 이탈리아왕국이 수립되었다. 그렇지만 가리발디는 이탈리아왕국에서 로마가 제외된 데 만족하지 못하여, 교황령을 이탈리아에 편입시키기 위해 그 후 여러 해 동안 여러 번의 싸움을 계속했고, 마침내 로마는 이탈리아에 합병되었다. 가리발디는 1874년 의원으로 선출되었고, 1882년 세상을 떠났다.

8

제국주의 시대와 아프리카 쟁탈전

19세기의 마지막 15년 동안 유럽 열강은 전 세계에 영향력을 넓히고자 불꽃 튀는 경쟁을 벌였다. 이 제국주의의 시대에는 지구 땅덩어리 중 4분의 1 이상이 유럽 6개국에 점령되었다. 경쟁은 특히 아프리카에서 심했다. 그때까지 아프리카는 해안 지역을 제외하고는 유럽인들에게 알려지지 않고 유럽인들의 손길이 미치지 않아서, 유럽의 영향을 거의 받지 않고 있었다. 1880년 당시에는 아프리카의 약 90퍼센트를 아프리카인이 통치하고 있었다. 그러나 20년 후 **아프리카 쟁탈전**이라 불린 영토 차지 경쟁이 한바탕 휩쓴 뒤에는 사실상 아프리카 대륙 전체가 분할되어 유럽 국가들의 손에 넘어갔다. 에티오피아와 라이베리아만이 독립을 유지했다.

유럽에서 제국주의가 발흥한 이유는 여러 가지였다. 국가적 자부심도 한 가지 이유라 할 수 있다. 전략적 경쟁인 측면도 있었으며, 새로운 시장과 원료, 저렴한 노동력을 구하기 위해서이기도 했다. 그리고 사회다윈주의에 어느 정도 근거를 둔 선교라는 의미도 있었다. 아프리카인들은 식민지를 경험하면서 유럽의 기술, 사상, 종교 등을 얻었지만 그와 함께 유럽인들의 착취와 우월감 때문에 고통을 겪고 뿌리 깊은 분노를 품게 되었다. 제국주의 시대는 비교적 길게 지속되지 않았다. 아프리카 대륙이 분할되고 얼마 지나지 않아서 아프리카 민족주의자들의 독립운동이 시작되었다. 제2차 세계대전이 끝나고 30년 안에 사실상 아프리카 식민지 모두가 독립국가가 되었다.

19세기 이전 유럽의 팽창주의

제국주의를 다음과 같이 정의 내릴 수 있다. "한 국가가 우월한 군사력과 진보된 기술을 앞세워 발전이 덜 된 지역의 땅, 자원, 거주민 등을 강제로 지배하는 것." 물론 이러한 현상이 19세기에 새롭게 등장한 것은 아니었다. 15세기 탐험의 시대에 스페인과 포르투갈은 처음으로 식민지를 경영했고, 그리하여 다음 한 세기 동안 스페인은 아메리카 대륙에 남아메리카 대부분을 포함하는 대제국을 건설했다. 프랑스도 북아메리카 상당 부분을 탐험하여 식민지로 만들었지만, 나중에는 거의 모든 지역을 영국에게 넘겨주었다. 네덜란드는 태평양과 인도양에서, 특히 인도네시아에서 식민지 사업을 벌였다. 15세기 초 포르투갈인들은 아프리카 서부해안을 탐사하여 그곳에 무역(특히 노예무역)과 선교업무를 하기 위한 정착지를 만들기 시작했다. 그러자 영국, 프랑스, 스페인 등을 비롯한 다른 유럽 국가들도 그 뒤를 따랐다.

그러나 제일 먼저 유럽인들의 식민지가 되었던 나라들은 또한 제일 먼저 독립국이 되었다. 북아메리카에 있던 영국의 식민지들은 18

세기 말에 반란을 일으켜 독립을 쟁취했고, 남아메리카 국가들 대부분은 19세기 초 스페인과 포르투갈로부터 독립했다. 19세기 중반이 되자 영국만이 대제국을 경영하고 있었다. 영국제국은 캐나다에서부터 인도를 지나 오스트레일리아와 뉴질랜드에 이르기까지 세계 전역에 걸쳐 있었다. 그래서 영국인들은 "대영제국에는 해가 지지 않는다"고 자랑스레 말하곤 했다. 1880년대에 유럽인들의 손길이 닿지 않은 곳은 아프리카, 인도차이나, 중국, 그리고 태평양의 섬들뿐이었다.

제국주의의 동기

제국주의는 주로 경제적인 동기에 의해 팽창하였다. 산업혁명으로 유럽 내 상품 생산도 상품에 대한 수요도 모두 자극을 받아, 기업가들과 정부들은 너나 할 것 없이 원료의 새로운 원천과 생산품을 판매할 새로운 시장, 노동력(특히 저렴한 노동력)의 새로운 공급처 등을 찾아 나섰다. 게다가 1873년부터 1890년대 중반까지 유럽에 심각한 경제 불황이 길게 지속되어, 해외시장을 찾고자 하는 욕구는 더 커졌다. 경제가 나빠지자 각국은 외국과의 경쟁에서 자국 산업을 보호할 목적으로 저마다 관세(수입품에 매기는 세금)를 부과하기 시작했다. 그러한 보호주의로 인해 해외무역이 감소하며 불황은 더더욱 깊어져 갔다.

이를 타개하기 위해 유럽 국가들은 그런 무역 규제를 받지 않는

'피난처 시장'을 찾고자 했고, 그리하여 아프리카와 아시아에 건설한 식민지에서 원하던 것을 찾았다. 그런데 19세기 제국주의는 이전보다 훨씬 더 철저하고 비용도 많이 들었다. 식민지에 광산, 대규모 농장, 철도, 항만시설, 은행 등과 같은 것을 건설하면서 상당한 자본 투자를 하기도 했다. 그러면 그 투자를 보호하기 위한 정치력과 군사력이 필요하므로, 군인과 행정가와 정착민이 점점 더 많이 식민지로 밀려들었다.

정치, 경제 이론가 다수는 제국주의가 자본주의의 당연한 결과라고 지적했다. 예를 들어 카를 마르크스는 『자본론』에서, 자본주의 사회의 부르주아지는 제품을 판매할 시장이 지속적으로 확장되는 것을 필요로 한다고 주장했다. 그리고 러시아의 마르크스주의자이자 혁명가인 블라디미르 레닌은 『제국주의: 자본주의의 최고 단계』1916라는 소책자에서 제국주의가 자본주의 발전 과정에서 피할 수 없는 단계이지만, 자본주의 국가들이 식민지 영토를 놓고 경쟁하면서 서로 충돌할 것이며 나아가 식민지인들이 지배 국가에 대항해 민족해방전쟁을 일으킬 것이라고 주장했다. 그러므로 제국주의는 자본주의 국가들 간 전쟁(제1차 세계대전을 포함해서)의 원인이며, 그로 인해 결국 자본주의가 몰락할 것이라고 레닌은 믿었다.

제국주의의 동기에는 순수한 경제적 측면 외에 다른 측면도 있었다. 중동에서 벌어진 제국주의 경쟁인 '그레이트 게임'이나 아프리카 쟁탈전 모두 어느 정도는 유럽 열강의 전략적, 외교적 경쟁의 산물이었다. 영국과 프랑스는 오래전부터 유럽의 라이벌이었고, 1860

년대와 1870년대에 각각 통일을 이룬 이탈리아와 독일도 힘겨루기에 합류했다. 특히 영국은 인도와 이집트에서 보유하고 있던 이권을 다른 유럽 국가들에게 빼앗기고 싶지 않았다. 1880년대에 영국은 아프가니스탄을 **보호국**으로 삼아 인도에 대한 러시아의 팽창주의를 견제했다. 영국은 또한 얼마 전에 완공된 수에즈운하(지중해와 홍해를 연결하는)에 대한 통제권을 지키기 위해 이집트도 보호국으로 삼았다. 영국 정치가 조지 커즌의 말을 빌리자면, 투르키스탄과 아프가니스탄, 페르시아 등은 "세계정복이라는 게임이 진행되고 있는 체스판 위의 말"이었다. 그리고 아프리카에 대해서도 같은 표현을 쓸 수 있었다. 아프리카에서 유럽 각국은 경쟁국보다 한 발 앞서 땅을 차지하기 위해 쟁탈전을 벌이고 있었다.

저개발국에 대한 유럽의 팽창주의에 인도주의적인 요소도 없는 것은 아니었다. 하지만 그것은 유럽인들의 우월감과 사회다윈주의(6장 참조)에 의해 퇴색되었다. 많은 유럽인이 식민지 경영을 통해 아프리카와 아시아 민족들을 근대화시키고 더 잘 살게 해준다고 생각했다. 기독교 선교사들은 구원의 길에서 벗어나 있는 이교도들에게 그리스도를 알려 주어 영혼을 구원하고 싶어 했다. 많은 선교사와 개혁 성향 정착민이 자신의 눈에 야만적으로 보인 원주민 풍습을 근절하고자 했다. 노예제, 아동 결혼, 일부다처제, 식인풍속 등이 그러한 풍습으로, 그중에는 실제로 행해지는 것도 있었지만 유럽인들의 상상이 만들어 낸 것도 있었다.

그런데 그런 생각을 주로 뒷받침해 준 것은 사회다윈주의, 즉 일부

인종의 타고난 우월성이 '후진' 민족들에 대한 정복을 정당화한다는 개념이었다. 사회다윈주의의 대표적 옹호자인 영국인 허버트 스펜서는 다윈의 적자생존 개념이 생물종만이 아니라 민족에도 적용된다고 생각했다. 그러한 우월감은 극단적인 형태를 띠기도 했다. 한 예로 1904년 독일 함부르크의 한 동물원에서는 사모아인 여자들이 우리에 갇힌 채 전시되었다. 영국 작가 러디어드 키플링의 유명한 시 「백인의 책무」1899에서는 사회다윈주의와 제국주의가 결합한다. 이 시에서 키플링은 그 해에 미국이 필리핀을 병합한 것을 보고 미국이 '백인의 책무'를 이어받을 것을 촉구한다.

백인의 책무를 이어받으라
너희가 키운 가장 훌륭한 아들들을 보내라
그들을 그곳에 묶어 두고
포로들을 위해 일하게 하라.
무거운 장비를 걸쳐 메고,
어쩔 줄 모르는 미개인들
새로 붙잡은 음침한 종족들
반은 악마요 반은 어린애인 저들을
시중들게 하라.

아프리카 쟁탈전

19세기의 마지막 15년간에 급속하고도 철저하게 이루어진 아프리카 식민화를 일러 '아프리카 쟁탈전'이라고 한다. 아프리카 대륙은 지구 땅덩어리의 약 5분의 1을 차지하고 있으며 당시 대륙에 약 1억 명이 거주하고 있었다. 그러나 당시 대부분의 지도는 아프리카 대륙 안쪽에 아무것도 표기하지 못하고 그곳을 시커먼 공백으로 내버려 두었다. 그래서 아프리카를 '검은 대륙'이라 부르기도 했다. 하지만 사실 아프리카에는 각기 고유의 정치 체제를 지니고 있는 자치 사회가 700개 정도 존재했다. 아프리카의 많은 곳에서는 "유럽인들이 오기 훨씬 전부터 사회적, 정치적, 예술적 발전이 이미 높은 수준에서 이루어져 있었다."

19세기 전까지 외부인들이 아프리카 대륙 안쪽으로 들어오는 일은 거의 없었으며, 아프리카인들과 유럽인들 간의 접촉은 대부분 해안을 따라 이루어졌다. 그리고 그러한 초창기 접촉의 대부분은 노예 무역에 관한 것이었다. 1450년부터 1900년까지 약 1,200만 명에 달하는 아프리카인이 노예가 되어 아메리카 대륙으로 실려 갔다. 영국에서는 노예제가 1772년에 불법화되고 노예 매매도 1807년에 금지되었다. 이후 영국의 무역 품목은 설탕이나 커피, 코코아, 금 등의 산물이 대부분을 차지했다.

1869년 수에즈운하가 개통되면서 아프리카, 특히 북아프리카에서 유럽의 이해관계는 더 복잡해졌다. 지중해와 홍해를 잇는(그래서 선박

들이 인도양으로 항해할 수 있었다) 수에즈운하는 운송과 국제무역(특히 유럽과 아시아 사이)에 커다란 혜택을 주었다. 특히 영국은 수에즈운하 덕분에 인도까지 항해하는 시간을 반으로 줄일 수 있었고, 아프리카 대륙을 두르는 긴 여정에서 벗어날 뿐 아니라 대륙 남단의 위험 지역도 피할 수 있었다. 영국은 곧 수에즈운하의 통제권을 사들였고, 이집트(수에즈운하는 이집트 영토를 관통했다)가 여전히 오스만제국의 일부였음에도 불구하고 1880년대에 이집트를 보호국으로 삼았다.

아프리카 대륙 쟁탈전이 본격적으로 시작된 것은 1879년이었다. 당시 벨기에 왕 레오폴드 2세재위 1865~1909는 영국계 미국인 기자 헨리 스탠리를 중앙아프리카의 콩고로 보냈다. 스탠리의 손에는 그 지역에 대한 통치권을 레오폴드 2세에게 양도한다는 내용의 합의서가 잔뜩 들려 있었다. 스탠리는 합의서를 들고 500여개 부족을 찾아다니며 각 부족 추장에게 서명을 받아 1884년 돌아왔다. 유럽 내 경쟁상대가 갑작스레 아프리카 영토를 손에 넣어 버리자, 마음이 급해진 독일 총리 오토 폰 비스마르크는 유럽 국가들의 아프리카 대륙 분할에 규칙을 마련하고자 1884년부터 이듬해까지 이어진 베를린 회의를 주선했다. 베를린 회의에 참여한 국가들은 레오폴드 2세를 군주로 하는 콩고자유국 수립에는 동의하는 한편, 앞으로 전개해 나갈 식민화를 위해서는 가이드라인을 마련했다. 가이드라인에 따르면 한 나라가 무조건 영토를 소유하겠다고 선언할 수 없었다. 우선 그 지역에 '효과적인 통치'를 펼쳐야 했다. 그리고 원주민의 복지를 제공할 권한을 가지고 있었다. 베를린 회의를 기점으로 아프리카 땅에 대한 미친 듯한 쟁탈전이 시작되었다. 유럽 각국은 서로 선수를 빼앗기지 않기 위해 아프리카로 달려들었다. 그로부터 겨우 15년만인 1900년경, 아프리카 대륙 전체가 유럽 열강의 손에 분할되었다. 에티오피아와 라이베리아만이 식민지가 되는 것을 모면할 수 있었고, 그나마 원주민이 직접 통치하는 제국은 에티오피아뿐이었다. 1822년 미국 해방노예들을 위한 식민지국가로 건설된 라이베리아는 1847년 독립을 선포했지만, 사실상 미국의 통치하에 있는 것과 다름없었다.

아프리카 쟁탈전에서 모두의 이목이 집중된 곳은 대륙 남단에 위치한 남아프리카였다. 이 지역은 원래 17세기에 네덜란드인들이 정착하였으며, 그 후손들은 보어인이라 일컬어졌다. 19세기 중반 영국은 서서히 통치권을 잠식해 들어가 보어인들을 북쪽으로 밀어냈고, 밀려난 보어인들은 그곳에 트란스발, 나탈, 오렌지자유국 등 공화국을 수립했다. 그런데 1860년대 그 지역에서 다이아몬드와 금이 발견되면서 영국인들이 보어인의 나라로 대거 밀려들었다. 보어인들과 영국인들의 마찰은 본격적인 전쟁(보어전쟁)으로까지 확대되어 3년간 지속되었고, 영국은 이 전쟁에 40만 병력을 동원했다. 결국 보어인이 패해 1910년 영국 남아프리카연방이 만들어졌다. 보어인(아프리카너라고도 한다)과 영국인으로 구성된 이 나라 정부는 곧 **아파르트헤이트**라는 인종차별 및 불평등 정책을 실시했다. 이 정책으로 인해 이 나라 흑인들은 20세기 말까지 억압받고 착취당했다.

아시아 식민화

19세기 유럽의 식민지 사업은 아프리카에서 가장 부산하게 진행되었지만, 아프리카에 국한되지 않고 전 세계로 확대되었다. 아시아 대부분 지역 역시 유럽 열강의 손에 분할되어, 일본만이 진정한 독립국으로 남아 있었다. 영토가 넓고 인구가 많으며 면화, 차, 아편 등의 자원이 풍부했던 인도는 영국제국이 지닌 '왕관 속의 보석'이라 불렸다. 18세기 영국이 인도에서 프랑스를 물리치고 난 후 인도는 실제적으로 영국 동인도회사의 통치를 받았다. 동인도회사는 런던의 영국 의회에 직접 보고하던 무역회사였다. 몇 번인가 인도인들의 반란이 일어나고 난 뒤에는 영국 정부가 인도를 직접 통치하기 시작했고, 빅토리아 여왕이 인도의 여제가 되었다.

프랑스는 1850년대 동남아시아를 식민화하기 시작해 서서히 그 지역에서 영향력을 넓혀 갔다. 1887년 프랑스는 인도차이나연방을 수립했다. 인도차이나연방은 지금의 베트남과 캄보디아로 구성되었고, 거기에 곧 라오스도 추가되었다. 베트남은 이후 프랑스 통치에 저항하는 민족운동의 근거지가 되었고, 민족운동은 민족해방전쟁으로 이어져 1950년대에는 프랑스를, 1970년대에는 미국인들을 몰아냈다.

중국에는 오랜 세월 이어져 온 청나라라는 제국이 있었기 때문에 공식적으로는 유럽의 식민화가 거의 이루어지지 않았다. 하지만 19세기 청나라는 군사적, 정치적인 면에서 약점을 보였기 때문에 이웃

〈케이프타운에서 카이로까지 발을 뻗은 거인 로즈〉

• 1892년 영국 풍자잡지 『펀치』에 수록된 풍자만화로, 영국인 기업가이자 식민주의자인 세실 로즈가 전신선을 든 채 아프리카 대륙 남단에서 북단까지 다리를 벌리고 서 있는 모습이 그려져 있다.

나라들과 유럽 국가들에게 쉬운 먹잇감이 되었다. 1842년 초 유럽 열강과 미국은 중국으로부터 상하이, 광저우, 홍콩 등 몇 개 도시에 대한 특권을 얻어 냈다. '조차'라고 하는 이러한 합의를 통해 유럽인들은 해당 도시에 거주하며 중국법의 적용을 받지 않을 수 있었고, 오히려 그 지역에서는 중국 국민들에게 규제를 가했다. 유럽과 미국 군함들은 자국민을 보호하고 상업적 이익을 지킨다는 구실로 양쯔강 위를 돌아다녔다.

19세기 말 중국 분할은 더욱 심해졌다. 일본은 1894년 청일전쟁에서 중국에 승리하며 대만을 손에 넣었다. 10년 후에는 만주에까지 손길을 뻗쳤다. 러시아도 중국으로부터 항구도시 뤼순과 다롄을 조차하여, 태평양으로 진출할 수 있는 중요한 전략적, 경제적 거점을 마련했다. 영국은 홍콩을 100년간 임차하는 강제적인 합의를 이끌어 냈다. 홍콩은 아시아에서 매우 중요한 상업, 무역 중심지가 되었다. 새로운 제국주의 세력인 미국도 행동에 들어갔다. 중국이라는 수익성 좋은 시장에서 역시 한몫 차지하고 싶었던 미국은 1899년 문호개방 정책을 발표해 중국이 해외 모든 국가에게 문호를 열고 무역을 할 것을 촉구했다. 세계에서 가장 유서 깊은 나라였던 청나라는 이러한 모든 패배와 치욕을 겪으며 1911년 몰락했다. 이어 중국에 공화국을 수립하려는 노력도 있었지만 이 역시 실패로 돌아갔다.

식민지 통치 방식

유럽 국가들은 초기에는 식민지 지역 탐사와 개발을 국가에서 공인한 무역회사들에게 주로 맡기고, 개발 비용은 식민화된 국가가 부담할 것을 기대했다. 영국과 프랑스, 네덜란드 모두 동인도회사를 두고 있었다. 각국의 동인도회사는 이미 17세기에 정부의 인가를 받았고, 점령 지역에서 통치권을 행사했다. 하지만 그러한 통치권은 결국 각국 정부에게 이양되었다. 19세기 말 아프리카 쟁탈전에서도 비슷한 방식으로 식민화가 이루어졌다. 한 예로 서아프리카에서는 로열나이저컴퍼니가 1880년대에 영국 의회의 인가를 받고 나이지리아를 개발하기로 했지만, 1899년에 회사가 파산하면서 이 지역의 통치권은 영국 정부에게 넘어갔고 나이지리아는 영국의 식민지가 되었다. 영국은 대체로 식민지에서 원주민 왕족과 현지 군대가 권한을 행사하도록 하며 간접적으로 통치했다. 프랑스는 프랑스인을 식민지 총독으로 임명하고 식민지를 좀 더 직접적으로 프랑스에 묶어 두는 더 직접적인 통치를 실시했다. 예를 들어 남프랑스에서 지중해 바로 건너편에 있는 튀니지와 알제리 등 중요한 북아프리카 식민지들은 실제로 프랑스 본국의 일부가 되었고, 많은 프랑스 국민이 두 나라로 건너가 정착했다.

그러나 대부분의 식민지들은 유럽 국가들로부터 더 멀리 떨어져 있었기 때문에 오직 해군의 탐사와 군사력을 통해서만 식민화가 가능했다. 세계에서 가장 규모가 큰 해군을 보유했던 영국은 가장 광범위한 영역을 아우르는 제국을 구축했다. 해군력의 중요성은 미국의 해군제독 알프레드 세이어 마한이 쓴 영향력 있던 책 『해양력이 역사에 미치는 영향』1890에 명확히 서술되어 있었다. 이 책에서 마한은 해군의 힘이 한 나라의 군사, 경제, 외교 역량의 핵심이라고 주장한다. 이 책은 특히 미국에서 큰 호응을 얻었고, 1898년 미국 해군은 카리브 해의 쿠바와 남태평양의 필리핀 등 일련의 식민지를 스페인으로부터 획득했다. 그리하여 미국도 제국주의 국가 대열에 합류했다. 통일된 지 얼마 지나지 않은 독일 역시 같은 시기 선박 건조 사업을 시작해 바다에서 영국의 아성에 도전하고자 했고, 이렇게 시작된 해군 경쟁은 제1차 세계대전 발발에 영향을 끼쳤다.

유럽 제국주의가 남긴 유산과 결과

1500년에 유럽 국가들이 지배한 지역은 지구 땅덩어리 전체의 7퍼센트에 불과했지만, 1800년에는 35퍼센트로 늘어났고 1914년에는 무려 84퍼센트가 되었다. 20세기 초 영국은 세계에서 가장 큰 제국이었고 제국에 속한 인구는 세계 인구의 4분의 1을 차지했다. 프랑스도 그에 못지않게 약 900만㎢에 달하는 지역을 지배했으며, 독일, 벨기에, 이탈리아도 각각 250만㎢에 이르는 땅을 통치했다. 20세기에 들어선 당시 유럽인들은 진정 세계를 지배했던 것이다. 지리학 용어까지도 그에 따른 지배의식을 반영하고 있었다. '근동'과 '극동'이라는 용어는 유럽을 기준으로 해당 지역까지 상대적인 거리를 나타냈다.

1884년 어느 학회에서는 영국 런던 근교에 있는 그리니치를 지나는 자오선을 경도 0도, 즉 본초자오선으로 삼기로 결정했다. 이때부터 세계 전역의 표준시간대는 그리니치표준시GMT를 기준으로 하여 몇 시간을 더하거나 빼는 방식으로 표기하게 되었다.

유럽의 아프리카, 아시아, 중동 지배는 식민지인들에게 긍정적인 결과와 부정적인 결과를 함께 남겼다. 좋든 나쁘든 유럽의 언어, 문화, 기술 등이 19세기 남반구 전체에 퍼졌다. 영어는 인도, 나이지리아, 남아프리카 등의 나라에서 정치, 경제 분야 엘리트들의 공용어가 되었고, 부족과 종교 차이로 분열된 나라에 통합과 정체성을 마련해 주는 중요한 원천이 되었다. 프랑스어 역시 북아프리카와 서아프리카에서 마찬가지 역할을 했다. 그리고 유럽인들이 식민지에 건설한 항구, 도로, 철도 등을 통해 식민지와 유럽의 교역이 점점 더 확대되었고 유럽의 기술이 식민지에 도입되는 기회도 더 늘어났다. 주로 벽촌이었던 지역에 도시와 마을이 생겨났으며, 시골에서는 상품작물(담배, 커피, 설탕 등) 생산으로 현금경제가 부상했다. 자전거, 라디오, 옷 등 유럽 제품에 대한 식민지 원주민들의 수요는 계속 증가했다. 유럽의 일반교육, 종교교육 시스템은 문맹타파를 촉진하고 교육받은 중산층의 발전을 이끌었으며, 선교사들은 기독교를 전파했다.

그러나 그 모든 것은 식민지인들의 전통, 자치, 독립, 그리고 자존심에 큰 타격을 입혔다. 유럽인들은 아프리카, 아시아, 중동 사람들을 지배하고 착취하고 차별했으며, 식민지 각지의 전통적인 정부 시스템을 무너뜨렸다. 그래서 나중에 식민지들이 독립을 이뤄 냈을 때,

대부분은 안정된 정치 체제를 수립하는 데 어려움을 겪었다. 그리고 식민지인들 마음속에 뿌리 깊게 남아 있는 유럽인들에 대한 원한이 이전 지배국가와 피지배국가의 관계를 해치는 일도 종종 있어서, 교역과 원조의 기회가 무산되기도 했다.

유럽인들이 식민지에 가져온 자유와 민주주의 사상은 아이러니하게도 그들의 식민지 지배를 종결시키는 데 기여했다. 이 개념들이 특히 식민지의 정치, 문화 엘리트들 사이에서 강력한 힘을 얻으면서, 자유와 민주주의, 독립에 대한 요구가 증폭되었다. 식민지에서 민족해방과 독립운동은 제1차 세계대전 이후와 제2차 세계대전 이후, 즉 유럽 국가들이 자기들 전쟁을 치르느라 여념이 없었을 때 가속화했다. 제2차 세계대전 후 독립의 물결은 폭포수처럼 쏟아졌다(이에 대해서는 12장에서 더 상세히 다룰 것이다). 영국의 지배를 받고 있던 식민지인 약 7억 5,000만 명이 1947~1963년 사이 새로운 독립국의 국민이 되었다. 아프리카에서는 1960년 단 한 해만에 17개 식민지가 유럽 국가들로부터 독립을 얻었고, 그다음 20년 동안 사실상 대륙 전체가 독립을 이루었다. 동남아시아와 중동의 유럽 식민지에서 전개된 상황도 크게 다르지 않았다. 새로 독립한 이 국가들(그중 상당수는 급진적으로 서구에 반기를 들었다)은 모두 UN의 일원이 되어, UN에 힘을 실어 주며 국제정치의 역학을 바꾸어 놓았다. 서구 민주 자본주의 국가의 **제1세계**에 속하지도 않고 공산주의 집단의 **제2세계**에 속하지도 않았던 이들 '제3세계'는 동서 간 **냉전**의 중심축이 되었다.

9

제1차 세계대전

1914년 사라예보에서 발생했던 오스트리아의 프란츠 페르디난트 대공 암살사건은 끔찍한 전쟁을 불러왔다. 4년간 계속된 이 전쟁으로 1,000만 명이 목숨을 잃었고, 유럽 대륙의 지형이 바뀌었다. 그리고 이 전쟁의 여파로 한 세대가 지난 후에 훨씬 더 규모가 크고 파괴적인 전쟁이 한 번 더 일어나게 된다. 제1차 세계대전이 막을 내렸을 때 유럽은 더 이상 세계를 지배하지 못했고, 제2차 세계대전이 막을 내렸을 때에는 유럽 대륙 중심 밖에 있는 두 강대국, 미국과 소련이 유럽을 비롯하여 세계를 주도하게 되었다.

사라예보 암살사건은 유럽 변방에서 일어난 비교적 중요하지 않은 사건이었고, 그 결과 생긴 분쟁은 주로 오스트리아-헝가리와 암살에 책임이 있는 세르비아 두 나라 간에 해결할 문제였다. 그러나 이 사건은 순식간에 유럽의 주요 강대국 대부분을 끌어들였다. 전쟁은 예상치 못한 것이긴 했지만, 그렇다고 많은 나라 정부와 국민이 전적으로 반기지 않은 것도 아니었다. 그리고 거의 모든 이가 전쟁은 몇 달 안에 끝날 것이라고 예상했다. 하지만 교착 상태에 빠진 전쟁은 역사상 유례없는 대학살이 벌어지는 가운데 질질 끌다가 결국 미국이 참전하고 난 뒤에야 겨우 종결되었다. 전쟁으로 유럽은 젊은 세대 한 세대를 잃어버렸다. 그리고 러시아제국과 오스트리아제국, 오스만제국과 독일제국이 사라졌다. 새로운 국가가 십여 개 탄생했고, 러시아에서는 공산주의 혁명이 발생했다.

전쟁 전야의 유럽

20세기 초 유럽의 힘과 위세는 누구도 대적할 수 없을 정도로 막강했다. 유럽인들은 과학, 문화, 경제, 패션 등 거의 모든 영역에서 가장 앞서 있었고, 그들이 세운 제국은 거의 세계 전역을 아우르고 있었다. 19세기 후반 반세기 동안 유럽은 나폴레옹 전쟁 이후 자리 잡은 세력균형 체제 아래에서 비교적 평화를 구가했고, 분명한 목적이 있는 짧은 전쟁들(독일 통일전쟁 같은)이 이따금씩 평화를 깨뜨릴 뿐이었다. 유럽 대륙 대부분은 여전히 군주들의 통치 아래에 있었지만, 앞에서 살펴본 바와 같이 절대주의는 프랑스혁명 이후 설 자리를 잃어가고 있었다. 1914년에 프랑스는 공화국이었고 영국은 입헌군주제를 실시하고 있었으며 오스트리아-헝가리, 독일, 이탈리아, 러시아, 오스만제국 등 다른 강대국들은 그 권위의 정도는 다를지라도 어쨌든 전부 보수적인 군주제를 유지하고 있었다.

세력균형 체제는 어느 한 국가가 지나치게 강대해져서 다른 국가들을 위협하지 못하도록, 지속적으로 동맹 관계에 변화를 주면서 유럽 대륙의 전체적인 안정을 꾀하는 것이었다. 1914년 유럽에서는 독일, 오스트리아, 이탈리아가 결성한 **삼국동맹**과 러시아, 프랑스, 영국(영국은 최소한의 참여만 했다)이 결성한 **삼국협상**이 세력균형의 주축이 되어 있었다. 러시아는 또한 **발칸** 지역에서도 세르비아와 동맹을 맺어, 이 지역에서 오스만과 오스트리아가 영향력을 행사하는 데 대응하는 동시에 같은 슬라브 민족에 대한 보호를 확대하고자 했다. 세르비아인도 러시아인과 마찬가지로 키릴문자를 사용하고 동방정교회 문화를 가지고 있는 슬라브 민족이다.

세력균형 체제는 19세기 대부분의 기간에 잘 가동되었지만, 비스마르크가 독일 통일전쟁을 벌여 중부유럽에서 강력한 통일독일이 부상하면서 체제에 긴장감이 조성되었다. 1860년대와 1870년대에 비스마르크는 일부 영토를 독일제국의 영토로 확보하기 위한 짧은 전쟁들을 덴마크, 오스트리아, 프랑스 등과 벌였다. 비스마르크는 프러시아 전략가 카를 폰 클라우제비츠가 일찍이 설파한 "전쟁이란 다른 수단에 의한 정책의 연장"이라는 개념을 받아들이고 있었다. 비스마르크의 신속하고도 결정력 있는 전쟁들은 클라우제비츠의 말을 증명하는 것처럼 보였다. 나아가 비스마르크는 전쟁에 과학기술을 적용하는 것이 얼마나 결정적인 역할을 할 수 있는지를 보여 주었다. 프러시아군은 철도와 전신을 이용해 신속하게 이동하고 부대를 편성했으며, 후장총과 같은 신무기를 사용했다. 그래서 종종 허를 찌르는 전술로 적군을 압도할 수 있었고, 신속한 항복을 얻어 인명 피해를 최소한도로 줄일 수 있었다.

비스마르크에게 교훈을 얻은 유럽 전역의 군사기획자들은 19세기 말 군사기술을 개발하기 시작했고 적군을 순식간에 제압할 수 있는 결정력 있는 단기전을 전쟁의 모델로 삼았다. 1914년경에는 유럽 국가들 대부분이 평시 부대를 역사상 그 어느 때보다 대규모로 갖추고 있었다. 군사력 강화는 해상으로까지 확대되어, 영국과 독일 사이의 해군력 강화 경쟁은 15년간 계속되었다. 세기의 전환점에서 유럽의 모든 국가는 군대의 규모를 늘리고 수준을 향상시키는 데 여념이 없었지만, 한편으로는 공권력과 전쟁을 중시하는 기풍 또한 강하게 존재했다. 한 예로 프러시아의 육군 원수 헬무트 폰 몰트케는 다음과 같은 글을 썼다.

> 영원한 평화라는 것은 꿈이다. 게다가 아름답지도 않은 꿈이다. 전쟁은 신의 질서 중 한 부분이다. 전쟁이 없다면 세계는 정체될 것이며 물질 속에 파묻혀 버릴 것이다. 인간의 가장 고귀한 덕성은 전쟁 속에서 발현된다. 그것은 용기, 자기부정, 의무에 대한 헌신, 자기희생의 정신, 목숨까지 바치고자 하는 정신이다.

유럽 전역에서 많은 평범한 시민이 이러한 정서를 공유했고, 이러한 정서는 1914년 8월, 도처에서 전쟁에 대한 뜨거운 열기가 일어나는 데 기여했다.

전쟁 준비와 군비 경쟁이 19세기 말 유럽의 안정을 흔들고 있기도 했지만, 민족주의가 부상하여 중부유럽을 지배하고 있던 다민족 제국들에 영향을 끼치면서 또한 유럽의 안정이 흔들렸다. 오스트리아-헝가리의 합스부르크 왕가는 1848년 봉기와 1866년 7주 전쟁에서 독일에 패하면서 이미 힘이 약화된 상태였다. 한 해 뒤인 1867년, '아우스글라이히'(타협)를 통해 마자르인(헝가리 민족)과 독일인은 둘로 갈라지며 오스트리아-헝가리 제국을 세웠다. 이 제국은 본질적으로 별도의 두 민족국가인 셈이었지만, 독일인은 오스트리아 인구의 절반이 안 되었고 마자르인도 헝가리 인구의 절반이 되지 못했다. 제국 내에는 체코인, 슬로바키아인, 슬로베니아인, 크로아티아인 등을 포함한 다른 민족들이 함께 있었고, 이들은 제국이라는 새로운 체제 아래에서 소외와 억압을 느끼고 있었다.

불씨가 된 발칸의 민족주의

민족주의는 오스트리아-헝가리 제국에서 그랬던 것처럼 다민족 제국을 허물어뜨릴 수도 있지만, 또한 동일민족으로 구성된 새로운 국가를 세울 수도 있다. 이 시기 가장 강력한 민족주의 운동은 발칸 반도에 있던 슬라브 민족에게서 일어났다. 불가리아인, 마케도니아인, 세르비아인, 크로아티아인, 몬테네그로인, 보스니아인, 슬로베니아인 등이 모두 발칸 반도의 슬라브 민족이었다. 오스트리아-헝가리 제국 혹은 오스만제국의 통치에서 벗어나기를 갈망했던 그들 다수의 목표는 하나의 남슬라브인 국가를 세우는 것이었고, 이는 결국 유고슬라비아('남슬라브인'이라는 뜻) 건국으로 현실화된다. 1878년 오스만제국으로부터 독립한 세르비아는 남슬라브 민족주의를 앞장서 이끌었다.

오스만제국은 전성기에는 발칸 반도 전역을 통치하고 그 영역이 빈의 코앞에까지 닿기도 했다. 하지만 17세기 말 이후 계속 힘이 약화되어, 영토도 서서히 줄어들더니 가장 핵심적인 영토, 즉 지금의 터키에 해당되는 부분만 남았다. 오스만제국이 약화되면서 유럽 남동부에 힘의 공백이 생기자 다른 유럽 국가들이 몰려들어 쟁탈전을 벌였다. 동시에 여러 민족들은 각자 자치와 독립을 요구하기 시작했다. 그리하여 1870년대 들어 오스만제국이 러시아에 패하자, 오스만제국의 영역에 속해 있던 세르비아, 불가리아, 루마니아 등이 새롭게 독립국이 되었다. 1908년에는 오스트리아-헝가리 제국 역시 오스만제국의 일부였던 보스니아를 합병했는데, 러시아와 세르비아도 보스니아에 대한 권리를 주장하면서 거의 전쟁 직전까지 갔다. 1912~1913년에는 발칸 지역에서 3건의 전쟁이 터졌다. 전쟁 전부가 오스만제국의 해체로 남겨진 유럽 영토의 처리를 둘러싼 것이었다.

불씨에 불을 붙인 암살사건

1914년 유럽은 일촉즉발의 상황이었다. 강대국들 간의 경쟁은 치열해지고, 대규모 군대들은 신속한 동원이 언제든지 가능했으며, 민족주의가 끓어오르고, 오스만제국은 붕괴되고 있었다. 이러한 불씨에 불을 붙인 것은 오스트리아 대공 프란츠 페르디난트 암살사건이었다. 합스부르크 왕가의 왕위 계승자였던 페르디난트 대공은 몇 년 전 합병한 보스니아의 수도 사라예보에서 군대를 사열하던 중 암살당했다. 대공과 대공비에게 총을 쏜 암살범은 가브릴로 프린치프라는 젊은이로 보스니아계 세르비아 민족주의자였다. 오스트리아 정부는 당장 세르비아를 비난하며 세르비아 정부가 자국 내 민족주의자 단체와 테러 단체들을 강력하게 탄압할 것을 촉구했다. 오스트리아 황제 프란츠 요제프는 조카의 죽음에 충격을 받은 한편, 이 암살이 어떤 면에서는 모든 유럽 군주와 그 제국들에 대한 공격이라는 점이 염려가 되었다. 황제의 참모장 한 사람도 오스트리아를 염려하며 이렇게 말했다.

> 오스트리아-헝가리는 세르비아를 향해 칼을 빼들어야 한다. (…) 스스로를 '불쌍한 나라'로 여기는 세르비아와 결투를 벌이자는 것은 아니며, 그렇다고 암살에 대해 벌을 주자는 것도 아니다. 이것은 훨씬 더 실제적인 중요성을 띠고 있는, 대국의 위엄에 관한 문제이다. (…) 지금 왕가는 목덜미를 붙잡힌 형국이다. 그대로 목 졸려 죽을 것인지, 아니면 죽지 않기 위해 최후의 노력을 기울일 것인지 선택해야 한다.

암살된 페르디난트 대공의 가까운 친구이자 오스트리아의 동맹이었던 독일 황제 빌헬름 역시 비슷한 시각으로 상황을 보았으며, 그래서 오스트리아가 세르비아를 군사적으로 응징하는 것을 눈감아 주겠다고 했다. 오스트리아는 세르비아에 최후통첩을 보냈다. 이 최후통첩의 내용은 세르비아의 자주권을 심각하게 훼손시킬 수도 있는 것이어서, 세르비아가 그것을 다 받아들이기란 거의 불가능했다. 그래도 세르비아는 최후통첩에 있는 내용 거의 전부를 수용했다. 하지만 오스트리아는 세르비아의 양보가 불충분하다며 외교 관계를 단절하고, 7월 28일 전쟁을 선포했다. 그리고 그 다음날 세르비아의 수도 베오그라드에 포격을 시작했다.

확전

만약 거미줄 같은 동맹 관계만 없었더라도, 그리고 군사동원 일정만 바뀌었더라도 전쟁은 확대되지 않고 단지 오스트리아와 세르비아의 국지전으로 끝났을지도 모른다. 사실 오스트리아는 미련하게도 독일이 지원해 주고 있으니 러시아(를 비롯한 다른 국가들)는 참전하지 않을 것이라 계산하고 있었다. 그런데 세르비아에게 내건 오스트리아의 최후통첩을 본 러시아는 군대를 동원하는 액션을 취하면 오스트리아가 한 발 물러설 것이라 생각하고 동원령을 내렸다. 이에 독일은 러시아가 동원을 중난할 것을 요구했다. 하지만 러시아는 중단하지 않았고, 그러자 독일도 자국에 동원령을 내렸다. 상황은 더 나빠져, 이미 두 전선에서의 전쟁(프랑스가 러시아의 동맹이었기 때문에)을 예상한 독일은 우선 프랑스 전선에 군대를 배치해 거기서 빠른 승리를 거두고 난 다음 러시아 전선으로 방향을 틀 계획을 세웠다. 사태가 급격히 진전되어 나가는 데 놀란 독일 황제 빌헬름은 친척이던 러시아 차르 니콜라이 2세와 전보를 교환하며(둘은 서로를 '니키', '빌리'라고 불렀다) 충돌을 피하고자 했다. 그러나 양국 군대의 지휘관들은 한번 내려진 동원령은 철회할 수 없다며 물러서지 않았다. 8월 1일, 독일은 러시아에 선전포고를 했고, 이틀 뒤에는 프랑스에도 선전포고를 했다. 그리고 그 며칠 사이 독일군이 프랑스로 진격하면서 중립국인 벨기에를 지나갔기 때문에 영국까지 전쟁에 끌어들이게 되었다. 발칸반도에서 일어난 사건이 독일과 오스트리아를 중심으로 하는 동맹국과 영국, 프랑스, 러시아의 연합국이 맞서 싸우는 유럽 전역의 전쟁으로 확대된 것이다.

전쟁

1914년 8월, 사실상 유럽 모든 나라의 수도에서는 전쟁에 대한 열기가 끓어올랐다. 젊은이들은 자원하여 입대했다. 거의 모든 이가 전쟁은 짧은 시간 안에 끝날 것이며 크리스마스가 되기 전에 군인들이 집에 돌아올 것으로 생각했다. 그러나 상황은 다르게 전개되었고, 결국 전쟁은 짧지도 않았고 그렇다고 영예로운 것도 되지 못했다. 이 시기에는 양쪽 진영이 다 신무기와 신기술을 소유했기 때문에, 어느 쪽도 신속한 승리를 거두지 못했고 군사 작전도 무용지물이었으며 전쟁은 참호전과 소모전의 수렁에 빠져들었다. 학살의 규모는 참혹하고 전례 없는 것이었다. 단일 전투에서만, 예를 들어 이프르 전투나 베르 전투에서만 시간당(!) 수만 명이 죽는 등 수십만 명의 사상자가 발생했다. 1916년 4개월간 지속된 솜 전투에서는 독일군 50만 명, 영국군 40만 명, 프랑스군 20만 명이 목숨을 잃거나 다쳤지만, 양쪽 모두 얻은 것은 아무것도 없었다.

새로운 군사기술로 전쟁의 양상은 훨씬 더 파괴적으로 변하고 그 범위도 크게 확대되어, 민간인과 비전투원까지 화염 속에 몰아넣는 일이 많아졌다. 새로 개발된 기관총은 지상전 화력을 100배나 증가시켰다. 독가스도 효과적인 무기로 판명되어, 전쟁이 끝날 무렵에는 독일군 포탄 절반가량에 독가스가 탑재되어 있었다. 독가스는 전쟁 기간 100만 명이 넘는 사상자를 냈고, 그중 사망자는 거의 10만 명에 육박했다. 1915년 체펠린(소형 비행선)을 이용한 독일군의 런던 공습은 전쟁사상 처음으로 민간인을 목표로 한 공격이었다. 그리고 독일군이 영국으로 항해하는 보급선을 공격하기 위해 처음 활용한 잠수함은 나중에는 결국 여객선까지 침몰시켜 버렸다. 1915년 영국 여객선 루시타니아호는 독일군의 공격을 받아 침몰하여 1,200명이 목숨을 잃었다. 이 중에는 미국인도 118명이 포함되어 있었기 때문에 독일에 대한 미국인들의 감정이 격앙되었으며, 결국 이 사건은 미국의 참전을 이끌어 내는 데 중요한 역할을 했다.

미국 외교관이자 역사가인 조지 케넌은 제1차 세계대전 전장의 야만적이고 비인간적인 모습을 이렇게 정리한다.

> 서부전선이 교착 상태에 빠지는 데에는 그리 오랜 시간이 걸리지 않았다. 그리고 뒤이어 벌어진 일들은 오늘날 상상하기 어려울 정도로 끔찍하고 무의미했다. 4년이라는 긴 시간 동안 이어진 처참한 학살. 수많은 이가 진흙탕 참호 속에서 서로 맞서 하루가 가고 한 달이 가고 일 년이 가도록 절망적으로 그리고 기계적으로 포탄 세례를 퍼부으며, 기관총

으로 무차별 사격을 가하며, 박격포와 가시철조망과 심지어 독가스까지 사용해서 서로를 죽였다. 승리나 패배는 군사적 통솔력과 역량, 정신력에서 오는 것이 아니었다. 그것은 총알받이와 학살의 수를 셈하는 끔찍한 수학의 문제가 되었다.

결국 전쟁으로 약 800만 명의 군인이 목숨을 잃었다. 그중 자신을 죽인 이가 누구인지 본 사람은 대략 10명 중 1명에 불과했다.

전쟁이 끝난 것은 어느 한쪽이 군사적으로 승리를 거뒀기 때문이라기보다는 양쪽 다 전반적으로 힘을 소진했기 때문이며, 또한 1917년에 두 가지 사건이 발생했기 때문이었다. 그 하나는 러시아를 이 전쟁에서 손 떼게 한 러시아혁명이었고, 또 하나는 미국의 참전이었다. 전쟁 초기부터 두들겨 맞고 있었던 러시아의 차르 니콜라이 2세는 서투르고 무능한 통치자였다. 주로 농민들로 구성된 러시아 군인들은 때때로 무기도 없이 전장으로 보내졌으며 어떤 때에는 신발조차 없었다. 사상자가 어마어마하게 나오고 식량이 부족해지며 경제가 붕괴되자 러시아 국민들은 점점 더 전쟁에 등을 돌렸고, 이어 군주에게도 등을 돌렸

• "영국의 여자들이 말한다, 가라!"
국내에서도 전시 체제로 전쟁을 지원한다는 뜻을 담은 영국의 제1차 세계대전 포스터.

다. 1917년 3월, 수도인 상트페테르부르크에서 군대는 반란을 일으키고, 노동자들은 파업을 벌였으며, 차르는 강제로 퇴위당했다. 임시정부가 들어섰지만 임시정부는 전쟁을 그만두지 않아 인기를 잃어갔다. 한편 망명해 있던 마르크스주의 혁명지도자 블라디미르 레닌이 러시아로 돌아와 "평화와 땅과 빵"을 외치며, 11월에 볼셰비키를 이끌고 임시정부를 타도하여 권력을 잡았다. 이것이 10월혁명이다. 새 정부는 1918년 3월 독일과 협정을 맺고 전쟁에서 물러났다(러시아 혁명에 대해서는 10장에서 더 자세히 논의할 것이다).

동부전선에서 전쟁이 종식되자 독일군은 서부전선에 전력을 기울일 수 있게 되었다. 하지만 이때쯤 미국이 참전하여, 미국군 부대가 한 달에 25만 명꼴로 프랑스에 상륙하였다. 원래 미국 대통령 우드로 윌슨은 1916년 11월 대통령 선거에서 미국이 유럽 전쟁에 참전하지 않겠다는 공약을 내세워 재선되었다. 그러나 미국은 연합국에게 식량과 무기를 제공하면서 전쟁에 점점 더 얽혀 들어가고 있었다. 1917년 초 독일군이 무제한 잠수함전을 재개하면서 미국 선박 몇 척을 침몰시키자, 4월 미국은 독일에 선전포고했다. 윌슨은 참전 이유를 "세계의 민주주의를 수호하기 위해서"라고 밝혔다. 미국군의 동원은 신속하게 진행되었다. 1916년 미국군의 수는 13만 명에 불과했지만 1917년 말쯤에는 350만 명이 입대하여 1918년 유럽으로 향했다. 미국의 참전으로 형세는 일변했고, 독일은 어쩔 수 없이 1918년 11월 화평을 제의했다. 전쟁은 끝났다.

베르사유 평화협정과 국제연맹

승리한 연합국은 1919년 겨울, 파리에 모여 각 패전국에 개별적으로 적용될 평화조약을 작성했다. 이 협상에서 중심 역할을 한 인물은 영웅 대접을 받으며 유럽에 도착한 미국 대통령 윌슨이었다. 윌슨은 전쟁이 끝나갈 무렵 전후 평화에 대한 구상을 밝힌 **14개조 평화원칙**을 제시했다. 윌슨의 14개조 평화원칙은 계몽주의와 프랑스혁명, 1848년 민중의 봄 등이 추구했던 이상을 다시 한 번 상기시키며 민주주의, 자유주의, 민족주의 원칙을 천명했다. 윌슨은 유럽 여러 민족을 위해 **민족자결주의**를 주창하며 유럽의 국경을 민족에 따라 다시 정하자고 주장했다. 또한 그는 '국가들의 총연합', 즉 국가들 간 분쟁을 조정하고 전쟁을 막을 수 있는 국제정치기구를 설립할 것을 요청했다. 윌슨이 내놓은 이러한 제안들이 평화협상에서 중점적으로 논의되었다.

윌슨이 고귀하고 이상적인 목표를 가지고 있었음에도 불구하고, 독일이 맺은 평화조약, 즉 베르사유 조약은 과도하고 가혹했다. 제1차 세계대전의 발발 책임을 한 국가에게만 돌릴 수는 없는 노릇인데, 독일은 전쟁에 대한 책임을 전적으로 지고 연합국이 전쟁에서 입은 손실을 고스란히 보상하도록 강요당했다. 독일은 알자스와 로렌 지방을 프랑스에 반환하고, 영토 일부를 새로 건국한 폴란드에게 양도하는 등 영토가 대폭 삭감되었다. 폴란드에 양도한 땅 중에는 폴란드가 발트 해에 접근할 수 있는 통로인 '폴란드회랑'이 있었고, 이 때문에 동프러시아는 독일 본토에서 떨어지게 되었다. 석탄과 철의 산지인 자르 지방(프랑스와 국경을 맞대고 있다)은 15년간 프랑스가 관리하게 되었다. 아프리카를 비롯해 여러 곳에 있던 독일의 식민지도 **국제연맹**이 다른 국가들에게 양도하여 위임통치하도록 했다. 또 장차 독일이 군사강국이 되는 것을 방지하기 위해 군대와 장비 규모에도 엄격한 제한을 두었다. 이미 4년의 전쟁 기간에 엄청난 고통을 겪은 나라에게 이 모든 조건은 굴욕적이었다.

파리평화조약으로 독일의 영토는 줄었지만, 중부유럽에 새로운 국가들이 여럿 등장해 유럽 대륙에 완전히 새로운 지형이 그려졌다. 핀란드, 에스토니아, 라트비아, 리투아니아, 폴란드, 체코슬로바키아, 유고슬라비아 등 7개 신생독립국이 더 이상 존재하지 않는 제국들의 영토에서 갈라져 나왔다. 오스트리아와 헝가리는 분리되어 작은 나라가 되었다. 루마니아는 러시아와 헝가리의 일부 영토가 더해져 더 확대되었다. 그리스는 터키로부터 영도를 얻어 냈다. 오스만제국이 붕괴하며 터키는 독립공화국으로 다시 탄생했고, 시리아, 레바논, 팔레스타인, 이라크 등은 국제연맹이 프랑스 또는 영국에게 위임통치를 맡겼다. 이렇듯 신생국가가 탄생하고 국경선이 바뀔 때, 이론상으로는 윌슨이 14개조 평화원칙에서 천명한 바대로 민족이 기준이었다. 하지만 중부유럽에서 각 민족은 그야말로 복잡한 직소퍼즐 조각처럼 산재해 있었기 때문에, 대부분의 소수 민족들은 어쩔 수 없이 남아 있었다. 체코슬로바키아에는 독일인과 헝가리인, 폴란드에는 루테니아인, 리투아니아에는 폴란드인, 루마니아에는 불가리아인과 헝가리인이 남아 있는 등 여러 곳에서 이 문제는 완전히 해결되지 않았다. 이후 이러한 지역에서는 여러 가지 문제와 정치적 선동이 숱하게 일어나게 된다.

우드로 윌슨이 만들어 낸 또 하나의 작품은 '국가들의 총연합'으로, 이것은 파리평화협상에서 국제연맹으로 구체화되었다. 국제연맹은 각 나라의 주권과 독립을 지키는 데 모든 나라가 집단으로 책임을 진다는 **집단안보**의 원칙을 바탕으로 했다. 연맹 가입국은 분쟁이 발생했을 때 전쟁이라는 수단에 호소하지 않고 스위스 제네바에 본부를 두고 있는 국제연맹의 제도를 활용하여 문제를 논의하고 평화적으로 해결할 것을 서약했다. 국제연맹은 모든 나라를 대표하는 국제조직으로서 동맹이나 세력균형, 전쟁 등과 같은 낡은 정책도구들을 대체하고자 하였다.

그러나 국제연맹은 그러한 기대에 조금도 부응하지 못했다. 가장 큰 문제는 윌슨이 대통령으로 있는 미국이 연맹에 가입하지 않았다는 것이었다. 윌슨은 미국에 돌아가 의회와 국민을 설득하려 했지만, 공화당 상원의원들은 적대적이었고 국민들은 고립주의를 원했다. 베르사유 조약은 미국 상원에서 1표 차로 인준되지 못했다. 다른 중요한 국가들도 국제연맹에 참여하지 않았다. 러시아에 새로 들어선 공산주의 정권은 국제연맹이 부르주아 국가들의 지배를 받는 단체라며 가입을 거부했다. 독일은 제1차 세계대전에 대한 책임의 일환으로 1926년까지 연맹 가입이 금지되었다. 그러니 국제연맹의 힘은 거의 초기부터 심각하게 약했고, 1930년대 들어 히틀러가 유럽의 기존 질서에 도전하기 시작하자 국제연맹은 별로 도움이 되지 못한다는 사실이 드러났다.

제1차 세계대전의 결과

'모든 전쟁을 끝내기 위한 전쟁'이었던 제1차 세계대전은 이전 혹은 이후의 어떤 전쟁이나 혁명보다도 더 크게 유럽을 변화시켰다. 사상자 수만 해도 충격적이었다. 약 800만 명이 목숨을 잃었고 약 2,000만 명이 부상을 당했으며, 부상자 중 상당수는 장애인이나 불구자가 되었다. 이러한 손실은 유럽 대륙 전역에 걸쳐 일어났다. 이탈리아를 제외하고 유럽의 강대국들은 저마다 최소한 100만 명을 전쟁에서 잃었다. 11만 5,000명 정도가 목숨을 잃고 비슷한 수가 부상을 당한 미국의 사상자 수는 비교적 적은 수치로, 심지어 베르 전투나 솜 전투와 같은 단일 전투에서 나온 주요 교전국의 사상자 수가 그보다 더 많았다. 유럽은 근본적으로 젊은 세대를 통째로 잃어버렸다. 1929년 윈스턴 처칠은 이렇게 통찰했다. "상처는 인간 사회 구조에 각인되어 한 세기가 지나도 그 흔적을 지울 수 없을 것이며, 상상컨대 현존하는 문명에 치명적인 것이 될지도 모른다."

오랜 기간 총력전을 펼쳐야 했기에 각국의 국내 상황도 여러 모로 변했다. 어느 나라에서나 소비 경제가 군수품 생산을 위해 재편성되었고, 각국 정부는 더 직접적으로 개입해 경제를 계획하고 통제했다. 남자들 대다수가 전선에 있었기 때문에 여자들이 수백만 명씩 일터로 들어왔다(1916년 영국의 선전벽보에는 "아내가 만든 포탄이 남편의 목숨을 살린다"라는 글귀가 적혀 있었다).

전시에 일어난 이러한 성역할의 격변은 전쟁이 끝난 후에도 이어졌고, 영국을 비롯한 여러 지역에서 여성 참정권 운동을 가속화했다. 영국에서는 1918년에 30세 이상의 여성에게 투표권이 부여되었고, 1928년에 성인 여성 전체가 투표권을 갖게 되었다. 독일, 스칸디나비아 국가들, 새로 건국한 체코슬로바키아, 헝가리, 폴란드, 그리고 새로운 공산주의 국가 소련 등지에서도 여성이 투표권을 갖게 되었다.

제1차 세계대전을 끝으로 유럽에서 절대군주도 자취를 감추었다. 이로써 1789년 프랑스혁명으로 시작된 한 흐름이 결실을 보고 끝을 맺었다. 동맹국이 패배하면서 독일과 오스트리아-헝가리, 오스만의 전제군주들은 추방되었고, 러시아의 차르도 1917년 혁명으로 축출된 뒤 볼셰비키의 손에 처형되었다. 예전의 혁명이나 전쟁 때는 군주들이 나중에 다시 자리로 돌아오곤 했지만, 이번에는 그런 일이 다시 생기지 않는다. 낡은 제국은 사라지고, 그 자리에는 대중 주권이라는 18세기 이상과 자유주의와 민족주의라는 19세기 이상에 기반을 둔 신생 민주주의 국가들이 여럿 탄생했다.

이것은 민주주의의 커다란 진전이었지만, 그들 신생 국가들 중 다수는 약하고 가난했을 뿐 아니라 관용과 타협, 점진적 변화 등과 같은 민주주의적 전통에 익숙하지 못했다. 러시아의 볼셰비키혁명은 1918~1919년 독일, 오스트리아, 헝가리 등지에서 비록 성공하지는 못했지만 좌익혁명이 일어나도록 자극을 주었고, 그 국민들을 좌우

양극단으로 갈라놓았다. 일부 국가, 특히 독일은 전후 평화협정에 의해 내려진 징계와 구속을 견디기가 힘들었다. 만약 경제 상황이 좋았더라면 유럽에서 새로운 정치질서가 토대를 구축하고 발전했을지도 모른다. 하지만 1920년대 말과 1930년대에 전 세계적으로 경제 불황이 닥쳤고, 그럴 가능성은 산산조각 나버렸다. 전후 피해보상으로 이미 약해진 독일에서 불황의 여파는 엄청났다. 수백만 명의 독일인이 일자리를 잃고 굶주리며 베르사유 조약을 원망했다. 아돌프 히틀러가 등장할 무대가 갖추어진 것이다.

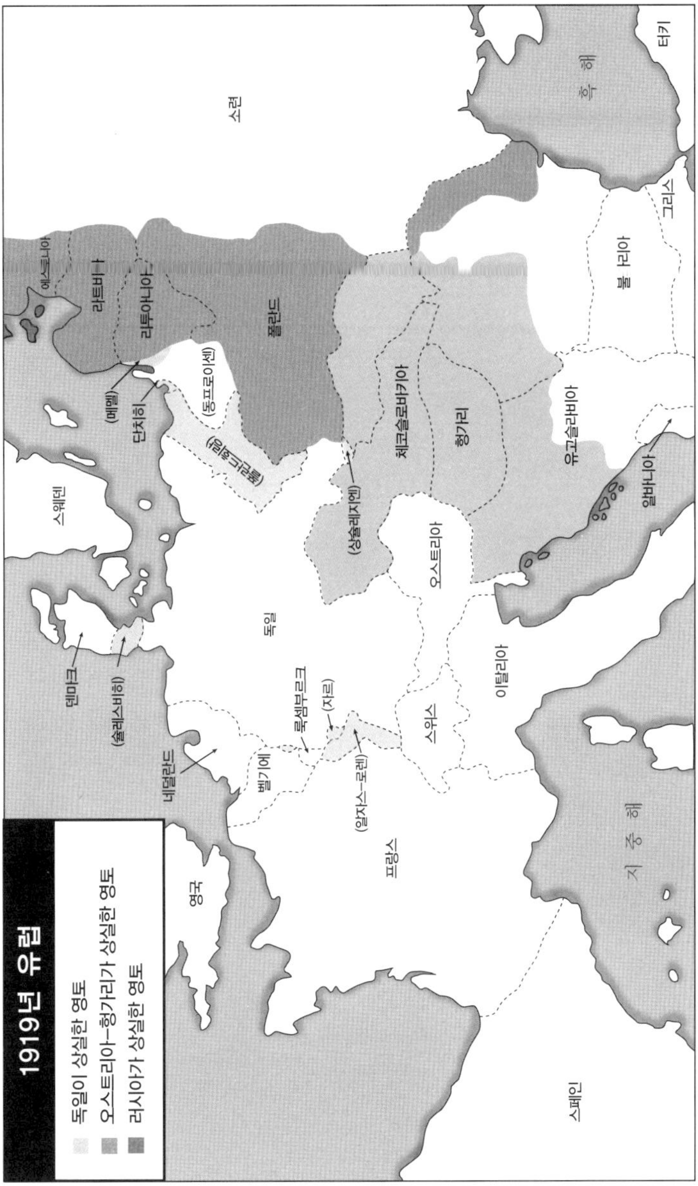
1919년 유럽
독일이 상실한 영토
오스트리아-헝가리가 상실한 영토
러시아가 상실한 영토
소련
흑 해
터키
그리스
불가리아
에스토니아
라트비아
리투아니아
폴란드
(메멜)
단치히
(동프로이센)
스웨덴
덴마크
(슐레스비히)
독일
네덜란드
벨기에
룩셈부르크
(자르)
(알자스-로렌)
영국
프랑스
스위스
이탈리아
오스트리아
체코슬로바키아
헝가리
(상슐레지엔)
유고슬라비아
알바니아
지 중 해
스페인

• 1919년 유럽

달콤하고 영예로운 죽음

제1차 세계대전이 발발하던 당시에는 대부분의 사람들이 전쟁에 대해 낭만적인 이미지를 가지고 있었다. 전쟁을 다룬 문학작품들도 대부분 전쟁의 영광과 모험을 낭만적으로 이야기했다. 일례로 영국의 많은 학생은 "조국을 위해 죽는 것은 달콤하고 영예롭도다"라는 로마시인 호라티우스의 시구를 알고 있었다. 그러나 이런 관념은 제1차 세계대전의 소름끼치는 학살과 엄청난 사상자 수 앞에서 산산이 부서졌고, 전쟁 기간 발표된 시와 소설, 이야기는 새로운 리얼리즘을 담기 시작했다. 독일군에 복무하며 심한 부상을 당하기도 했던 에리히 레마르크는 소설 『서부전선 이상 없다』에서 평범한 군인들의 야만적이고 암울하며 고통스런 체험을 기록했다. 또 한 사람의 젊은 작가 윌프레드 오언은 1915년 영국군에 입대했다. 그는 부상당한 뒤 치료를 위해 영국으로 보내졌지만 1918년 8월 다시 전선으로 돌아갔다. 가슴을 울리는 시 「달콤하고 영예롭도다」에서 그는 전우의 목숨을 앗아간 독가스에 대한 공포를 노래한다.

매일 밤 꿈을 꾸었지, 어쩔 줄 모르는 내 품에
친구는 고꾸라졌지, 때로는 불붙어, 때로는 숨 막혀, 때로는 물에 빠져.
가위 눌린 꿈속에서 너도 아마 서성였을 거야
네 앞에 있던 수레에 우리는 그를 던져 넣었지.

너도 봤을 거야, 그 얼굴에 비틀리던 허연 눈
악마조차 죄 짓기가 싫어질 듯 축 늘어진 그 얼굴.
저 소리가 들리니, 부글부글, 수레가 덜컹일 때마다
썩어 거품 나는 폐에서 핏물이 올라오는 소리야.
암처럼 역하고, 고칠 수 없는 메스꺼운 상처가
무고한 혀에 역류하듯 쓰라리지.
그 소리가 들린다면 친구, 넌 아마
어떤 가슴 벅찬 영광을 열렬히 찾고 있는 아이들에게
"조국을 위해 죽는 것은 달콤하고 영예롭도다"라는
그 오래된 거짓말을 더 이상은 할 수 없게 될 거야.

오언은 1918년 11월 전쟁이 끝나기 정확히 일주일 전, 25세의 나이로 전사했다.

10

러시아 혁명과 공산주의

1917년 11월 러시아에서 일어난 볼셰비키혁명으로 러시아는 제1차 세계대전에서 손을 뗐으며, 여러 가지 의미에서 유럽에서도 떨어져 나왔다. 그리고 러시아에서 대담한 실험이 시작되었다. 그것은 바로 카를 마르크스의 사상에 기반을 둔 공산주의 국가를 건설하는 것이었다. 1917년 러시아혁명이 몰고 온 여파는 러시아 국내에 끼친 결과 면에서나 국제적으로 던진 의미 면에서나 1789년 프랑스혁명의 여파만큼이나 거대했다. 1917년 혁명은 1789년 혁명과 다를 바 없는 거대한 정치적, 사회적, 경제적 혁명이었다. 또한 프랑스 혁명가들도 그랬듯이 러시아 혁명가들 역시 자신들의 이념이 차원 높고 보편적인 것이라고 주장했으며, 러시아에서 일어난 혁명이 도화선이 되어 전 세계 혁명에 불을 붙일 거라고 확고하게 믿었다.

새로운 러시아의 공산주의 이념은 반자본주의적이고 무신론적이어서 서구세계 정부들, 특히 미국은 그것을 두려워하고 불신했다. 미국 정부는 러시아의 공산주의 정권이 실패하기를 바랐고 또 그럴 것이라 예상했기 때문에 1933년까지 러시아 새 정부에 대한 외교적 승인을 거부했다. 공산주의자들이 서유럽과 미국을 포함해 세계 다른 지역에도 공산주의를 확산시키고 싶다는 바람을 공공연히 피력하면서, 러시아와 서구세계 사이의 두려움과 적대감은 더욱 심화되었다. 하지만 제1차 세계대전과 제2차 세계대전 사이 기간에는 그러한 긴장감이 크게 표면화되지 않았다. 소비에트 사회주의 공화국 연방(공산주의 러시아의 새 명칭, 줄여서 소련이라 부른다)과 미국 모두 국제 문제보다 국내 문제에 집중했기 때문이다. 제2차 세계대전 중에도 미국과 소련이 함께 손잡고 히틀러의 독일에 맞서 싸웠기 때문에 긴장감은 여전히 수면 아래에 가라앉아 있었다. 그러나 제2차 세계대전이 끝나고 미국과 소련이 세계 양대 초강대국으로 부상하면서 그 긴장감은 다시 떠올라 냉전 기간 국제정치에 거대한 그림자를 드리웠다.

차르 시대의 러시아

러시아혁명을 이해하기 위해서는 우선 혁명이 일어날 당시 러시아의 상황이 어떠했는지 살펴볼 필요가 있다. 20세기 초 러시아는 유럽 대국 중 마지막 남은 **전제**국가였으며 열강 중에서 가장 보수적인 국가였다. 1789년 이후, 유럽 다른 지역과 마찬가지로 러시아에서도 몇 번인가 자유주의적인 변화가 일어났지만, 러시아는 여전히 독재국가였으며 경제적으로 뒤처졌고 또한 대체로 유럽에서 고립되어 있었다. 그래도 러시아는 지구 땅덩어리 6분의 1을 차지하고 있는 대제국이었으며, 러시아인들이 지배하고 있긴 했지만 수백 개의 다른 민족들이 제국을 함께 구성하고 있었다. 그중에는 우크라이나인이나

폴란드인 등 러시아인과 같은 슬라브 민족도 있었고, 핀란드인이나 라트비아인 등 슬라브족 계통이 아닌 다른 유럽인들도 있었으며, 나아가 대개는 터키 계통인 중앙아시아 이슬람 민족들도 있었다. 이들 이민족의 상당수는 제국이 확장하면서 혹은 전쟁으로 인해 러시아 제국에 편입되었는데, 이들을 통제하고 통합하는 문제가 오랜 기간에 걸쳐 러시아제국의 골칫거리가 되어 왔다.

러시아 국가는 9세기에 키예프에 근거를 두고 처음 등장했고, 곧 블라디미르 대공이 비잔티움제국으로부터 동방정교회를 받아들였다. 이후 러시아 국가와 동방정교회는 밀접한 관계로 얽히게 된다. 13~16세기 몽골의 지배하에 있던 300년 동안 러시아의 문화와 전통, 정체성을 지켜 낸 것은 동방정교회였다. '차르'(라틴어 '카이사르'의 러시아식 발음)라는 호칭을 취한 러시아 통치자들은 국가의 수장인 동시에 러시아정교회의 수장이었다. 모스크바에는 전 세계 기독교 국가들의 중심이자 미래라는 의미로 '제3의 로마'(제2의 로마는 콘스탄티노플)라는 호칭이 붙여졌다. 차르 통치의 마지막 왕조인 로마노프 왕조는 1613년부터 러시아혁명이 일어난 1917년까지 통치했다.

1900년의 러시아는 정치적으로나 경제적으로나 다른 유럽 열강에 뒤처져 있었다. 교회와 정부의 수장인 차르를 중심으로 정부는 여전히 혹독한 전제정치를 아무 제약 없이 펼쳤다. 지방정부는 1860년대 들어서야, 그리고 범국가적 대의기관은 1905년에야 처음 만들어졌지만 그마저도 권한에 큰 제약이 있었다. 정부는 정당을 금지했으며, 엄격한 검열제도와 구석구석 침투해 있는 비밀경찰, 국민들의 이동을 제한하는 국내통행증제도 등을 재고해 보려 하지 않았다. 1900년의 러시아는 정치적으로 1780년의 프랑스와 크게 다르지 않았다.

경제적 변화 역시 러시아에는 느리게 다가왔다. 나머지 유럽 국가에서는 이미 수십 년 전에 봉건제가 사라졌지만, 러시아는 1861년 농노가 해방되기 전까지 여전히 봉건주의를 유지하고 있었다. 1900년에 러시아 인구 중 90퍼센트가 소작농이었고, 3분의 2가 문맹이었다. 영국에서는 이미 18세기 말에 산업혁명과 산업화가 시작되었지만, 러시아에서는 19세기 말이 될 때까지 그런 분위기가 확립되지 못했다. 따라서 카를 마르크스가 혁명에 필수적이라고 생각했던 도시노동자 계급은 그리 많지 않았다.

변화와 개혁의 전조

그러나 러시아에도 변화와 개혁의 전조는 19세기 초부터 있었다. 프랑스혁명을 통해, 그리고 나폴레옹군을 통해 자유, 혁명, 계몽사상이 유럽 전역에 퍼졌고 러시아도 예외는 아니었다. 러시아군 장교들 중에는 나폴레옹 전쟁 당시 나폴레옹군에 맞서 싸우다 서구 자유주의를 접한 뒤 자국의 반동정부에 불만을 갖게 된 이들이 있었고, 이들의 주도하에 1825년 차르에 반대하는 데카브리스트 반란이 일어났다. 반란은 진압되었지만 하나의 메시지가 되었고, 이후 전제정부에 대항해 일어난 운동들의 선례가 되었다. 하지만 19세기의 가장 중요한 변화는 반란이나 혁명의 결과가 아니라 위로부터 시작된 개혁의

• 농촌공동체 '미르'의 회의. 1874년 개혁을 통해 이 전통적인 농민회의는 지방정부의 기본 단위 역할을 하게 되었다.

결과로 이루어졌다. '해방 황제'로 불리게 되는 차르 알렉산드르 2세 재위 1855~1881는 지방 자치정부 설립, 사법부의 근대화, 그리고 가장 중요한 것으로 1861년 농노해방 등 일련의 자유주의적 개혁을 단행했다. 알렉산드르 2세는 1881년 암살되고 뒤를 이은 황제는 더 전제적이고 가혹한 통치로 회귀했지만, 특히 농노해방과 같은 개혁은 러시아의 사회와 경제에 커다란 변화를 일으켰다.

많은 소작농이 농노에서 해방된 이후 경제적으로는 형편이 더 나빠졌고, 그래서 상당수가 일거리를 찾아 도시로 이주했다. 이로 인해 19세기 후반 러시아에서 시작된 도시화와 산업화가 탄력을 받았다. 1861~1900년 사이 철 생산량은 10배, 석탄 채굴량은 42배 증가했다. 기차 운행량은 1888~1913년 사이 2배가 늘어났다. 도시노동자 계급(프롤레타리아)과 신산업 기업가들(부르주아지), 신흥 중산층이 성장하면서 국가의 사회 구조 역시 변화하기 시작했다.

이렇듯 정치적, 사회경제적으로 동요가 일자, 이에 자극받아 아래로부터의 개혁운동 또한 여러 방면에서 촉발되었다. 그중 일부는 혁명적인 운동이었다. '서구화주의자'들은 러시아의 미래가 서유럽의 미래와 결부되어 있다고 믿고, 입헌적 정치질서와 급속한 경제개발을 지지했다. 반대로 **슬라브주의자**들은 러시아가 서구보다 문화적, 도덕적, 정치적으로 우월하다며, 서구화에 반대하고 정교회나 '미르'(농촌공동체)와 같은 전통을 지켜 나갈 것을 주장했다. **인민주의자**(나로드니키) 역시 농민을 중시하여 사회의 기반을 미르에 두고자 했다. 인민주의자들은 미르를 사회주의의 초기 형태로 보았다. 1870년대에 인민주의자들은 농민에게 혁명 사상을 교육하는 '인민 속으로'라는 운동을 벌였다. **니힐리스트**들은 훨씬 더 급진적인 경향을 대변했다. 이들은 정부와 교회를 포함해 모든 종류의 제도를 거부했으며, 개인이 모든 종교적, 정치적, 가족적 의무에서 자유로워져야 한다고 주장했다. 19세기 중반 이러한 운동들이 지지자들을 모아 가고 있을 때, 마르크스주의는 러시아에서 사실상 거의 주목을 끌지 못했고 이후 더 많은 시간이 흐르고서야 등장하게 된다.

19세기에 러시아에 대한 유럽인들의 관심은 점점 더 커져 가고 있었다. 특히 문화에 대한 관심이 지대했다. 러시아는 정치적, 경제적으로는 정체되어 있었지만(혹은 그랬기 때문에), 문화적으로는 19세기에 르네상스가 일어났다. 러시아 소설들은 세계적으로 널리 알려졌으며, 표도르 도스토옙스키의 『죄와 벌』, 이반 투르게네프의 『아버지와 아들』, 레오 톨스토이의 『전쟁과 평화』(혹자는 이 작품을 역사상 가장 위대한 소설로 평가하기도 한다) 등과 같은 작품들은 시공을 초월해 읽히고 있다. 그리고 표트르 일리히 차이콥스키의 〈호두까기 인형〉과 〈백조의 호수〉, 모데스트 무소륵스키의 〈전람회의 그림〉과 〈민둥산에서의 하룻밤〉, 니콜라이 림스키코르사코프의 〈세헤라자데〉 등과 같은 러시아 작곡가들의 클래식 음악도 예나 지금이나 세계적으로 널리 사랑받고 있다.

1905년, 혁명의 전주곡

19세기 러시아 문화가 화려하게 꽃피우고 산업화가 경제를 변화시키고 있는 와중에도 가혹하고 낙후된 전제정치는 그대로였으며, 국내 정치에도 외교에도 점점 더 도움이 되지 않고 있었다. 러시아는 1904~1905년에 벌어진 러일전쟁에서 치욕적인 패배를 맛보았다. 근대사에서 유럽 국가가 아시아 국가에게 패한 것은 처음 있는 일이었다.

러일전쟁이 진행되는 동안, 국내에서는 전제정치에 대한 봉기가 전개되었다. 봉기의 도화선이 된 것은 1905년 1월 벌어진 대규모 평화시위였다. 정교회 신부 가폰이 이끈 시위대는 상트페테르부르크에 있는 차르의 겨울궁전 앞에서 시위를 벌였는데, 경비병들이 시위대를 향해 발포하여 수백 명이 사망했다. '피의 일요일'로 불리게 된 이 학살은 전국적인 파업과 시위를 촉발했고, 가을쯤에는 온 나라가 마비 상태가 되기에 이르렀다. 차르 니콜라이 2세재위 1894~1917는 회유책으로 선출 입법기관(두마)의 구성을 허가한다는 성명을 발표했다. 그리하여 그해 말쯤에는 혁명운동이 사그라졌다. 두마는 러시아 역사상 최초의 범국가적인 대의기관이었다. 두마의 권한이 결코 많았던 것은 아니지만, 그래도 두마가 있었기에 자유주의자 정당과 사회주의자 정당을 비롯한 정치단체와 정당들이 합법적으로 생겨날 수가 있었다.

니콜라이 2세의 재임 기간 러시아 사회에는 많은 변화와 발전이 있었다. 한 역사가는 이 시기가 '분란의 시기'인 동시에 '자기성찰의 시기이자 새로운 제도와 꿈을 실험한 시기'였다고 표현했다. 경제 개혁과 발전이 더 이루어졌고, 중산층이 더 성장했으며, 자영농의 수가 증가했다. 1905년 이후 정치와 예술 분야에서 표현의 자유가 신장되어 러시아는 음악(예를 들어 이고르 스트라빈스키)과 시각예술(예를 들어 바실리 칸딘스키의 추상예술)에서 아방가르드의 중심지가 되었다. 하지만 더 개방적인 환경이 되어 가면서 러시아제국 안에 오랫동안 억눌려 있던 불안요소도 점차 모습을 드러냈다. 정치적으로 자유주의자들과 혁명가들의 기세가 더 커지고, 폴란드인, 우크라이나인, 라트비아인, 아르메니아인, 중앙아시아의 터키 민족 등 이민족의 민족주의도 더욱 거세어졌다. 그리고 마침내는 마르크스-레닌주의와 제1차 세계대전이라는 쌍두마차가 러시아제국을 역사의 무대에서 끌어내리게 된다.

러시아 문학 속에 등장한 '최초의 볼셰비키'

19세기 러시아에서는 차르 정부의 검열과 비밀경찰 때문에 어떤 형태로는 정치적 반대를 표명하는 것이 어려웠다. 그래서 문학과 예술이 사회 비판과 정치적 반대의 목소리를 내는 주요 수단으로 기능했다. 이반 세르게예비치 투르게네프(1818~1883)는 19세기에 가장 큰 영향력을 발휘한 문학작품 2편을 썼다. 카를 마르크스와 같은 해에 태어나 같은 해에 세상을 떠난 투르게네프는 지금은 동시대 작가였던 도스토옙스키나 톨스토이보다 덜 알려져 있지만, 19세기 중반에는 러시아에서 가장 유명한 작가였으며 러시아 작가로서는 최초로 외국에서 명성을 얻었다. 농노의 비참한 생활을 그린 『사냥꾼의 수기』는 러시아 전국에 걸쳐 많은 사람(차르 알렉산드르 2세 포함)에게 읽히며 농노의 지위에 대한 논쟁을 촉발시켰다. 1861년 차르가 농노해방령을 내린 데에는 이 책의 역할도 컸을 것이다. 투르게네프의 대표작 『아버지와 아들』(1862)은 낭만적인 사랑의 이야기이자 세대 갈등의 이야기이며, 전통과 변화 사이의 갈등, 그리고 개혁과 혁명 사이의 갈등에 대한 이야기이다.

투르게네프 자신이 그러한 갈등을 체험한 한 표본이었다. 그는 농노를 거느린 부유한 지주 가문에서 태어나 프랑스어를 쓰며 자랐고 이후 서유럽에 가서 많은 시간을 보냈다. 독일에서 공부한 뒤 그는 자신이 서구주의자임을 깨달았다고 술회했지만, 러시아와 러시아의 시골에 대한 헌신을 멈추지는 않았다. 젊지만 이미 결혼한 스페인 여가수에게 반해 여생을 희망 없는 열병 속에서 그녀를 쫓아 유럽을 여행하며 보냈다. 투르게네프는 프랑스에서 죽었고, 유해는 러시아에 보내져 안장되었다.

『아버지와 아들』의 주인공은 젊은 의학도 바자로프이다. 그는 자신이 니힐리스트로, 관찰과 실험, 과학을 기반으로 수립된 것이 아니면 어떤 것도 거부하노라고 천명한다. 그는 모든 권위를, 사실상 '모든 것'을 거부하고, 사회를 재구성하기 위해 "기존의 것들이 싹 일소되어야 한다"고 믿는다. 소설 속에서 바자로프는 낭만주의, 보수주의, 심지어 자유주의도 반대하고 거부한다. 바자로프가 묵고 있는 영지의 지주 니콜라이는 사려 깊고 따뜻한 마음의 소유자로 농노해방령 이전에 이미 영지의 농노들을 해방시키지만 바자로프는 니콜라이를 인정하지 않고 그에게 무례하게 군다. 일부 비평가들은 바자로프의 혁명가적 말투, 타협점을 찾을 수 없는 이념, 과학에 대한 철저한 믿음 등을 지적하며 그에게 '최초의 볼셰비키'라는 별명을 지어 주었다. 레닌의 볼셰비키가 등장하기 30년 전이었다.

마르크스주의와 레닌주의

5장에서 살펴본 바와 같이, 공산주의 사상은 19세기 카를 마르크스를 비롯한 몇몇 이들이 처음 발전시켰다. 하지만 공산주의라는 단어는 1850년대 이후 정치적 담론에서 근본적으로 배제되었고, 그 사상은 도시노동자 계급이 확대되면서 세력이 커진 사회주의 운동과 정당 속으로 대거 편입되었다. 특히 러시아에서는 19세기 대부분의 기간에 노동자 계급도 의회정치도 부재했기 때문에 마르크스주의는 어떤 형태로도 영향력을 발휘하기가 어려웠다. 그러니 마르크스의 공산주의 이념이 선진 자본주의 국가에서가 아니라 유럽 주요 열강 중 가장 뒤떨어진 나라였던 러시아에서 다시 살아났다는 것은 어찌 보면 아이러니한 일이다.

러시아제국의 근본적인 변화를 위해 일하던 이들은 여러 가지 측면에서 마르크스주의 이념에 매력을 느꼈다. 우선 러시아 급진주의자들이 방향을 전환했다. 그들은 러시아 농민들을 급진화하는 것(더 앞선 시기에 인민주의자들의 목표였던)에 회의를 느끼고 단념하던 차에 마르크스주의가 보다 더 수용력이 있을 것 같은 도시노동자들, 즉 프롤레타리아를 중시하는 것이 마음에 들었던 것이다. 그리고 러시아의 개혁과 혁명운동에 중요한 집단인 러시아 지식인층 중에서 많은 이가 마르크스주의의 과학적이고 반종교적인 요소들에 매력을 느꼈다. 또한 마르크스주의는 러시아를 더 근대적이고 '계몽'되게 만들어 줄 잠재력을 지니고 있다고 믿어졌다. 게다가 마르크스주의 이론에 의하면 러시아의 후진성은 역사적 발전과정의 일부일 뿐 러시아인들의 후진성으로 설명되지 않았다. 마지막으로 마르크스주의는 전략적으로 이점이 있었다. 러시아 정부와 비밀경찰은 마르크스주의를 위험한 사상으로 보지 않았던 것이다!

외국에 거주하던 러시아 급진주의자들은 1898년 사회민주당을 결성했다. 몇 년 지나지 않아, 아직 초기 단계에 규모도 작았음에도 사회민주당은 2개 파벌로 나뉘었다. 하나는 러시아에서 신속히 혁명을 일으킬 것을 요구하는 볼셰비키(다수파)였고, 다른 하나는 더 점진적인 방식을 주장하는 멘셰비키(소수파)였다. 그중 블라디미르 레닌이 이끄는 볼셰비키가 1917년 러시아혁명으로 권력을 잡게 된다.

레닌은 1870년 중산층 가정에서 태어났다. 레닌의 형은 차르 암살을 모의한 혐의로 1887년 교수형에 처해졌다. 이 사건을 겪고 레닌은 급진적인 경향을 띠게 되었다. 레닌은 혁명 활동에 가담했다 체포되어 시베리아에서 3년 동안 유배 생활을 했고, 1900년 이후에는 거의 외국에서 생활하면서 러시아에 혁명을 일으킬 계획을 세우는 데 골몰했다.

레닌을 비롯한 러시아 마르크스주의자들은 러시아의 상황에 도전의식을 느끼면서도 한편으로 딜레마에 빠져 있었다. 마르크스가 상정한 바에 따르면 혁명은 부가 축적되어 있고 프롤레타리아의 규모가 크며 착취를 받고 있는 선진 자본주의 국가에서 발생하게 되어 있기 때문이었다. 1900년의 러시아는 여전히 농업국가로 이제 막 산업화가 시작되고 있었고, 노동자 계급은 전체 인구의 3퍼센트에 불과

• "레닌은 살아 있었고, 레닌은 살아 있으며, 레닌은 살아 있을 것이다!" 거의 신앙에 가까운 존경을 담고 있는 1970년대 소련의 선전 포스터.

했다. 레닌은 이 딜레마를 풀기 위해 마르크스의 이론에 상당한 수정을 가했다. 1902년에 쓴 「무엇을 할 것인가?」라는 에세이에서 레닌은 러시아 노동자 계급은 규모가 너무 작고 힘이 약하기 때문에, 소수의 훈련된 엘리트가 '프롤레타리아 전위'가 되어 노동자들의 혁명의식을 고취시키고 노동자들을 혁명으로 이끌고 가야 한다고 주장했다. 볼셰비키가 바로 그 역할을 맡게 될 것이었다.

러시아의 자본주의가 선진화되지 못했다는 딜레마에 대해서도 레닌은 질문을 던졌다. 러시아 마르크스주의자들은 마르크스가 말한

대로 자본주의가 발달하여 그 모순이 나타날 때까지 가만히 앉아 기다리고 있어야만 하는가? 레닌은 러시아가 자본주의 단계를 뛰어넘어 봉건주의에서 곧바로 공산주의 단계로 나아가면 된다는 답을 내놓았다. 하지만 그럴 경우 공산주의가 제대로 작동하기 위해 필요한 물질적 풍요가 마련될 수 없다는 어려움이 있었다. 물질적 풍요가 마련되기 위해서는 다른 더 부유한 국가들이 러시아 공산주의 국가를 지원해 주어야 했다. 이에 대한 레닌의 해결책은 다음과 같았다. 즉 러시아에서 혁명이 일어나면 서구 제국주의(레닌에 의하면 제국주의는 자본주의의 가장 높은 단계이자 최종단계였다)에 의해 지탱되고 있는 세계 자본주의의 고리 중에서 가장 약한 부위가 끊어질 것이므로, 러시아인들이 혁명 국가를 수립하기만 한다면 선신 자본주의 국가들의 노동자들도 이에 자극받아 자신들의 혁명을 수행할 것이고, 그러면 그러한 나라들이 러시아의 혁명을 지탱해 주어 마침내 마르크스가 구상했던 대로 혁명이 완수될 수 있다는 것이었다.

• "레닌 동지, 세계를 깨끗하게 쓸어버리다." 1920년에 제작된 소련의 이 선전 포스터는 세계 혁명을 일으켜야 한다는, 나중에는 단념하게 되는 공산당의 책무를 표현하고 있다.

그러나 망명하여 보잘것없는 처지에서 레닌의 이러한 사상은 공허한 이론이자 공상에 불과했다. 러시아에서 볼셰비키를 주목하는 사람은 거의 없었고, 1905년 봉기에도 볼셰비키는 거의 개입되어 있지 않았다. 하지만 1917년 혁명이 어떻게 일어났으며, 혁명 결과 탄생한 소련의 모습이 왜 마르크스가 머릿속에 그렸던 국가의 모습과 큰 차이를 보이는지 이해하기 위해서는 레닌의 사상을 알고 있어야 한다. 나중에 소련 지도자들은 자국의 공산주의 이념을 마르크스-레닌주의라 칭했다.

+ 역사 상식사전

볼셰비키와 여성의 역할

1917년 볼셰비키는 권력을 잡은 뒤, 사회주의 체제 아래에서라면 국가가 사라지듯 가족제도도 사라질 것으로 예상했다. 볼셰비키는 자본주의가 특히 여성에게 억압적이라고 믿었기 때문에 그런 점을 고치고자 했다. 레닌은 공동으로 사용하는 식당, 부엌, 세탁실, 유치원 등을 만들면 여성을 "전통적인 가내 노예생활과 남편에의 의존"으로부터 탈피시킬 수 있을 것이라 생각했다. 남자와 여자가 자유로이 결합하면 결혼제도를 대체할 수 있을 것이고, 그러면 결혼도 점차 필요치 않게 될 것이다. 공산당 집권 초기 몇 년 동안에는 여성을 해방시키고 가족제도의 소멸을 지향하는 법률(낙태 합법화를 포함하여)이 발의되었다. 그러나 1930년대 들어 스탈린 정권이 가족의 전통적인 역할을 강조하면서, 그러한 사회주의 실험은 대부분 철회되었다.

제1차 세계대전과 두 번의 혁명

제1차 세계대전 기간에 러시아가 내부적으로 곪아 터져 무너지지 않았더라면, 레닌과 볼셰비키도 아마 두꺼운 역사책 속에서나 그 이름을 찾아볼 수 있었을 것이다. 앞장에서 살펴본 것처럼 유럽 모든 나라가 제1차 세계대전으로 심각한 타격을 입었지만, 그중에서도 러시아가 가장 극심한 타격을 입었다. 케케묵은 정치 시스템은 제 기능을 하지 못했고, 러시아 군인들의 사상자 수는 다른 교전국들의 사상자 수보다 훨씬 더 많았다. 니콜라이 2세는 자상한 가정적인 남자였지만 지도자로서는 심약하고 무기력했다. 그는 전쟁 기간 대부분을 전장에서 보내며 군사 작전을 직접 지휘하려 했고, 국정 운영은 황후 알렉산드라와 영향력 있지만 기이한 인물이었던 그리고리 라스푸틴이라는 성직자에게 맡겨 두었다. 라스푸틴은 최면술로 황태자의 혈우병을 고치는 능력을 가지고 있었다.

1917년 초에 러시아군도 러시아 정부도 몰락 직전의 상태에 놓였다. 군인들은 보급을 제대로 받지 못해 어떤 때에는 무기나 군화 없이 전쟁터로 보내지기도 했다. 게다가 농민 1,400만 명이 전쟁터로 끌려갔으니, 러시아 전국적으로 식량이 부족해질 수밖에 없었다. 그 해 3월, 빵 폭동(여자들이 일으켰다)과 파업, 시위가 수도 페트로그라드(상트페테르부르크가 독일식 발음이라고 해서 전쟁 기간에 이렇게 개명했다)를 요동치게 했다. 질서 유지를 위해 소환한 군인들이 오히려 장교들에게 총부리를 들이대고 반란을 일으켰다. 니콜라이 2세는 황제 자리에서 물러날 수밖에 없었다. 로마노프 왕가의 300년 통치가 막을 내렸다.

누마가 수립한 임시정부는 입헌정부를 세우고 자유선기를 실시히겠다고 약속했다. 하지만 임시정부는 전쟁을 그만두지 않는 치명적인 실수를 저질러 인기가 사그라지고 정통성에 금이 갔다. 한편 전국에 걸쳐 노동자들과 군인들은 대안적 운영기구인 '소비에트'(평의회)를 조직했다. 볼셰비키와 다른 사회주의자들이 장악하고 있던 페트로그라드 소비에트는 도시행정권 일부를 손에 넣고 임시정부에 점점 더 도전해 갔다.

1917년 4월 레닌이 망명지에서 페트로그라드로 돌아와 볼셰비키를 결집했다. 레닌은 "평화와 땅과 빵"을 약속하며 "모든 권력을 소비에트로" 넘기자고 외쳤다. 이는 임시정부에 정면으로 맞서는 것이었다. 다음 여러 달에 걸쳐 볼셰비키는 전국의 소비에트 내부에서 세력을 얻었고, 가을이 되자 페트로그라드 소비에트를 비롯한 여러 소비에트에서 다수파가 되었다. 11월 7일, 볼셰비키와 페트로그라드 소비에트의 볼셰비키 지지자들은 겨울궁전을 점령해 임시정부를 해산하고 권력을 잡았다. 세르게이 에이젠슈타인의 영화 〈10월〉은 이 날의 광경을 수백 명 시민들이 총을 쏘며 겨울궁전에 진입한 것으로 묘사하고 있지만, 실제 그 당시에는 피 한 방울 흘리지 않았으며 겨울궁전의 건물도 실제 사건 때보다 영화를 찍을 때 더 많은 손상을 입었다. 그래도 에이젠슈타인의 영화 속 장면은 러시아혁명의 표상이 되었고, 소련에서는 매년 11월 7일에 최초의 공산주의 혁명을 기념하여 연설과 시가행진이 벌어지고 마르크스, 엥겔스, 레닌의 대형 포스터가 내걸렸다.

볼셰비키는 혁명 당시 러시아 정치운동 세력 중에서 가장 규모가 크거나 인기 있는 집단은 아니었지만 가장 잘 조직된 집단이었고, 또 레닌은 카리스마 넘치는 연설가이자 지도자였다. 전쟁, 군주제의 몰락이라는 혼돈과 사실상의 무정부 상태 속에서 그러한 특성은 볼셰비키에게 승리를 가져다 주기에 충분했다. 레닌은 발 빠르게 움직여 권력을 공고히 하고 라이벌 세력을 제거하거나 무력화했으며 소비에트를 정부로 세웠다. 볼셰비키는 공산당으로 이름이 바뀌었다. 레닌이 약속했던 대로 새로 들어선 정권은 독일과 교섭을 벌여 마침내 1918년 3월 브레스트-리토프스크 조약에 서명하며 전쟁을 끝냈다. 이때 러시아는 독일이 요구하는 영토 대부분을 내어 주며 전쟁 전 인구의 4분의 1, 그리고 철과 강철 생산지 중 4분의 3을 잃어야만 했다. 그러나 레닌은 이러한 손실이 부수적이고 일시적인 것이라 믿었다. 볼셰비키의 권력 장악은 전 세계 혁명의 첫 단계일 뿐으로, 독일도 머지않아 러시아의 뒤를 따를 것이라고 생각했기 때문이다.

내전, 신경제정책, 국가의 확립

새로 들어선 공산주의 정부는 독일과 평화조약을 체결하며 전쟁이라는 커다란 문제를 해결했지만, 곧바로 생존을 위협하는 여러 문제에 직면하게 된다. 차르 지지자들, 임시정부, 다른 정당들 등 볼셰비키에 반대하는 집단들이 새 정부에 저항하여 내전이 일어난 것이다. 내전은 4년간 지속되었다. 이전 차르 니콜라이 2세가 반볼셰비키 세력의 구심점이 될 것을 염려한 볼셰비키는 1918년 니콜라이 2세와 그 가족을 처형했다.

볼셰비키는 다른 지역에서도 도전에 직면했다. 베르사유 조약의 결과 탄생한 폴란드가 독일이 빠져나간 공백지대에 들어와 러시아인들과 충돌했다. 소련-폴란드 전쟁은 20개월 동안 맹렬히 이어졌고 결국 레닌은 화평을 청했다. 한편 러시아제국에 편입되어 있던 다른 민족들도 독립을 선언하며 때때로 볼셰비키와 싸움을 벌였다. 우크라이나, 핀란드, 캅카스, 발트 해 연안 등에서 싸움이 일어났다. 프랑스군, 영국군, 미국군, 일본군 부대도 그러한 충돌에 개입해 볼셰비키와 싸우면서 문제는 더 복잡해지고 악화되었다.

1921년 공산당은 백군(반볼셰비키) 대부분을 물리치고 폴란드와의 갈등도 해결했다. 외국 군대들도 러시아에서 물러갔다. 하지만 8년간 이어진 전쟁, 혁명, 테러, 내전, 기근 등으로 나라는 황폐해졌다. 레닌은 전시공산주의 체제를 끝내고 신경제정책NEP을 발표했다. 이는 농업, 산업, 교역 등에 더 많은 자유를 허가함으로써 경제를 활성화하고자 한 정책이었다. 이 시기에는 또한 국가의 확립도 이루어졌다. 1922년 공산당은 러시아, 벨라루스, 우크라이나, 캅카스 등으로 구성된 소비에트 사회주의 공화국 연방(USSR, 약칭 소련)을 수립했다. 이후 몇 년간 소련은 더 확대되어 총 15개 공화국을 포함하게 된다. 1924년 소련 최고소비에트는 소련의 건국이 "전 세계 모든 나라의 노동자들을 하나의 소비에트 사회주의 공화국으로 결속시키기 위한 결정적인 첫걸음"임을 선언하는 헌법을 공식적으로 채택했다.

스탈린과 전체주의

그러나 신경제정책 아래에서의 비교적 평온했던 회복 기간은 1924년 블라디미르 레닌의 죽음으로 막을 내렸다. 레닌의 시신은 방부제 처리되어 유리관에 안치된 뒤 모스크바 붉은광장 안에 있는 묘지에 매장되었고 지금까지도 남아 있다. 레닌에게는 명확한 후계자가 없었는데, 한동안의 권력 다툼 후에 이오시프 스탈린1879~1953이 공산당의 지도자로 부상했다. 검열, 비밀경찰, 라이벌 정당 제거 등의 수단을 활용해 권위주의 국가의 기틀을 다진 것은 레닌이었다고 할 수도 있지만, 당과 국가의 통제를 사실상 소련 사회 모든 분야로 확대하여 권위주의 국가를 완성시킨 것은 스탈린이었다. 그 시작은 제1차 **5개년 계획**이었다. 1928년 실행에 들어간 5개년 계획은 소련 경제의 신속한 산업화와 농업 집단화를 가장 큰 목표로 삼았다. 이후 소련 경제의 지속적인 특징이 된 일련의 5개년 계획에서 임금, 가격, 단일제품 하나하나의 생산량 등 모든 측면의 경제적 의사결정은 모조리 중앙집권화된 정부 부처에 의해 독단적으로 이루어졌다. 수요와 공급을 비롯한 여러 시장 법칙은 소련 경제에서는 아무런 역할도 하지 못했다.

농민 개개인이 보유한 자산을 몽땅 집단농장에 귀속시킨 농업 집단화에는 많은 저항이 뒤따랐다. 특히 부농들 상당수는 집단농장에 헌납하는 대신 아예 작물을 태우고 가축을 죽여 버리기도 했다. 1937년 사실상 모든 농지가 집단화되었지만, 그 대가는 참담했다. 수백만 명이 굶어 죽거나 시베리아의 강제노동수용소로 보내졌던 것이다.

농업 집단화는 무엇보다도 소련을 농업국가에서 산업 강국으로 빠르게 변모시켜 서구와의 경제적 격차를 없애겠다는 스탈린의 더 큰 목표를 달성하기 위한 수단이었다. 5개년 계획이 시행된 초기 10년간에 집단화 운동으로 2,000만 인구가 시골에서 도시로 이주하면서 중공업의 신속한 발전이 가능해졌다. 스탈린은 중공업 발전이라는 목표에서도 대체로 성공을 거두었다. 1928~1939년 사이 철과 강철 생산은 4배 증가했고, 1939년 소련의 총 산업생산량은 미국과 독일 다음 세 번째였다.

1930년대 중반 공산당의 권위와 공산당 내 스탈린의 리더십은 난공불락의 것으로 보였다. 그러나 스탈린 자신은 그렇게 생각하지 않았고, 1936~1938년 **대숙청**을 감행하여 자신과 당에 반기를 들 조짐이 보이면 모조리 그 싹을 잘라 버렸다. 대숙청은 1936년 일련의 여론 조작용 재판과 함께 시작되었다. 레닌 측근의 동지였던 옛 볼셰비키 혁명가들 모두가 반역 또는 국가전복을 꾀한 죄목으로 재판에 회부되어 유죄판결을 받고 처형됐다. 그리고 대숙청의 칼날은 아래로 향해 당과 군대, 다른 사회 분야 등에까지 미쳤다. 수백만 명이 처형되거나 시베리아 노동수용소로 보내졌다. 소련 시민들은 소련비밀경찰NKVD에 끌려갈 것이 두려워 가까운 친구나 가족과도 터놓고

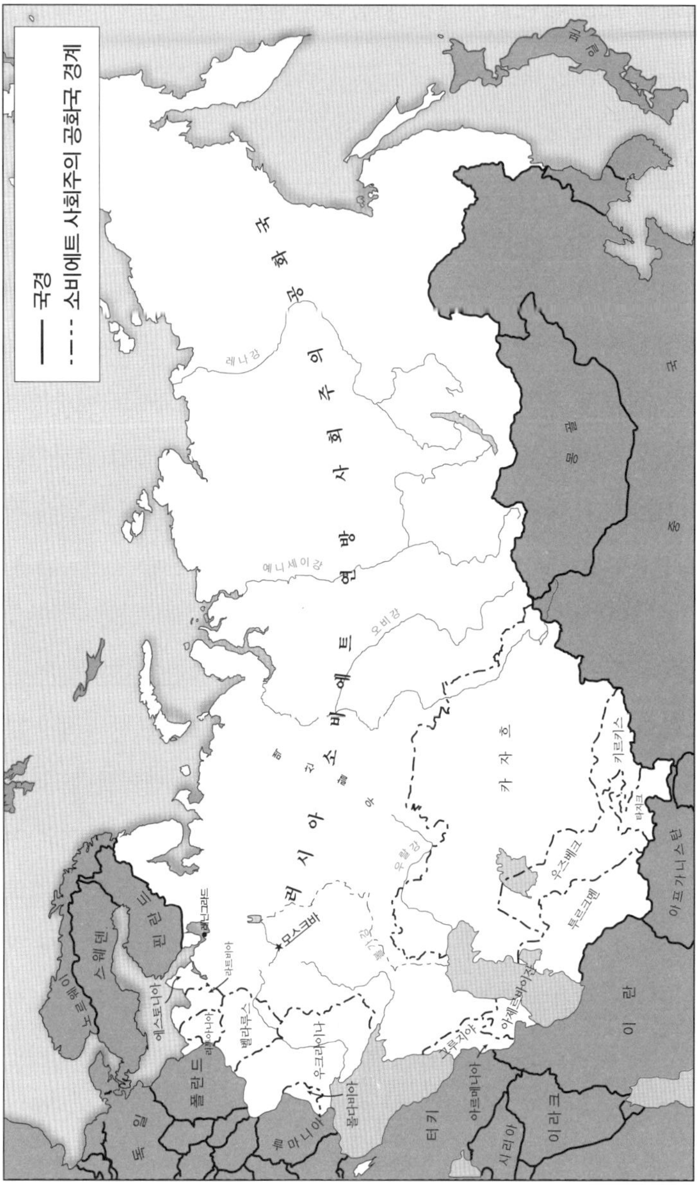
국경
소비에트 사회주의 공화국 경계
러시아 소비에트 연방 사회주의 공화국
레나강
예니세이강
오비강
우랄강
볼가강
모스크바
레닌그라드
에스토니아
라트비아
리투아니아
벨라루스
우크라이나
몰다비아
그루지야
아르메니아
아제르바이잔
카자흐
우즈베크
투르크멘
타지크
키르기스
노르웨이
스웨덴
핀란드
폴란드
독일
루마니아
터키
시리아
이라크
이란
아프가니스탄
몽골
중국
• 1991년 소련

대화하지 못했다. 러시아정교회는 박해받고 국가에 종속되었으며, 대부분의 교회와 수도원은 폐쇄되거나 파괴되었다. 대숙청이 끝났을 무렵, 스탈린 정권은 경제, 언론, 교회, 문화, 교육, 심지어는 일반인들의 사생활까지 사실상 모든 분야를 통제하게 되었고, 스탈린의 소련에는 전체주의 국가라는 이름이 붙여졌다. 스탈린은 그 권위에 어떤 도전도 받지 않고 1953년 죽음을 맞을 때까지 소련을 통치하게 된다.

러시아혁명의 유산과 의미

1789년 프랑스혁명이 유럽 최초로 군주제를 전복시켰다면, 1917년 러시아혁명은 유럽에 마지막 남은 절대군주를 몰아냈다. 그 자체만으로도 유럽사에서 의미가 있지만, 러시아혁명은 프랑스혁명만큼이나 훨씬 더 여러 측면에 영향을 미쳤다. 프랑스혁명 당시 혁명가들은 자유주의와 계몽주의의 원리 및 이상의 일부를 실행하고자 했는데, 러시아혁명의 혁명가들은 그러한 원리를 기반으로 하되 19세기 마르크스 사회주의의 이상을 국가의 바탕으로 삼기까지 했다. 그 부분에서 러시아 혁명가들은 어느 정도 성공을 거두었지만, 그 대가도 엄청났다.

긍정적인 부분을 얘기하자면, 공산당 특히 스탈린 정권이 농업 국가이며 경제 후진국이던 러시아를 경제적, 정치적, 군사적 강대국으로 탈바꿈시켜 놓았다는 주장이 나올 수 있다. 실제로 1960년대가 되자 소련은 미국과 함께 세계 2대 초강대국의 지위에 올랐다. 만약 스탈린이 산업발전과 군사발전이라는 목표를 달성하지 못했더라면, 1941년 제2차 세계대전에 참전했을 때 나치 독일의 맹공격을 감당해 낼 수 없었을 것이다.

게다가 소련은 사회복지와 평등이라는 마르크스주의 목표를 동시에 좇으면서도 그러한 경제적 발전을 이뤄 낼 수 있었다. 소련 사회는 사실상 실업률이 0이었고, 그래서 극심한 빈곤도 존재하지 않았다. 의료와 교육(대학까지)은 무상이었고, 주택, 식량, 대중교통은 국가에서 보조금을 많이 부담했기 때문에 소비자들은 저렴한 가격에 이용할 수 있었다. 또 비록 정부가 완전한 평등을 이루고자 노력한 것은 결코 아니었지만(그리고 많은 이가 공산당 엘리트들이 누리는 특권을 못마땅해했다), 빈부격차는 자본주의 국가에서보다 훨씬 더 작았다. 이러한 성과들을 봤더라면 마르크스도 아마 기뻐했을 것이다.

그러나 이러한 성과들은 생명과 인권의 상당한 희생 위에서 얻어진 것이었다. 스탈린 시대가 가장 가혹했다. 1929년 이후 진행된 강제 집단화 과정에서 수백만 명이 목숨을 잃었고, 북쪽의 동토와 시베리아에 있는 강제노동수용소 '굴락'에서 수백만 명이 더 목숨을 잃었다. 스탈린 사후 상황이 나아지긴 했지만, 소련은 해체될 때까지 단일정당 체제를 유지하면서 정치적 경쟁이나 시위 활동, 독립 언론 등은 어떤 것도 용납하지 않았다. 책과 정기간행물, 대중매체는 전부 검열되었다. 교회, 유대교 회당, 이슬람 사원은 대부분 폐쇄되거나 파괴되었다. 감히 정권이나 그 정책에 반기를 드는 이는 체포되어 스탈린 시대에서라면 죽음을, 그 후 시대에서라면 투옥이나 유형을 감수해야 했다. 사람들은 일터와 거주지에 대한 선택권이 거의 없었으며, 국내여행에도 제한이 뒤따랐고 해외여행은 크나큰 어려움 끝에야 가능했다.

이러한 문제들이 있긴 했지만 소련은 국제무대에서 점점 더 강력하고 영향력 있는 국가로 발돋움했다. 모스크바 정부는 공산주의 인터내셔널(코민테른)을 통해 세계 각지에서 공산당을 만들고 혁명운동을 일으키도록 도움을 주었다. 중국 공산당도 모스크바의 도움을 받아 1949년 중국에서 공산주의 국가를 수립했다. 제2차 세계대전 기간에 소련은 독일에 연패하며 큰 타격을 입긴 했지만, 그래도 결국에는 동유럽을 독일의 손에서 해방시키고 베를린을 손에 넣어 1945년 독일의 항복을 받아 냈다. 그리하여 소련은 유럽에서 누구도 대적할 수 없는 중심 위치에 서게 됐고, 다른 신흥강국 미국과 맞서며 이후 이어지는 냉전 체제를 구축했다. 제3세계 국가들의 좌파, 반제국주의자, 혁명가들은 소련과 소련이 이루어 낸 경제적 성공을 표본으로 삼았다. 1970년대에 접어들었을 때에는 세계 인구 중 거의 절반이 러시아 공산주의자들이 구상했던 혹은 지지했던 정부 체제 아래에서 살고 있었다.

11

제2차 세계대전과 홀로코스트

제1차 세계대전의 쓰라린 분열과 영원히 끝날 것 같지 않던 갈등은 1919~1920년 사이 이어진 파리평화회의에서 종식되었다. 극심한 피해를 입고 국력이 고갈된 유럽 참전국들은 평화와 안정과 일상을 열망했고, 유럽 정부들 상당수(그리고 미국)는 한 발 물러나 **고립주의**나 중립, 혹은 평화주의를 지향했다. 독일에 큰 영향을 끼치게 되는 베르사유 조약을 포함해 파리에서 체결된 여러 조약들의 결과로 동유럽 국가들이 독립을 얻었고 독일에도 민주주의 정부가 들어섰다. 평화를 지키고 전쟁을 미연에 방지하기 위한 기구인 국제연맹도 설립되었다. 평온과 안도의 기운이 유럽 대륙 곳곳에 퍼져 나갔다.

그러나 전후 초기에도 이미 먹구름이 짙게 드리워져 있었다. 인플레이션으로 경제가 어려워졌고, 영토를 잃은 데 대한 불만이 (특히 독일에서) 끓었으며, 러시아에 새로 들어선 공산주의 정부에 대한 불안감이 감돌았다. 1930년대 들어 모든 것이 무너졌다. 전 세계적인 경제공황으로 어느 나라를 막론하고 정부의 힘이 약화되었고, 새로 수립된 유럽의 민주정부 상당수가 내적인 혹은 외적인 원인으로 전복되었다. 독일에서는 아돌프 히틀러1889~1945가 국민들의 경제적 고통과 불만을 이용해 절대 권력을 손에 넣고 **제3제국**을 건설하기 시작했다. 독일의 원래 영토를 되찾고 나아가 유럽 전체를 정복하려는 야심을 품은 히틀러가 공격적으로 군사를 움직이면서, 제1차 세계대전보다 훨씬 더 처참한 결과를 낳은 제2차 세계대전이 발발했고 홀로코스트라는 비극이 초래되었다. 결국 미국이 제1차 세계대전에서처럼 전쟁을 끝내기 위해 참전했고, 강력한 미국과 소련의 동맹은 마침내 나치 독일을 무릎 꿇게 했다. 하지만 전쟁이 끝나자 미국과 소련은 불신과 경쟁 속에 관계가 악화되어 양국이 정치적, 군사적으로 대립하는 냉전 시대가 시작되었다.

양차 대전 사이의 유럽

우드로 윌슨은 미국이 제1차 세계대전에 참전했을 때 그 목적이 "세계의 민주주의를 수호하기 위해서"라고 밝혔으며, 14개조 평화원칙을 통해서도 중부유럽에 민족자결과 민주주의 정치를 요구했다. 그 목표들은 큰 틀에서는 달성되었다. 파리평화회의의 결과 옛 합스부르크제국에서는 오스트리아, 헝가리, 체코슬로바키아, 유고슬라비아가, 옛 러시아제국에서는 폴란드, 핀란드, 라트비아, 리투아니아, 에스토니아가 떨어져 나와, 그 모든 국가가 보통선거를 통해 의회를 구성하는 성문헌법을 채택했던 것이다. 독일 의회 역시 민주주의 공화국을 수립하는 헌법을 바이마르라는 도시에서 채택함으로써 독일에 **바이마르공화국**이 탄생했다. 오스만제국이 무너진 폐허에서는 무스타파 케말(나중에 케말 아타튀르크라 불린다)이 이끄는 민족주의 혁명이 일어나 술탄과 칼리프 제도가 폐지되고 세속 민주주의 공화국 터키가 건국되었다. 터키는 이슬람 국가로서는 최초로 종교를 정치에서 분리했다. 1920년대에는 기존 민주주의 국가에서도 민주주의의 발전이 있었다. 이를테면 영국과 미국에서는 여성들이 투표권을 갖게 되었다.

독일은 민주주의 공화국으로 다시 태어났지만, 베르사유 조약의 조건을 수용해야만 하는 처지에 놓여 있었다. 독일 내 정치권은 당파를 막론하고 지속적으로 거세게 반발했다. 베르사유 조약으로 인해 독일은 제1차 세계대전의 책임을 지고 배상금을 지불해야 했을 뿐 아니라 영토까지 축소되었다. 오스트리아는 독립국으로 복구되고 알자스-로렌은 프랑스에 반환되었으며 자르 지방과 라인란트는 프랑스나 연합국의 관리를 받게 되었고, 서프러시아 대부분은 폴란드에게 양도되었으며 항구도시 단치히는 국제연맹 보호하의 자유도시가 되었던 것이다. 거기에 더해 기존 식민지들도 국제연맹이 위임통치하도록 양도해야 했고 군대와 군비 규모를 정하는 데에도 제한을 받아야 했다.

이 모든 조항에 대해 독일인들이 느낀 굴욕감에 330억 달러에 달하는 것으로 산정된 배상금 문제가 더해졌다. 독일은 이만한 금액을 지불할 능력이 없었기 때문에(결국 그중 일부만 지불하게 된다) 정부는 돈을 더 많이 찍어 내기 시작했고, 그 결과 전례 없이 극심한 인플레이션이 발생해 독일 화폐(마르크)는 가치를 거의 상실하게 되었다.

1923년 환율은 달러당 4조 마르크였다. 독일인들은 빵 한 덩어리를 사려고 해도 손수레에 현금을 잔뜩 실어 끌고 가야 했다.

이듬해 미국의 한 전문가위원회가 제안한 '도스안'이 실시되어 배상액이 감축되고 독일 재정이 안정을 찾았으며 독일의 해외차관이 이루어지면서 상황은 어느 정도 진정되었다. 다음 몇 해 동안은 독일도 유럽 다른 지역도 경제가 성장하며 비교적 안정된 시기를 보냈다. 독일은 1926년에 국제연맹 가입이 허용되었다. 1928년에는 미국 국무장관과 프랑스 외무장관 주도하에 65개국이 서명한 켈로그-브리앙 조약에서 전쟁을 정책수단으로 활용하는 것을 포기한다는 선언이 이루어졌다. 다시 한 번, 평화와 안정의 시기가 정착하는 것처럼 보였다.

그런데 미국 주식시장이 폭락하며 순식간에 전 세계적인 불황이 뒤따랐다. 1929년 미국 주식시장의 주식 가치는 과도한 투기로 인해 믿을 수 없는 수준까지 올라 있었다. 10월에 대폭락이 일어나면서 주식 가치는 한 달에 40퍼센트, 석 달도 되기 전에 75퍼센트가 하락했다. 은행 5,000개가 문을 닫았고 많은 회사가 파산했다. 미국의 해외투자가 사실상 중단되고 미국의 무역도 급격히 감소하여 독일을 비롯한 많은 유럽 국가가 경제 회생의 발판을 잃게 되었다. 1929~1932년 사이 세계 경제 생산량은 38퍼센트, 세계 무역은 3분의 2가 감소했다. 독일은 특히 타격이 커서 유럽 다른 어떤 나라보다도 더 큰 고통을 겪었다. 유럽 대륙 전역에서 실업률이 치솟고 식량 배급 줄이 길어지면서 사람들은 해결책을 찾고 경제안정을 요구하기 시작했다. 강력한 지도자와 선동정치가가 나타날 환경이 조성된 것이다. 등장한 지 얼마 되지 않은 민주주의는 무거운 짐을 이기지 못하고 주저앉았다.

군국주의와 파시즘의 등장

이러한 환경에서 히틀러가 등장했다. 하지만 양차 대전 사이의 유럽에서 우익 독재자가 권력을 획득한 사례는 히틀러 외에도 더 있었다. 그중 가장 중요한 인물은 히틀러에 앞서 1922년 이탈리아에서 정권을 잡은 베니토 무솔리니1883~1945였다. 1861년 통일 이래 의회정부를 유지해 오던 이탈리아에 무솔리니는 유럽 최초의 파시스트 독재정권을 수립했다. 1883년 대장장이의 아들로 태어난 무솔리니는 젊은 시절 혁명 활동과 급진 저널리즘에 잠깐 관여했다. 제1차 세계대전이 발발하자 군에 복무한 뒤 전쟁이 끝나고 민병대를 조직했다. 그 구성원들은 대개 군인 출신으로 무솔리니는 '파시스트'라는 명칭을 사용했다. **파시즘**이 하나의 정치이념으로 부상했다. 파시즘은 공산주의와 사회주의에 반대했으며, 군사적 민족주의를 지향했고 경제안정과 법과 질서를 옹호했다. 필요하다면 독재통치라는 수단도 마다하지 않았다.

전후 이탈리아도 독일처럼 전쟁 채무와 경제 불황, 높은 실업률에 시달렸다. 1921~1922년 전국적으로 벌어진 파업과 시위로 국가행정이 사실상 마비되자, 무솔리니는 '검은 셔츠단'이라 불린 파시스트들을 이끌고 나서서 질서와 안정을 되찾겠다는 약속을 내걸고 정권에 위협을 가했다. 협박과 다름없는 무솔리니의 최후통첩을 받은 이탈리아 국왕은 무솔리니를 수상으로 임명했고, 의회는 국가질서의 회복이라는 명분 아래 무솔리니가 1년간 비상권력을 사용하도록 승인해 주었다. 몇 년 지나지 않아 무솔리니는 의회를 무력화시키고 검열로 언론을 통제했으며 파시스트 정당을 제외한 다른 모든 정당을 없애 버렸다. 무솔리니는 '일 두체'(지도자)라는 칭호를 사용하며 군림했다.

아돌프 히틀러의 젊은 시절은 무솔리니의 젊은 시절과 어느 정도 유사한 면이 있다. 그리고 무솔리니가 정권을 잡는 것을 본 히틀러는 의식적으로 무솔리니의 전략과 성공사례를 모델로 삼았다. 히틀러는 오스트리아에서 세관원의 아들로 태어났지만 십대 시절에 부모를 잃었다. 젊은 시절에는 빈과 뮌헨에서 무명 화가로 지내며 변변한 일도 하지 못한 채 가난한 생활을 했다. 제1차 세계대전이 발발하자 전쟁을 반기며 입대했고, 군에서 남다른 활약을 보여 하사관이 되었으며 철십자훈장을 받았다. 전쟁 후 히틀러는 **국가사회주의독일노동자당**, 일명 **나치스**를 창당했다. 무솔리니의 로마 진군 이듬해인 1923년, 히틀러는 나치스를 이끌고 독일 남부 바바리아에서 무솔리니와 비슷한 방식으로 정권을 탈취하고자 했다. 이 사건이 '뮌헨 맥주홀 쿠데타'이다. 쿠데타는 군대에 의해 진압되어 나치스 14명이 사망했고 히틀러는 투옥되었다.

히틀러는 감옥에 있는 동안 두서없이 장황한 자서전 『나의 투쟁』

을 써냈다. 1925년에 출간되어 베스트셀러가 된 이 책은 본인 생애의 이야기에 인종주의, 민족주의, 역사 이론, 반유대주의 등이 기묘하게 뒤섞여 있는 책이다. 아우슈비츠에서 유대인들을 독가스로 학살하기 15년 전인 이때 이미 히틀러는 책에서 인종 간에 우열이 있다는 생각을 펼쳐 놓는다. 그는 사회다윈주의와 유전학을 바탕으로 인간의 "이종교배"가 "번식을 통해 모든 생명을 더 나은 존재로 만들고자 하는 자연의 의지에 어긋난다"며 비난을 퍼붓는다. 유대인과 공산주의자에 대한 욕설로 일관하다 "독일민족의 독일국가"를 건설하자고 부르짖는 것으로 끝나는 '민족과 인종'이라는 장에서는 이렇게 쓰고 있다. "강자는 약자를 지배해야지, 약자와 섞여 그 자신의 위대함을

• 독일을 방문한 무솔리니가 히틀러와 함께 오픈카를 타고 뮌헨 거리를 지나가고 있다.

날려 버려서는 안 된다. 태어날 때부터 약골인 자들만이 이를 잔인하다고 할 것이다. (…) 만약 그러한 법칙이 없다면 살아 있는 것들의 더 커다란 발전은 생각도 할 수 없을 것이다."

쿠데타에 대한 재판과 『나의 투쟁』 출간을 통해 히틀러는 정치인으로서 전국에 이름을 알렸다. 하지만 그가 감옥에서 나왔을 때 독일은 비교적 번영과 안정의 시기(도스안이 실시된 후)를 보내고 있었기 때문에 히틀러와 나치스는 매력을 잃고 지지도가 떨어졌다. 그러나 1930년 경제공황이 독일을 덮치자 히틀러는 때를 놓치지 않고 베르사유 조약, 유대인, 공산주의자, 외국인, 그리고 바이마르공화국에 대해 공격을 퍼부었다. 경제가 붕괴되고 실업률이 30퍼센트까지 치솟자 독일인들은 좌파에게서든 우파에게서든 급진적인 해결책을 찾기 시작했고, 공산주의자들과 나치스의 지지도가 모두 상승했다. 독일의회 '라이히스탁'을 구성하는 총선거에서 나치스의 득표율은 1928년 3퍼센트이던 것이 1930년에는 18퍼센트, 1932년에는 37퍼센트로 크게 뛰었다. 나치스는 의회 내에서 압도적으로 큰 당이 되었다. 다만 과반수 의석을 차지하지는 못했다. 다른 정당들은 히틀러와 연합해 연립내각을 구성할 의사가 없었다. 하지만 힌덴부르크 대통령이 이끄는 전통적인 보수정당들은 히틀러를 정부에 참여시킨 뒤 히틀러 주변에 보수정당 인사들을 포진시킨다면 그를 제어할 수 있다고 생각했다. 그래서 1933년 1월 힌덴부르크 대통령은 히틀러를 독일공화국의 수상으로 임명했다.

히틀러가 수상이 되자 사회주의자, 공산주의자, 유대인, 그리고 나치스에 반대하던 이들에 대한 나치스의 악랄한 공격이 본격적으로 불을 뿜었다. 히틀러는 무솔리니가 이탈리아에서 10년 전 그랬던 것과 거의 유사한 방식으로 권력을 굳히기 시작했다. 선거를 일주일 앞두고 의회 건물이 화재로 소실되자 히틀러는 공산주의자들에게 방화의 책임을 뒤집어씌우고 비상사태를 선포하면서 의원들과 국민들에게 공산주의에 대한 공포감을 조성했다. 의회는 투표를 통해 히틀러에게 독재권력을 줄 것을 결의했다. 7월에 히틀러는 나치스가 유일한 합법정당이라고 선언하고, 공공노동 프로그램(및 군 재무장)을 실시해 독일의 실업자들을 순식간에 거의 다 흡수했다. 이듬해 힌덴부르크 대통령이 사망하자 히틀러는 대통령과 수상의 지위를 독식했다. 그리고 무솔리니처럼 '퓨러'(총통)라는 칭호를 사용하며 제3제국의 수립을 선포했다. 스탈린과 무솔리니의 전체주의 국가에 이은 세 번째 전체주의 국가의 토대가 구축되었다.

히틀러의 공세

히틀러는 베르사유 조약을 지탄하고 독일의 힘과 영광과 자부심, 그리고 잃어버린 영토를 회복할 것을 부르짖으면서 악명을 떨치는 동시에 대중적 지지도 얻어 냈다. 수상이 되고 몇 달도 채 되지 않아 그는 일련의 공격적인 움직임을 점진적으로 확대시켜 나가면서 그 약속들을 이루어 가기 시작했다. 1933년 10월, 히틀러는 독일을 국제연맹에서 탈퇴시키며 당시 논의되고 있던 군축협상을 비난했다. 1935

• 1936년 히틀러가 나치스에 소속된 준군사조직인 돌격대의 3만 5,000명 병력을 사열하고 있다.

년에는 베르사유 조약을 무단 위반하며 독일군의 재무장을 시작했고, 징병제를 도입했다. 국제연맹은 독일을 질책했지만 그 외에는 아무런 조치도 취하지 않았다. 1936년, 히틀러는 베르사유 조약에 의해 영구히 비무장지대로 지정되어 있던 라인란트(독일의 서쪽 국경에 있다)에 군대를 진주시켰다. 그리고 같은 해에 무솔리니의 이탈리아와 상호방위 및 원조 조약(로마-베를린 추축)을 맺고 일본의 군국주의 정부와도 손을 잡았다. 1936~1939년 스페인에서 프란시스코 프랑코의 파시스트 반군과 정부군 사이에 내전이 일어나자, 히틀러와 무솔리니는 함께 프랑코를 원조하면서 각자 자국의 군대와 무기를 시험 삼아 가동해 보았다.

1938년 히틀러는 모든 독일인을 하나로 묶어 독일제국을 더 확대시키겠다는 야망을 실행에 옮길 준비가 되었다. 그해 3월 히틀러는 독일군을 이끌고 오스트리아로 진군해 독일과 오스트리아의 '안슐루스'(병합)를 발표하고 의기양양하게 빈까지 행진을 벌였다. 이런 상황에서도 국제연맹이나 서구 강대국들은 별다른 반응을 보이지 않았다. 어떤 면에서는 독일의 민족주의를 수긍하는 정서가 커졌기 때문이기도 했다. 오스트리아 병합으로 제국에 약 600만 명의 독일인이 더 늘어났다. 이어 히틀러는 체코슬로바키아의 수데텐란트 지역에 거주하는 300만 독일인이 끔찍한 환경에서 생활하고 있다며 목소리를 높이기 시작했다. 독일이 체코슬로바키아를 침략하려 한다는 소문이 퍼지자, 프랑스와 영국, 소련 정부는 히틀러에게 경고를 가했다. 1938년 9월 히틀러는 영국 수상 네빌 체임벌린과 프랑스 수상 에두아르 달라디에, 그리고 무솔리니를 뮌헨으로 초대해 회담을 가졌다. 회담 결과 회담에 참여한 4개국 간에는 서로 전쟁을 하지 않고, 수데텐란트는 히틀러에게 양도하며, 체코슬로바키아의 나머지 영토는 영토보전을 보장하기로 합의가 이루어졌다. 체임벌린은 런던에 돌아와 "명예로운 평화"를 이루어 냈다고 확고히 말했다. 그러나 6개월 후 히틀러는 체코슬로바키아를 침공해 나머지 영토까지 병합시켜 버렸다.

그때부터 체임벌린과 뮌헨이라는 이름은 나약한 유화정책을 가리키는 대명사가 되었다. 하지만 1938년 당시에는 유럽 강국 중 누구도 군사적으로 히틀러에 맞설 준비가 되어 있지 않았다. 오래전의 방식인 동맹에 의한 세력균형 체제는 이미 제1차 세계대전에서 붕괴되었고, 또 설사 그게 가능하다 하더라도 서구 국가들이 소련의 공산주의 정권을 불신하는 상황에서 독일에 대한 전통적인 견제 방식인 (독일을 둘러싼 양방향에서의) 영국-프랑스와 러시아의 동맹은 이루어지기가 사실상 불가능했다. 세력균형 체제의 대안이었던 국제연맹은 이미 일본, 이탈리아, 독일 등의 군사적 공세에 대응하기에는 역부족이라는 사실이 드러났다. 방치된 나치 독일의 군국주의 앞에 불안해진 소련 지도자 이오시프 스탈린은 1939년 8월 히틀러와 독소불가침조약을 맺어 얼마간 시간을 벌었다. 이 조약 자체는 공개적인 것이었지만, 이 조약에 부수된 비밀의정서에는 전쟁이 발발할 경우 양국이 폴란드를 나눠 가지고 소련이 발트 해 연안 국가들에 대해 영향력을 행사하는 데 양국이 동의한다는 내용이 포함되어 있었다. 독소불가침조약이 맺어지고 1주일 후, 독일군은 100만 이상의 대규모 병력을 앞세워 폴란드를 침공했다. 영국과 프랑스는 즉시 독일에 전쟁을 선포했다. 세대가 바뀌기도 전에 유럽은 또다시 화염에 휩싸였다.

• 1940년 12월 독일군의 공중폭격 당시 불타는 건물들 사이에서 우뚝 서 있는 세인트폴 성당.

전쟁

이때 히틀러의 목표는 '독일인의 영토'를 회복하는 것에 그치지 않고, 늘어나는 '지배 민족'의 '생활 터전'을 동유럽에서 확보하는 것으로 상향 조정되어 있었다. 그래서 폴란드에 관심을 갖게 된 것이다. 1939년 9월 독일군은 폴란드를 침공하며 새로운 군사전술 **전격전**을 구사했다. 이는 대규모 병력, 공군력, 기갑부대를 활용해 빠른 시간 안에 적을 전멸시키는 전술이었다. 폴란드군은 한 달도 못 되어 무릎을 꿇었고, 히틀러는 폴란드를 점령했다. 그러자 소련도 비밀의정서를 통해 합의한 대로 폴란드 동부를 침공해서 1919~1920년 소련-폴란드 전쟁 당시 폴란드에게 내줬던 영토를 점령했다. 1940년 봄 독일군은 노르웨이와 덴마크를 침공했고, 그다음 네덜란드, 벨기에, 룩셈부르크에 이어 프랑스에 전격전을 개시했다. 그리고 6주 만에 프랑스의 항복을 받아 냈다. 히틀러는 놀라울 정도로 빠르고 수월하게 유럽 대부분을 차지했다.

1940년 여름, 독일의 상대는 영국밖에 남지 않았다. 네빌 체임벌린이 물러나고 수상 자리에 오른 윈스턴 처칠은 "추악하고 통탄할 인간 범죄의 역사에서도 가장 극악무도한 독재자"와 인정사정없는 전쟁을 벌이기에 "피와 노력, 눈물과 땀만을 바치겠다"고 약속했다. 히틀러는 전면적인 침공에 앞서 영국에 공중전을 개시해 런던을 비롯한 여러 도시에 공중폭격을 가했다. 하지만 영국 공군은 독일군에게 공중을 장악당하지 않을 능력이 있었고, 국민들은 처칠의 격려에 힘입어 죽음과 파괴, 궁핍 속에서도 사기가 드높았다.

영국이 뜻대로 되지 않자 히틀러는 더 중요한 목표인 소련으로 관심의 초점을 돌렸다. 1939년 소련과 상호불가침조약을 맺긴 했지만 사실은 원래부터 소련을 침공해 점령할 야욕을 품고 있었던 것이다. 1941년 6월 22일, 소련에 대한 군사공격 '바르바로사 작전'이 개시되었다. 300만 명이 3,000km 전선에 걸쳐 진격했다. 몇 달도 채 되지 않아 독일군은 레닌그라드를 포위했고 모스크바 외곽 40km 안으로까지 진입했다. 그리고 다음 3년 동안, 연합군이 이탈리아 본토에 진입(1943년 9월)하고 프랑스 본토에 진입(1944년 6월)하기 전까지, 독일과 소련의 싸움이 유럽 무대에서 유일한 전투로 지속되었다. 소련은 압도적으로 많은 사상자를 내어 군인 약 800만 명이 전사하고 민간인도 최소한 1,800만 명이 목숨을 잃었다. 1942~1943년 사이의 겨울에 벌어진 스탈린그라드전투에서 소련군 전사자 수는 제2차 세계대전 전체를 통틀어 합산한 미군 전사자 수보다도 더 많았다.

스탈린그라드전투 이후 소련군은 조금씩 조금씩 승리를 거두면서 독일군을 우크라이나 소비에트 공화국과 벨라루스 소비에트 공화국 바깥으로 몰아냈고, 이어 폴란드를 지나 베를린을 향해 똑바로 진격했다. 동시에 소련군은 남서쪽으로도 이동해 독일과 동맹이던 루마니아, 불가리아, 헝가리에 진입했다. 한편 1944년 6월 노르망디 상륙작전으로 단 하루에 13만 명, 한 달간 100만 명의 영국군, 미군, 캐나다군 병력이 프랑스 해안에 상륙했다. 1945년 3월 연합군은 라인강을 건너 독일 영토로 진격해 들어갔고, 소련군은 이미 부다페스트와 빈을 점령한 뒤 베를린까지 무너뜨리려 하고 있었다. 히틀러는 자살했고 독일 정부는 1945년 5월 항복을 선언했다. 유럽의 전쟁은 끝이 났다. 태평양에서 일본을 상대로 한 싸움은 계속되었지만 히로시마와 나가사키에 원자폭탄이 투하되면서 일본도 8월에 항복했다.

홀로코스트

전쟁 말기에 연합군은 독일군 점령 지역을 해방시키던 중 다카우와 부헨발트에서 강제수용소들을, 아우슈비츠와 트레블링카에서 가스실과 화장터가 있는 집단학살수용소들을 발견했다. 나치가 자행한 유대인 말살정책의 실체는 이때에야 비로소 만천하에 공개됐다.

하지만 히틀러와 나치스의 반유대주의는 처음부터 공공연했다. 히틀러는 자서전 『나의 투쟁』에서 유대인은 독일 국민이 아니며 인간 이하의 존재라고 비하했다. 그래도 처음 나치스 정부의 정책은 독일에 거주하는 60만 명의 유대인을 나라 밖으로 몰아내고자 하는 정도였지 죽이는 것은 아니었다. 그러다 1935년 뉘른베르크법이 만들어져 유대인은 국민 자격을 박탈당하고 피지배민으로 대우받게 되어 직업을 갖는 것이 금지되었으며, 유대인과 비유대인의 결혼과 성관계가 규제되었다. 그리고 1938년 11월 '크리스탈나흐트'(깨진 유리의 밤)에 공식적인 반유대주의가 폭력으로 표출되었다. 나치스 돌격대가 유대인 상점과 교회당을 파괴하고 약탈했으며, 유대인 수천 명을 구타하고 수만 명을 체포해 집단수용소로 보냈다. 이후 유대인에 대한 위협과 함께 유대인 추방운동이 대대적으로 벌어졌다.

나중에 '홀로코스트'라고 불리게 되는 실제 유대인 학살은 1941년 독일군이 소련 영토 내 독일군 점령지에서 유대인들을 집단학살한 것에서부터 시작되었다. 같은 시기 나치스 지도부는 '유대인 문제의 최종 해결책'을 말살정책으로 결정했다. 1942년 초에 몇 가지 결정이 내려졌다. '지클론-B' 가스 실험에 박차를 가하라는 것, 트레블링카와 아우슈비츠를 비롯한 여러 곳에 집단학살수용소를 건설하라는 것, 그리고 체계적인 계획 아래 유럽 전역의 유대인들을 그곳으로 이송하라는 것이었다. 그다음 3년에 걸쳐 대략 600만 명의 유대인이 여러 수용소에서 끔찍하게 목숨을 잃었다. 폴란드의 유대인 300만 명은 거의 전부가, 그리고 유럽 전체 유대인의 약 3분의 2가 그렇게 사라졌다.

• 1943년 폴란드에서 독일군이 바르샤바 게토를 파괴할 당시 유대인 시민들의 모습.

• 1945년 5월, 적군 병사들이 베를린을 점령한 뒤 독일 의회 '라이히스탁' 건물 위로 소련 국기를 올리고 있다.

제2차 세계대전의 결과

사망자 1,000만 명이라는 제1차 세계대전의 손실도 상상할 수 없을 정도로 끔찍한 것이었지만, 제2차 세계대전의 손실은 훨씬 더했다. 유럽에서만 군인 사상자 수가 1,500만 명에 달했고 민간인 사망자 수는 거의 그 두 배를 기록했다. 소련 국민 2,000만 명 이상이 목숨을 잃었으며, 이는 소련 전체 인구의 10퍼센트를 넘는 숫자였다. 정확한 수치는 아무도 모르지만 일반적인 통계에 따르면 유럽과 아시아를 통틀어 제2차 세계대전 전체 사상자 수는 성인남녀와 아이들을 모두 합쳐 약 6,000만 명인 것으로 추산된다. 사상자 수가 이토록 많은 이유 중 하나로 민간인에 대한 공격을 들 수가 있다. 런던과 코벤트리에 대한 독일군의 공중폭격에서부터 드레스덴과 도쿄에 대한 연합군의 소이탄 공격, 1944년 독일군의 조직적인 바르샤바 '청산', 그리고 히로시마와 나가사키에 대한 원폭투하까지, 전쟁사상 처음으로 민간인에 대한 공격이 의도적이고 조직적으로 자행되었다. 전쟁의 규모와 그 대상의 범위가 완전히 변한 것이다.

전쟁 기간 유럽 대부분은 18세기 말 시작된 점진적인 진보의 흐름에 역행하는 것으로 보였다. 히틀러, 스탈린, 무솔리니의 전체주의 정권은 계몽주의에서 파생된 개인주의와 자연권, 보편적인 인간성 등의 개념을 거부했다. 엘리 위젤의 『나이트』와 프리모 레비의 『이것이 인간인가』에 가슴 아프게 묘사되어 있듯이 나치스의 집단학살수용소는 인간성 자체를 회의하게 만들었다. 하지만 1945년 히틀러와 무솔리니, 그리고 1953년 스탈린이 죽고 난 후 전체주의는 유럽에서 힘을 잃었고, 종전 후 뉘른베르크에서 열린 나치스 지도자들에 대한 연합군의 재판에서 집단학살 정책이 "인간성에 대한 범죄"로 규정되면서 공통의 가치관과 도덕에 대한 개념이 다시금 확립되었다.

또한 종전과 함께 유럽 대륙과 세계 전체에 중대한 지정학적 변화가 일어났다. 미국과 소련이 유럽 대륙에 커다란 영향력을 발휘하는 강대국으로 부상한 것이다. 종전 당시 군사 작전의 결과, 소련은 독일 동부와 동유럽 대부분을 점령한 채 종전을 맞이했다. 남쪽(북아프리카와 이탈리아)과 서쪽(노르망디)에서부터 독일을 향해 이동했던 미국은 독일 서부와 서유럽 대부분에 통제력을 행사했다. 결국 지리적으로 변방에 있는 두 나라가 독일과 이탈리아의 몰락으로 생겨난 중부유럽의 공백 속에 빨려 들어간 것처럼 되었다. 그리고 두 나라가 맞닥뜨린 곳, 독일의 한복판에서 냉전은 시작되었다.

이것이 인간인가

폴란드 남부에 위치한 아우슈비츠(폴란드어로 '오슈비엥침')는 나치스의 대량학살수용소 중 가장 악명 높은 수용소가 있었던 곳으로, 홀로코스트를 상징하는 곳이 되었다. 사망자 수치는 아직도 논쟁의 대상이 되고 있지만, 아우슈비츠와 근처의 비르케나우에서 약 150만 명의 성인남녀와 아이들이 목숨을 잃었고, 그중 약 100만 명이 유대인이었다. 아우슈비츠에 세워진 기념관에는 가스실에서 죽어 화장된 아이들 수십만 명의 신발, 옷, 안경, 머리카락 등이 아이들이 사용하던 막사에 전시되어 있어 보는 이의 가슴을 찢어지게 한다.

아우슈비츠 생존자들 대부분은 당연히 자신이 겪은 끔찍한 체험을 이야기하거나 글로 쓰고 싶어 하지 않았고, 다른 많은 이도 그 이야기를 듣고 싶어 하지 않았다. 1947년 이탈리아 국적의 유대인 프리모 레비가 아우슈비츠에서의 체험을 기록한 책 『이것이 인간인가』를 처음 출간했을 때 이 책은 거의 주목을 받지 못했다. 10년 후, 홀로코스트 체험을 바탕으로 한 엘리 위젤의 자전소설 『나이트』가 출간되었을 때 『이것이 인간인가』도 다시 한 번 출간되었고, 비로소 유럽은 홀로코스트를 직면하기 시작했다.

• 1945년 1월 소련군이 아우슈비츠 수용소를 해방시켰을 때, 살아남은 어린이들이 어른용 수인복을 입고 철조망 뒤에 서 있다.

『이것이 인간인가』에서 레

비는 충격적인 세부묘사를 통해 수용소의 공포와 참상, 그리고 그런 환경 속에서 미약하기 짝이 없는 인간 본성의 모습을 있는 그대로 전한다. 수감된 이들은 살아남기 위해 빵 한 조각, 옷 한 조각을 두고 경쟁하고 서로 죽이기까지 했다. 레비는 문명이란 허울이 얼마나 얇은지 이야기한다.

"사랑하는 사람을 모두 잃어버린 한 사람을 상상해 보라. 게다가 집도, 생활도, 옷도, 한마디로 자신이 가지고 있던 모든 것을 다 잃어버린 사람을. 그는 텅 빈 인간이 될 것이다. 당장 눈앞의 고통과 생존에 급급해 품위도 자제력도 잃어버릴 것이다. 모든 것을 잃은 자는 자기 자신도 쉽게 잃어버리기 때문이다."

그래도 결국에는 로렌조라는 훌륭한 성품의 민간인 동료 덕분에 레비는 견뎌 내고 살아남겠다는 마음을 굳게 먹는다. 로렌조를 통해 레비는 "아직 우리 바깥에는 올바른 세상이 있다는 것을, 아직 순수하고 온전한 무언가, 누군가가 있다는 것을, 부패하지 않고, 야만적이지 않으며, 증오와 두려움과는 상관없는, 뭐라 정확히 표현하기는 어렵지만, 가능성은 아주 희박하지만, 그걸 위해서라면 살아남을 가치가 있는 그 무엇이 있다는 것을" 확신하게 되었다. 전쟁이 끝난 후 프리모 레비는 고향 토리노로 돌아와 화학공장의 관리자가 되었고, 1977년 퇴직한 뒤 글쓰기에 전념했다. 하지만 삶은 평탄하지 않았고 그는 우울증에 시달렸다. 1987년 레비는 자택의 계단 난간에서 떨어져 숨을 거두었다. 명백한 자살이었다.

12

유럽의 분열과 냉전, 그리고 탈식민지화

제2차 세계대전이 막을 내렸을 때 유럽은 힘을 다 소진한 채 폐허가 되었고, 점령되어 곧 분열되었다. 같은 세기에 두 번째 일어난 전쟁은 첫 번째 전쟁보다 사망자 수도 훨씬 더 많고 피해도 훨씬 극심했다. 수 세기 동안 유럽 대륙에 강력한 영향력을 행사해 온 주요 유럽 강대국들은 어느 한 나라도 빼놓지 않고 점령되거나, 폭격을 당하거나, 폐허가 되거나, 전쟁에 패했다. 승리한 미국과 소련은 각각 수백만 명에 달하는 병력을 유럽 대륙 전체에 포진시켜 놓고 있었다. 하지만 전시에 우방이 되어 함께 나치 독일을 물리쳤던 양국의 관계는 독일을 비롯한 여러 점령지의 처리 방안과 그 앞날에 대한 견해 차이 때문에 곧 틀어지고 말았다. 미국과 소련 사이의 갈등에는 '냉전'이라는 이름이 붙게 되었다. 서로를 철천지원수로 여겼으니 전쟁은 전쟁인데, 실제 군사적 충돌을 일으키지는 않았으니 냉전이었다.

냉전이 표면화되면서 유럽은 거의 모든 면에서 둘로 나뉘었다. 심지어 그 명칭조차 '서유럽'과 '동유럽'으로 갈렸다. 미국은 서유럽의 경제 회복과 자유민주주의의 발전을 지원했다. 소련은 동유럽에 공산주의 정치 체제를 강요하며 그 지역을 통제하고 지배하게 되었다.

냉전의 한복판에서 아무것도 할 수 없었던 독일은 나라 자체가 동과 서로 분단되었고, 이전에 수도였던 베를린 역시 동과 서로 쪼개졌다. 베를린 도심을 가른 베를린장벽은 유럽 분열의 상징이자 냉전의 상징이 되었다. 유럽에 기반을 둔 동서 갈등은 다음 반세기 동안 세계 정세에 큰 영향을 끼쳤다. 공산주의가 몰락하고 1989년 베를린장벽이 무너지고 나서야 냉전은 종식되었다.

제2차 세계대전 후 유럽의 힘이 소진된 가운데 바다 건너 식민지에서 민족해방운동이 일어나자, 유럽 제국주의 국가들은 식민지들의 독립을 허용하지 않을 수 없었다. 이 '탈식민지화' 과정은 냉전이 본격적인 국면에 접어들던 때와 비슷한 시기에 시작되어 이후 20년간 계속되었다. 탈식민지화로 인해 서유럽 국가들은 미국에의 의존도와 서로에 대한 의존도가 더욱 심화될 수밖에 없었고, 의존도가 심화되면서 궁극적으로 경제통합이 가능해졌다. 그리고 경제통합은 이후 유럽연합으로 발전했다.

유럽의 분열

1945년 2월, 프랭클린 루스벨트, 윈스턴 처칠, 이오시프 스탈린은 소련의 휴양도시 얄타에서 회동하여, 제2차 세계대전의 최종국면에 대해 논의하고 유럽의 전후 질서에 대해 협상을 벌였다. 영국과 미국은 협상에서 그다지 유리한 위치에 서지 못했다. 그들은 독일의 손아귀에서 고작 프랑스만을 구해 냈을 뿐인데, 소련은 폴란드, 헝가리, 유고슬라비아, 체코슬로바키아, 루마니아 등을 구해 낸 데다 당시 베를린(3개월 후에 점령하게 되는)에서 겨우 160km 정도 떨어진 지점까지 진출해 있었기 때문이다. 나중에 알려진 바에 따르면 **얄타협정**에는 폴란드의 국경을 서쪽으로 약 160km 이동할 것(그래서 폴란드 동부 영토 일부를 소련에게 양도), 독일을 일시적으로 여러 점령구역으로 분할할 것(독일 동부 지역은 소련이 점령), 동유럽 국가들은 소련에 "우호적인" 민주적 정부를 세우도록 할 것 등의 조항이 포함되어 있었다. 3국 지도자들은 또한 국제연합UN이라는 이름의 새로운 국제기구를 창설하기로도 합의했다.

세월이 흐른 뒤, 동유럽 여러 민족은 연합군이 스탈린에게 동유럽을 마음대로 하게끔 넘겨주었다며 얄타협정을 비난했다. 실제로 얄타회담 이후 3년 동안 소련은 동유럽 전역에 걸쳐 조직적으로 민주주의 정치를 훼손하고 소련식 공산주의 정권들을 수립했다. 그러나 1945년 상황에서 소련의 동유럽 장악은 거의 피할 수 없는 일이었다. 1945년 5월 독일이 항복하던 당시 군사 작전의 결과로 인해 동유럽 지역은 거의 완전히 소련에 군사적으로 점령된 상태였다. 그래서 미국, 영국, 프랑스가 유럽 서부 지역에서 독일군을 쫓아낸 뒤 그 지역 국가들이 서구식 민주주의 정부를 수립하게 한 것처럼, 동유럽을 점령한 소련 역시 동유럽 국가들이 소련에 "우호적인" "인민 민주주의" 정부를 수립하게 했던 것이다. 소련에게는, 특히 스탈린에게는 소련에 "우호적인" 정부란 "사회주의" 정부를 뜻했다. 자본주의 정부는 본질적으로 소련 공산주의에 적대적일 수밖에 없기 때문이다.

• 영국 수상 윈스턴 처칠, 미국 대통령 프랭클린 루스벨트, 소련 서기장 이오시프 스탈린 등 이른바 '삼거두'는 1945년 2월 얄타에서 회담을 갖고 독일 패전 이후의 계획을 논의했다.

게다가 동유럽 영토는 서구 국가들보다 소련에 훨씬 더 큰 전략적 함의를 지니고 있었다. 동유럽 국가들 대부분이 소련과 국경을 접하고 있었기 때문에 역사적으로 러시아나 소련에 적군의 침입이 있을 때마다 그 지역이 주요 침공 루트가 되어 왔던 것이다. 1812년 나폴레옹군의 공격을 받았을 때에도, 1919~1920년 폴란드군의 공격을 받았을 때에도, 두 번의 세계대전에서 독일군의 침공을 받았을 때에도 항상 그랬다. 그러니 동유럽 지역에 대한 통제권을 장악하는 것은 소련에, 그리고 스탈린에게 굉장히 큰 의미를 지니고 있었다.

전쟁이 끝났을 때 소련군은 폴란드, 헝가리, 체코슬로바키아, 불가리아, 루마니아를 군사적으로 통제하고 있었다. 모스크바 정부는 이 국가들에 대해 정치적으로도 영향력을 조금씩 확대해 가는 조치를 실행하기 시작했다. 헝가리의 공산당 당수는 그 조치를 가리켜 '살라미 전술'이라고 표현했다. 얇게 썰면서 한 번에 한 조각씩 먹어 간다는 의미였다. 제일 먼저 각국에서 의회 선거가 실시되어 대체로 자유롭고 공정하게 진행되었다. 그리고 선거 결과 공산당과 비공산주의 당들이 함께 포함된 연립정부들이 수립되었다. 하지만 1947년이 되자 비공산주의 당들 대부분이 밀려났고 언론매체와 경찰은 공산당의 손아귀에 들어갔으며 선거는 점점 더 조작되었다. 1948년 2월 체코슬로바키아에서 공산당이 권력을 잡은 것을 시작으로 동유럽에서 민주주의 정치는 종언을 고했다. 전 영국 수상 윈스턴 처칠은 이런 식으로 유럽이 분열되리라는 것을 2년 전에 예견했다. 당시 미국 미주리 주 웨스트민스터 대학에서 연설을 하며 처칠은 조용한 목소리로 이렇게 말했다. "발트 해의 슈체친에서 아드리아 해의 트리에스테까지, 유럽에 철의 장막이 드리워졌다."

냉전의 시작

미국 정부는 동유럽에서 민주주의가 타격을 입은 것이 불만이었지만 그렇다고 전략적으로 우선순위가 아닌 지역에서 그에 대응할 생각도 없었고 그럴 준비도 되어 있지 않았다. 하지만 다른 두 지역에서는 행동을 취할 준비가 되어 있었다. 하나는 독일, 다른 하나는 그리스와 터키를 뭉뚱그린 지역이었다. 그 두 지역에서 냉전은 뚜렷하게 표면화되기 시작했다. 1946~1947년 터키는 1917년 러시아혁명 직후 가져간 러시아 땅을 반환하라는 소련의 압박에 시달리고 있었다. 그리스는 군주정부와 공산주의 반란군 사이에 벌어진 내전의 수렁에 빠져 있었다. 그리스의 공산주의 반란군은 제2차 세계대전 당시 나치스에 저항운동을 벌여 대중의 커다란 지지를 받고 있었다. 역사를 돌이켜 보면 그리스와 터키 모두 북쪽의 강력한 이웃 러시아에 맞설 때에는 영국의 지원을 받곤 했었다. 하지만 전쟁과 전후 재정위기로 약해진 영국은 더 이상 그리스와 터키를 지원하기가 어렵다는 뜻을 미국 정부에 전했다. 미국 대통령 해리 트루먼은 의회에 두 나라에 대한 자금원조를 요청하면서 이 문제를 더 크고 폭넓은 맥락에서 바라볼 것을 호소했다. 즉 자금은 "무장 소수집단이나 외부 세력의 정복 기도에 저항하고 있는 자유 시민들을 지원하는 데" 쓰이게 된다는 것이었다. 세계 각지의 민주주의를 지원하겠다는 이 약속, **트루먼 독트린**은 미국이 전통적으로 고수하던 고립주의에서 급격히 방향을 선회한 것으로 사실상 자유세계를 앞장서 끌고 가겠다는 선언이었다.

트루먼 독트린은 일단 그리스와 터키 사태에 대한 대응이었지만, 한편으로는 동유럽에서 공산주의 통치가 확립된 것과 독일의 관리 방침을 놓고 미국과 소련 사이에 한껏 고조된 갈등이 낳은 산물이기도 했다. 전쟁이 끝났을 때 독일은 4개 점령구역(미국, 소련, 영국, 프랑

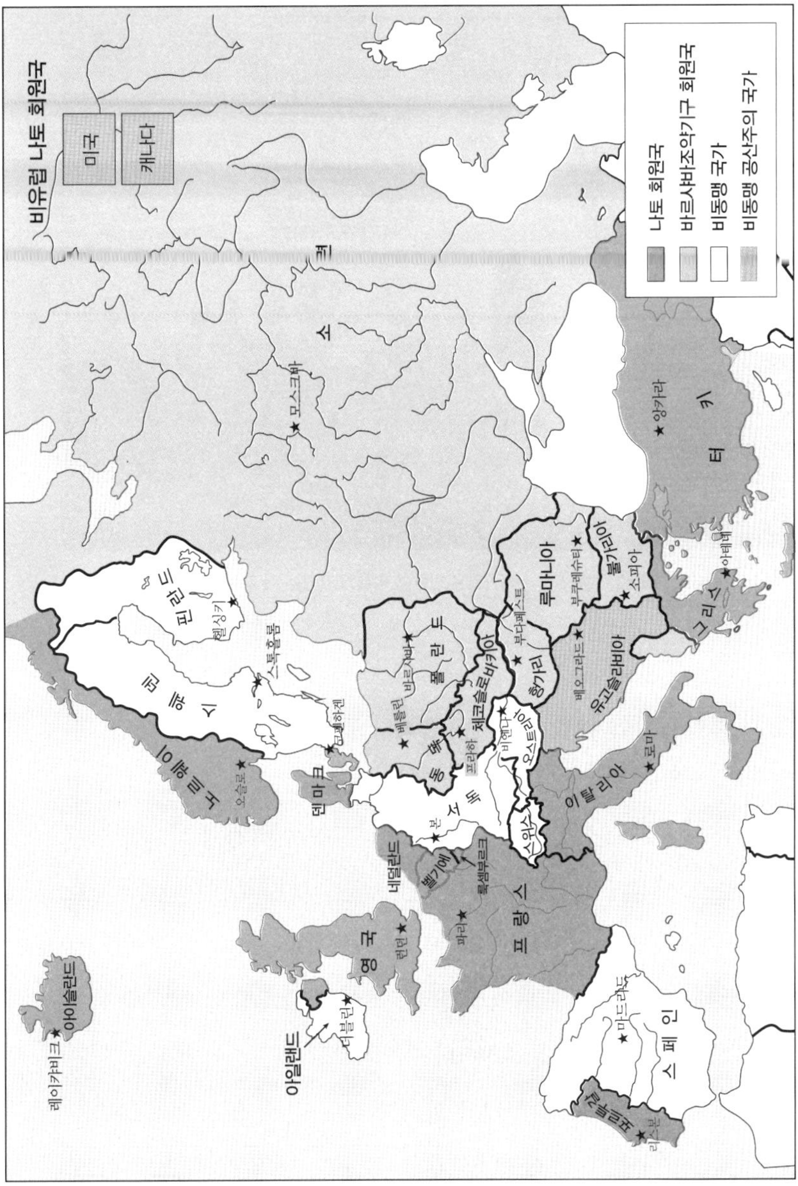

• 1955년 북대서양조약기구(NATO)와 바르샤바조약기구

• 1948~1949년 베를린 공수 기간 서베를린 주민들이 착륙하고 있는 미국 비행기를 향해 손을 흔들고 있다.

스)으로 분할되어 연합군 통제위원회의 통합관리를 받았다. 소련 점령구역 안쪽 깊숙이 있는 수도 베를린도 별도로 4개 구역으로 분할되었다. 처음부터 소련과 서구 맹방들은 독일을 어떻게 처리할 것인지를 놓고 의견이 엇갈렸다. 본질적으로 스탈린은 독일을 약소국으로 유지하여 독일이 다시는 소련에 군사적 위협을 가하지 못하게 하고 싶었다. 반면 미국 트루먼 행정부는 제1차 세계대전 이후 배상 문제가 독일에 어떤 부작용을 낳았는지 잘 알고 있었기에 독일을 재건하여 세계 공동체에 통합시키고 싶은 생각이 더 강했다. 서로 타협점을 찾지 못하자 연합군 통제위원회는 기능이 마비되었다. 그래서 미국, 영국, 프랑스는 일방적으로 뜻을 관철시켜 그들 3개국의 점령구역을 하나로 통합한 다음, 1948년에 소련과 아무런 상의도 없이 서구 점령구역에 새로운 통화제도를 도입했다. 그러자 소련은 이에 항의하며 독일 전체의 서구 점령구역에서 베를린의 서구 점령구역으로 이어진 도로와 철로를 봉쇄했다. 베를린의 서구 점령구역은 독일 전체의 소련 점령구역 안쪽 160km 지점에 있었다. 트루먼은 베를린 봉쇄를 풀기 위해 미군 기갑부대를 베를린에 보내는 방안도 잠깐 고려해 보았지만, 그랬다가는 소련과 무력 충돌이 일어날 게 거의 확실했다. 제2차 세계대전이 끝난 지 겨우 3년밖에 되지 않았다. 그래서 트루먼은 대신 항공로를 이용해 서베를린의 300만 거주민에게 물자를 공수하는 방법을 쓰기로 했다. 서베를린에 비행기가 1분에 한 대씩 내려앉았다. **베를린 공수**는 거의 1년간 계속되었고 결국 소련은 봉쇄를 풀었다. 하지만 이미 유럽의 분열은 확고해졌다. 1949년 서독에서 선거가 실시되어 독일연방공화국이 건국되었고, 몇 달 뒤 소련도 동독에 나라를 세워 독일민주공화국이라 칭했다.

트루먼은 터키에 대한 소련의 압박, 그리스 공산주의 반란, 동유럽에 대한 소련의 살라미 전술 등이 전부 공산주의를 확대시키기 위해 소련이 벌이고 있는 광범위한 계획의 일환이라고 확신했다. 국무성 관리 조지 케넌은 "미국이 소련의 확장을 봉쇄할 것"을 지지하는 중요한 논문을 발표했다. 이 공산주의 봉쇄 독트린은 다음 50년간 미국 외교정책의 지배적인 원리가 되었다. 일부 유럽 국가들의 위태로운 정치, 경제 상황이 공산주의 침투에 유리한 환경을 조성할 것을 염려한 미국은 1947년 **마셜 플랜**을 실시하여 유럽 재건을 위해 5년에 걸쳐 170억 달러를 조달했다. 1949년에는 미국의 후원 아래 **북대서양조약기구**NATO가 창설되어 서유럽 국가들은 유사시 미국의 군사적 보호를 보장받았다. 혁명전쟁 이래 미국이 평시에 군사동맹을 맺은 것은 처음 있는 일이었다. 정치, 군사, 외교 등 다방면에서 힘은 유럽에서 미국으로 이동해 있었다.

냉전은 곧 아시아로 이동해 전 세계가 냉전 구도 속에 들어갔다. 1949년 10월, 마오쩌둥이 이끄는 공산당이 중국에서 권력을 잡았고, 미국은 공산주의의 '붉은 물결'이 전 세계를 휩쓰는 데 대한 두려움이 더욱 커져 갔다. 이듬해 공산주의 북한이 남한을 침공하자, 트루먼은 이 상황이 1930년대식 공세와 다를 바 없다고 보았다. 다만 이번에는 선동자가 독일이 아니라 소련이었을 뿐이다. 트루먼은 "만일 러시아 전체주의 국가가 히틀러와 무솔리니가 걸었던 독재의 길을 그대로 따르려 한다면 한국에서 막아야 한다"고 말했다. 한국에 파병된 미군은 곧 북한에서 중공군과 싸우게 되었고, 미군 사령관 더글러스 맥아더는 전쟁을 중국으로 끌고 들어갈 것(핵무기를 사용하며)을 주장하기도 했다. 한국전쟁은 교착 상태에 빠졌고 1953년 휴전이 성립되었다. 하지만 미국은 몇 년 지나지 않아 또 다른 아시아 국가 남베트남을 공산당의 손에서 지키기 위해 다시 군대를 보내야 했다.

냉전에는 핵무기 경쟁과 '공포의 균형'이라는 또 다른 국면도 있었다. 소련은 1949년 원자폭탄을 개발하여 미국의 핵무기 독점에 제동을 걸었다. 이후 양측은 경쟁적으로 군비를 증강하여 1990년대에는 각각 핵무기 약 2만 5,000종씩을 보유하게 되었고, 그중에는 '전략무기'(대륙 간 탄도무기)도 각각 약 1만 1,000종씩 포함되어 있었다. 전략무기는 미국이나 소련 영토, 또는 잠수함에 배치되어 있었지만 중거리와 단거리 무기들은 다수가 유럽 땅에, 철의 장막을 사이에 두고 양쪽에 배치되어 있었다. 영국과 프랑스도 국제정치 무대에서 그저 관망자로 전락할 것이 두려워 자체적으로 핵무기를 개발했다. 만약 냉전이 가열되었다면, 그래서 핵전쟁이 일어났다면 유럽은 심하게 파괴되었을 것이다.

국제연합 역시 냉전의 피해자가 되었다. 루스벨트의 구상에서 시작되어 탄생한 국제연합은 애초 신뢰를 잃은 국제연맹을 대체하여 더 나은 활동을 펼치고자 하였다. 주요 강대국들을 참여시키지 못했던 국제연맹의 전철을 밟지 않기 위해 국제연합은 전쟁에서 승리한 5대 동맹국(미국, 소련, 중국, 프랑스, 영국)에게 안전보장이사회 상임이사국 자리를 영구히 보장해 주었다. 상임이사국에게는 거부권이 있어서 어떤 안건에 대해 5개국 중 1개국이라도 거부권을 행사하면 그 안건은 부결되었다. 그런데 냉전이 시작되면서 미국과 소련은 국제 사안 단 한 건에 대해서도 함께 동의하는 일이 거의 없었기 때문에, 국제분쟁을 해결하고자 하는 국제연합의 활동은 미국과 소련의 거부권 행사에 지속적으로 발목을 잡혔다.

탈식민지화

유럽이 제2차 세계대전에서 회복해 나가던, 그리고 냉전에 의해 둘로 갈라지고 있던 시기에 식민지들 또한 유럽 국가들로부터 떨어져 나가고 있었다. 8장에서 살펴봤듯이 유럽 제국들 대부분은 19세기에 형성되어 유럽 경제의 핵심요소가 되었다. 제2차 세계대전을 겪는 동안에도 몇몇 예외를 제외하고는 유럽 제국들 대부분이 이전 모습을 유지했다. 독일은 제1차 세계대전 패배로 이미 식민지를 잃었고 이탈리아(와 일본)는 제2차 세계대전 패배로 식민지를 잃었지만, 1945년에도 세계 인구와 땅덩어리의 많은 부분은 여전히 영국, 프랑스, 네덜란드, 벨기에, 포르투갈 등의 지배하에 있었다. 광대한 영국제국의 크기는 영국 본토 크기의 125배에 달했다. 벨기에제국은 벨기에 본토의 78배, 네덜란드제국은 네덜란드 본토의 55배, 프랑스제국은 프랑스 본토의 19배 크기였다. 그런데 사실상 이 제국들 전부가 그 후 약 30년 안에 사라지게 된다.

전쟁이 끝난 뒤 많은 요인들이 유럽의 제국주의가 지속되는 것을 어렵게 만들었다. 우선 미국과 새로운 국제기구인 국제연합 모두 옛날 식의 식민주의를 반대했다. 1941년 루스벨트와 처칠은 전쟁 목표와 전후 계획을 정리해 발표한 '대서양헌장'에서 "모든 민족이 자신의 정부 형태를 선택할 권리"를 인정하고 "자치와 주권을 강제로 박탈당했던 이들에게는 자치와 주권을 복원할 것"을 천명했다. 이는 대체로 나치 독일과 제국주의 일본에 점령당한 지역을 겨냥한 것이었지만, 한편으로는 영국과 그 동맹국들의 식민지들에 대한 약속 또한 담고 있었다.

그런데 유럽 국가들은 설사 식민지를 유지하고 싶다 해도 정말이지 그럴 처지가 아니었다. 유럽 국가들 모두 전쟁으로 심각한 타격을 입고 국력이 소진된 상태였다. 많은 나라가 전쟁이 끝나고 몇 년이 지난 뒤에도 여전히 국민들에게 식량을 배급하고 있는 실정이었다. 더 이상 멀리 떨어져 있는 나라를 통치할 수 있는 재정적 혹은 군사적 여력이 없었다. 게다가 유럽에서 교육받은 새로운 유형의 식민지 지식인들이 민족주의와 민주주의 사상을 습득해 독립을 강하게 요구하고 나섰다. 유럽 제국들이 해체되고 그 자리에 수십 개 신생 독립국이 등장하면서 세계 정치에 대변혁이 일어나고 유럽에도 변화의 초석이 놓였다.

세계 역사상 가장 큰 제국인 영국에게는 여러 식민지 중 인도의 독립운동이 가장 큰 의미를 지니고 있었다. 인구 4억의 인도는 영국제국이 지닌 '왕관 속의 보석'이었다. 인도는 비폭력저항운동의 선구자 마하트마 간디와 자와할랄 네루의 지도 아래 1947년 마침내 영국으로부터 독립을 쟁취했다. 영국에 대한 투쟁은 대체로 평화적으로 전개되었지만, 독립에 대한 대가는 끔찍했다. 힌두교인들과 이슬람교인들 사이에 폭력사태가 난무했고, 세계 역사상 최대의 인구이동이 벌어졌으며, 결국 영국 지배하의 인도에서 힌두교 국가(인도)와 이슬람교 국가(파키스탄, 나중에는 방글라데시도 독립)가 분리되어 탄생하였다. 간디는 힌두교인들과 이슬람교인들을 한 국가 안에 통합시키려 노력하다가 1948년 간디의 노력에 반발한 한 힌두교 극단주의자의 손에 암살되었다. 인도는 세계 최대의 (그리고 최빈의) 민주주의 국가가 되었지만, 독립한 이래 인도 아대륙은 지금까지도 종교 공동체 간, 그리고 인도와 파키스탄 간 갈등과 폭력에 신음하고 있다. 인도와 파키스탄 양국 모두 지금 핵무기를 보유하고 있다.

영국은 인도 독립을 논의하던 시기에 지중해 동부 지역에서도 손을 떼려 하고 있었다. 그 지역에서 가장 불안한 곳은 오스만제국의 일부였다가 제1차 세계대전 후 국제연맹이 영국에게 위임통치를 맡긴 팔레스타인이었다. 팔레스타인에는 대부분 아랍인들이 거주하고 있었는데, 양차 대전 사이에 유대인 이주민들이 꾸준히 밀려들어 왔다. 그들은 이른바 '약속의 땅'에 유대인 국가를 건국하고자 하는 희망을 품고 대개 유럽에서 온 이주민들이었다. 그리고 제2차 세계대전 기간에는 홀로코스트를 피해서, 종전 후에는 홀로코스트에서 살아남은 수십만 명의 유대인들이 팔레스타인으로 도망쳐 왔다. 1947년 국제연합은 팔레스타인 땅을 갈라 유대인 국가와 아랍 국가를 분리해 건국한다는 계획을 내놓았지만 아랍인들이 이를 거부했고, 1948년 영국이 그 지역에서 공식적으로 철수하자 유대인 지도자들은 일방적으로 이스라엘 건국을 선언했다. 그러자 이웃 아랍 국가들이 즉각 이스라엘에 전쟁을 선포했다. 이 전쟁을 시작으로 이 지역에서는 이후 30년간 일련의 분쟁이 이어졌다. 팔레스타인에 거주하던 100만 명 이상의 아랍인들은 이스라엘에서 도망쳐 나오거나 추방되어, 이웃 요르단을 비롯한 여러 아랍 국가로 가서 난민이 되었다. 아랍 국가들 대부분은 아직도 이스라엘을 공식적인 국가로 인정하지 않으며, 이 지역은 지금까지도 다루기 힘든 긴장, 폭력, 분쟁의 근원으로 남아 있다.

프랑스의 주요 식민지는 동남아시아와 북아프리카에 있었다. 동남아시아 식민지인 프랑스령 인도차이나의 베트남에서는 제2차 세계대전 기간에 민족독립운동이 일어났다. 지도자는 호치민이라는 공산주의자였다. 독립운동은 처음에는 대체로 프랑스군에 게릴라 공격이 가해지는 지역분쟁의 양상을 띠었지만, 냉전이 전개되면서 양 진영에 각각 미국과 소련의 지원을 받은 재래식 군대가 서로 대치하는 국제분쟁으로 확대되었다. 프랑스는 분쟁지역에 50만 병력을 투입했지만 1954년 디엔비엔푸 전투에서 참패를 당했다. 파리 정부는 더 이상의 손실을 막기 위해 인도차이나를 단념하고 철군하기로 결정했다. 그해 말 제네바협정이 체결되어 베트남을 일시적으로 공산주의 북베트남과 비공산주의 남베트남으로 분리하고 2년 안에 베트남 자유총선거를 실시하기로 하였다. 하지만 냉전이 최고조에 이른 상황에서 베트남의 분리는 고착되었고, 미국이 프랑스를 대신해 개입하며 베트남 전쟁이 발발했다. 전쟁은 이후 20년간 이어졌고 결국 1975년 공산주의 북베트남이 승리를 거두었다.

디엔비엔푸에서 심한 타격을 입고 물러난 지 겨우 몇 달도 안 돼 프랑스는 훨씬 더 중요한 식민지인 알제리에서 또 다른 민족주의 봉기에 직면했다. 프랑스에게 알제리는 베트남과는 전혀 다른 의미를 지닌 식민지였다. 알제리는 프랑스에서 바로 지중해 건너에 있었고,

프랑스 국민 100만 명 이상이 그곳에 살고 있었던 것이다(또 주변의 모로코와 튀니지에도 50만 명이 살고 있었다). 유명한 "알제리가 곧 프랑스"라는 구호에 잘 드러나 있듯이 알제리는 프랑스의 일부로 간주되었다. 게다가 프랑스는 얼마 전 베트남을 잃었기에 더더욱 알제리를 포기하고 싶지 않았다. 분쟁은 10년간 계속되어 알제리와 프랑스 양쪽 모두를 혼란 속에 몰아넣었다. 프랑스에서는 군사쿠데타가 일어났다가 실패했고, 위기를 타개하기 위해 제2차 세계대전의 영웅 샤를 드골이 정계에 복귀해 대통령직에 올랐으며, 1958년 드골이 새 헌법을 공포하며 제4공화국은 역사의 뒤안길로 사라졌다. 알제리는 1962년 독립을 이루었다.

드골은 프랑스의 가장 중요한 식민지인 알제리의 상실을 막기 위해 대통령에 선출되었고, 영국의 윈스턴 처칠은 자신이 "영국제국의 청산을 주재하기 위해" 수상이 된 것은 아니라고 불평했다. 하지만 그들의 지도 아래 양국은 가장 중요한 식민지인 알제리와 인도를 잃었고, 곧 남아 있던 다른 식민지들도 사실상 전부 상실했다. 네덜란드는 1949년 인도네시아의 독립을 허용했다. 아프리카의 유럽 식민지들도 1957년 가나가 영국으로부터 독립한 것을 시작으로 차례차례 자유를 얻기 시작했다. 19세기 마지막 몇 십 년간 아프리카 쟁탈전을 벌이며 너무나 빠른 속도로 막을 열었던 제국주의 시대는 제2차 세계대전 이후 몇 십 년간 거의 비슷한 속도로 막을 내렸다.

유럽 식민지들의 독립과 자결은 계몽주의와 프랑스혁명에 뿌리를 두고 있는 유럽의 자유주의와 민주주의가 발전한 결과이자 그 유산이었다. 다시 말해 그 많은 신생 독립국(1980년대 들어 국제연합 회원국의 절반 이상을 차지하게 된다) 역시 근대 유럽을 형성했던 이상의 소산이었던 것이다. 그런데 그렇게 유럽에서 식민지로 향했던 영향력의 흐름은 다시 식민지에서 유럽으로 되돌아간다. 탈식민지화가 다른 지역뿐 아니라 유럽에도 커다란 영향을 미쳤기 때문이다.

제2차 세계대전이 끝난 뒤 유럽인들은 자국 경제 성장을 식민지 교역보다 더 중요한 것으로 보게 되었다. 동시에 식민지들이 독립하면서 제국주의 강대국들도 다른 유럽 국가들과 같은 위치에 놓이게 되어, 국가 간 협력이 더 수월해지고 '공동시장'으로(그리고 결국에는 유럽연합으로) 통합이 용이하게 되었다. 그런 한편 유럽 국가 모두가 이전 식민지 국가들과 긴밀한 관계를 유지하면서 유럽으로의 이민이 대거 발생했다. 그리하여 조화와 통합이라는 힘과 이민과 다양성이라는 힘, 이 두 가지 대조적인 힘이 이후 21세기 유럽에서 가장 큰 도전이 된다. 이에 대해서는 이 책의 마지막 장에서 논할 것이다.

신생 독립국들은 자본주의-민주주의 체제인 제1세계에도 속하지 않고 공산주의 체제인 제2세계에도 속하지 않아 제3세계라 불리게 되었다. 미국과 소련이 냉전 경쟁 속에 서로 영향력을 확대하고 상대의 영향력을 제한하려 하면서 제3세계는 실상 양국의 각축장이 되었다. 제3세계 지도자들 다수는 두 강대국의 싸움에 말려들기를 거부하고 '비동맹운동'을 창설했다. 비동맹운동은 이후 국제연합 회원국 중 거의 3분의 2가 참여할 정도로 성장했다.

전후 서유럽

1949년 베를린이 갈라지고 독일이 갈라지고 유럽이 갈라졌다. 동과 서, 공산주의 진영과 비공산주의 진영으로 나뉘었다. 유럽 대륙의 양 진영은 모두 전후 복구라는 엄청난 문제에 맞닥뜨렸다. 인명이든 물질이든 전쟁의 피해는 실로 막심한 것이어서 사실상 모든 나라가 경제 붕괴와 정치 불안에 시달렸다. 여기에 영토 변화와 그로 인한 역사상 최대 규모(당시로서는)의 인구 이동이라는 문제까지 더해졌다. 최대의 인구 이동은 폴란드 국경을 전체적으로 서쪽으로 160km 이동시키는 과정에서 일어났다. 폴란드가 동쪽에서 제1차 세계대전 직후 소련에게서 취했던 땅을 비워 주는 대신, 그 보상으로 서쪽의 독일 땅을 차지하게 된 것이다. 독일인 약 900만 명이 새롭게 폴란드의 서부 영토가 된 땅에서 쫓겨나 독일로 갔고, 폴란드인 약 200~300만 명이 동쪽 땅(새롭게 소비에트 우크라이나 공화국의 영토가 된)을 떠나 서쪽으로 이동했다. 폴란드 이주민 다수는 서부 지역에서 독일인들이 남겨 놓은 집과 농장으로 들어갔다. 또 다른 독일인 수백만 명도 체코슬로바키아의 수데텐란트 지역에서 도망쳐 나와 독일의 서구 점령구역 혹은 소련 점령구역으로 이주했다. 새로 들어선 독일 정부들은 이 모든 난민과 함께 나치 집단수용소 생존자들을 포함한 또 다른 수백만 명의 갈 곳 없는 이들에 대해서까지 대책을 마련해야 했다.

당면한 전후의 경제적, 사회적 혼란 속에서도 서유럽의 회복 속도는 굉장했다. 스페인과 포르투갈만이 1970년대까지 독재 치하에 있었을 뿐, 서구 거의 모든 나라에서 민주주의 정치가 신속하게 재개됐다. 1945년 영국 총선에서는 민주사회주의와 현대적 복지국가 건설을 내세운 노동당이 승리를 거두었다. 프랑스는 헌법을 새로 채택해 제4공화국이 시작됐고, 첫 선거에서 사회당과 공산당이 다수 의석을 차지했다. 이탈리아는 군주제를 폐지하고 새 헌법을 채택해 의회공화국이 되었다. 이탈리아에서도 공산당은 선거 때마다 두 번째로 많은 의석을 차지하는 등 선전했다. 하지만 연립정부를 구성할 때에는 언제나 배제되었다. 여러 나라에서 공산당과 사회당이 강력하게 부상하자 동유럽의 상황을 보며 마음을 졸이는 이들도 있었다. 하지만 영국, 프랑스, 이탈리아를 비롯한 여러 나라에서 공산당과 사회당은 민주주의 정치 체제 속의 한 부분일 뿐, 그들이 민주주의 제도 자체를 위협하는 일은 결코 없었다.

서유럽에서는 경제 회복 역시 빠르고 한결같이 진행되었다. 1947년에는 대부분의 국가들이 전쟁 전 산업생산 수준에 도달했고, 미국의 마셜 플랜 자금은 경제 회복을 더욱 자극했다. 이후 25년에 걸쳐 서유럽에는 가히 '경제의 기적'이라 할 만한 전례 없는, 그리고 끊임없는 경제 성장이 이루어져 생활수준은 계속해서 향상됐고 많은 이가 더더욱 번영을 누렸다. 이러한 성장가도에서 독일은 핵심역할을 하며 1958년에는 서유럽의 일등산업국으로 올라섰다. 경제 정책들은 영국 경제학자 존 메이너드 케인스1883~1946의 경제 이론을 바탕으로 실시되었다. 1936년 『고용, 이자, 화폐의 일반이론』이라는 중요한 책을 펴낸 케인스는 자본주의 경제 체제에서는, 특히 경제가 어려운 시기에는, 경제라는 "펌프에 마중물을 붓기 위해" 정부 계획과 정부 지출이 필요할 때가 있다고 주장했다. 1950년대와 60년대 유럽 정부들은 투자, 생산, 고용을 촉진하고 인플레이션을 조절하기 위해 재정 및 통화 정책을 활용했다. 이러한 경제 정책들과 유럽 내 민주사회주의 정당들의 적극적인 활동은 강력한 복지국가 발전에 기여했다. 거의 완전에 가까운 고용, 사회보장, 무상 혹은 보조금이 제공되는 의료와 교육, 진보적인 세금제도를 통한 부의 재분배 등 1970년대 서유럽 국가들은 어떤 면에서 보면 마르크스주의 없이 카를 마르크스의 목표를 성취했다고 볼 수 있다. 남녀평등 역시 페미니즘이라는 새로운 조류에 의해 촉발되어 서유럽 전체에 걸쳐 확산되어 나갔고, 이후 유럽연합은 이런 흐름을 더욱 공고히 했다.

탈식민지화와 냉전으로 인해 유럽 국가들은 국가안보 및 무역 분야에서 서로에 대한, 그리고 미국에 대한 의존도가 더욱 높아졌다. 앞에서 언급했듯이 1949년 미국, 캐나다, 영국, 그리고 대부분의 서유럽 국가들이 나토(북대서양조약기구) 동맹을 체결해 미국은 유럽의 나토 회원국들을 방어해 줄 의무를 갖게 되었으며 유럽을 '핵우산' 아래 보호해 주었다. 미국은 독일에 30만 병력을 주둔시키는 것을 포함해 유럽 몇몇 국가에 미군 부대를 영구히 주둔시키기로 함으로써 유럽 국가들에게, 그리고 소련에게 그 의지를 보여 주었다. 주둔군은 일종의 '인계철선'으로, 만약 소련이 서유럽에 공격을 개시할 경우 미국은 더 큰 대응(어쩌면 핵을 이용한)을 통해 맞받아치게 된다.

종전 후 유럽은 또한 경제통합과 공동체 건설이라는 중대한 프로젝트에도 착수했다. 그 첫걸음을 뗀 사람은 프랑스 외무장관 로베르 슈만이었다. 슈만은 1950년 철강 산업을 공동으로(특히 프랑스와 독일이) 소식화하는 국제기구 설립을 제안했다. 슈만의 가장 큰 의도는 앞선 75년간 서로 세 번의 전쟁을 치른 프랑스와 독일 양국이 화해를 이루는 것이었다. 또한 슈만이 보기에 이것은 "유럽연방으로 가는 첫걸음"이기도 했다. 그리하여 1951년 **유럽석탄철강공동체**ECSC가 탄생해 무역과 협력을 촉진하는 데 성공을 거두었다. 그러자 그 원칙이 경제 전반을 대상으로 확대되어 1957년 **유럽경제공동체**EEC가 설립되었고, 이후 이것이 발전하여 **유럽연합**에 이르게 되었다. 이 기구들에 참여한 회원국은 처음 6개국이던 것이 세월이 흐르며 27개국이 되었고, 이전 공산주의 국가들 중 일부도 합류하게 되었다(이에 대해서는 14장에서 더 상세히 논할 것이다).

전후 동유럽

제2차 세계대전 기간 중 그리고 종전 후, 유럽 11개국 약 1억 명의 인구가 공산주의 지배하에 들어갔다. 소련은 전쟁 기간 라트비아, 리투아니아, 에스토니아를 차지해 소련에 편입시켰다. 유고슬라비아와 알바니아(양국 다 소련과 국경이 닿아 있지 않다)는 공산주의를 받아들이긴 했지만 어느 정도 모스크바 정부와 거리를 두고 자국의 독자 노선을 추구했다. 폴란드, 동독, 체코슬로바키아, 헝가리, 불가리아, 루마니아 등은 정치지도자들이 모스크바 정부에 보조를 맞추고 소련식 정치, 경제 제도들을 그대로 받아들이면서 점차 '인민 민주주의' 체제로 전환되었다. 1948~1952년 사이 일련의 숙청이 진행되어 모스크바 정부가 보기에 지나치게 민족주의적 성향을 지닌 것으로 여겨진 동유럽 공산당 지도자들은 여지없이 제거되었다.

각국의 공산주의 정권이 펼친 정책에는 자애로운 측면과 억압적인 측면이 함께 있었다. 처음에 새 정부들은 대지주 소유 토지들을 대부분 몰수한 다음 일반 소작농들과 자영농들에게 재분배해 상당한 호감을 얻었다. 또한 주택, 의료, 교육 등에 대한 보조금 지급과 고용 보장 등 사회주의 사회정책들을 실시해 역시 인기를 끌었다. 그러나 한편으로 소련의 규제 장치들을 도입해 비밀경찰의 권력이 점점 커졌고 독립된 기관, 언론, 해외여행에 규제가 가해졌으며 검열이 실시되었다. 폴란드를 제외한 전 지역에서 교회들 대부분이 파괴되거나 폐쇄되었다.

경제적으로 동유럽 각국은 급속한 산업화와 **농업 집단화**라는 두 가지 정책(소련에서 1928년 시작된 스탈린의 제1차 5개년 계획의 핵심인)을 동시에 추구했다. 얼마 전에 정부가 제공하는 토지를 손에 쥐었던 자영농들 다수가 집단화에 저항했지만, 20년 전 소련에서와 같은 끔찍한 사태는 벌어지지 않았다. 경제정책의 중심은 소련과 마찬가지로 중공업(금속공업이나 공작기계 제작과 같은)에 있었으며 그만큼 경공업과 소비재공업은 희생되었다. 정부 부처들은 투자, 생산량, 유통, 고정가격, 임금 등을 직접 계획했다. 사실상 농업, 공업, 서비스업의 모든 노동자가 국가에 고용된 셈이었다.

소련은 **사회주의 국제화** 정책이라는 공동의 외교정책을 통해, 그리고 여러 국제기구를 이용해 동유럽 국가들을 하나로 묶고 순응시킴으로써 동유럽 지역에 대한 영향력을 강화했다. 모스크바 정부는 어느 정도는 미국의 마셜 플랜에 대응한다는 의미에서 **경제상호원조회의**CMEA를 주관해 유럽 공산주의 국가들 간 무역을 공동으로 조직화하고 그들끼리 경제적으로 더욱 밀접한 관계를 맺게 했다. 1955년 서독이 NATO에 가입하자 소련은 **바르샤바조약기구**라는 동유럽 군사동맹을 만들어 대응했다. 미국이 NATO 회원국에 군대를 주둔시키고 핵무기를 배치해 놓았듯이, 소련도 바르샤바조약기구 회원국(특히 동독)에 군대를 주둔시키고 핵무기를 배치했다. 이와 같은 기구들이 창설되면서 동유럽 국가들은 점점 더 다른 유럽 국가들로부터 단절되었다. 철의 장막이 유럽을 갈라놓고 있다는 처칠의 말은 1946년 연설 당시보다 1955년 현실에 더욱더 맞아떨어졌다.

전쟁이 끝나고 1960년대를 지나면서 동유럽 국가들 모두가 높은 수준의 경제 성장과 급속한 사회 변화를 겪었다. 알바니아를 제외한 모든 나라가 농경 중심의 촌락사회에서 산업화된 도시사회로 바뀌었다. 동유럽 지역의 GNP 성장률은 1950년대 연평균 7퍼센트 이상, 1960년대 5퍼센트 이상으로 서유럽의 성장률보다 훨씬 높았다. 동유럽 국가 국민들은 대부분 건강과 생활수준이 크게 향상되었으며 문맹에서도 벗어났다.

이러한 성과에도 불구하고 동유럽에는 적지 않은 동요가 있었다. 동유럽 국가들은 모스크바 정부에 짓눌려 주권에 제약을 받았고, 국민들은 언론, 출판, 집회, 종교, 여행의 자유가 제한되었다. 거의 초창기부터 공산주의 혹은 소련에 대항하여 시위, 폭동, 파업 등이 일어났지만, 이는 곧 군과 경찰에 의해 진압되었다. 때로는 모스크바 정부가 진압을 지원하기도 했다. 1985년 미하일 고르바초프가 소련의 지도자가 되고 나서야 모스크바 정부는 동유럽을 통제하던 고삐를 풀기 시작했다. 통제의 고삐가 풀리자 시스템 전체가 흐트러지기 시작했다. 그것이 13장의 이야기이다.

결론: 냉전에서 페레스트로이카까지

제2차 세계대전의 결과 유럽이 둘로 나뉘었고, 미국과 소련의 영향력이 대두되었으며, 대립되는 이데올로기를 가진 이 두 초강대국이 세계 정치를 점점 더 지배하게 되었다. 제2차 세계대전 당시에는 양국이 긴밀한 동맹을 맺고 독일군을 무릎 꿇게 만들었기 때문에 어떤 면에서는 기묘한 급변이었다. 하지만 양국 간 불신과 의혹의 역사는 공산주의 국가 수립 당시까지 거슬러 올라가며, 윈스턴 처칠 같은 냉철한 현실주의자들은 종전 후 양국 간 갈등이 다시 표면화되리라는 것을 정확히 내다보고 있었다. 미국은 레닌과 스탈린의 의도에 대해, 그리고 공산주의를 전 세계에 확대시키겠다는 공산주의자들의 목표에 대해 언제나 의혹의 눈길을 거두지 않고 있었다. 미국은 러시아혁명 후 16년 동안 새로운 공산주의 정부를 인정하길 거부했고, 제2차 세계대전이 진행되고 있던 중 해리 트루먼(나중의 대통령으로 당시에는 상원의원) 같은 미국 지도자들은 독일과 소련이 긴 싸움을 벌여 서로를 파멸시키는 게 이상적인 시나리오라는 뜻을 밝히기도 했다. 이러한 미국의 정서를 눈치 챈 스탈린과 소련 지도부는 미국이 1942년과 1943년을 지나 1944년 6월이 될 때까지 유럽에서 독일에 대한 제2전선을 개시하지 않고 시간을 길게 끌고 있는 것을 보며 미국의 적대감이 확고하다는 것을 깨달았다.

유럽과 독일의 분단은 새롭게 떠오른 전후 갈등의 결과였으며, 그 분단을 상징하는 처칠의 비유 '철의 장막'은 1961년 베를린장벽이 세워지면서 눈에 보이는 현실이 되었다. 유럽 전역에서 철조망과 경계초소, 지뢰밭 등이 유럽을 동과 서로 갈라놓았다. 동유럽 국가 국민들은 당국의 특별허가를 얻어야 서유럽을 여행할 수 있었고, 서유럽 국가 국민들도 동유럽 국가 정부로부터 비자를 발급받아야 동유럽으로 여행이나 유학을 갈 수 있었다.

철의 장막을 사이에 둔 양 진영은 모두 제2차 세계대전의 참화를 극복하고 경제를 재건했으며, 현대화되고 경제적으로 번영을 구가했다. 동독과 체코슬로바키아 같이 동유럽에서 부유한 편에 속한 일부 국가들은 그리스나 포르투갈처럼 서유럽에서 가난한 편에 속한 국가들보다 생활수준이 더 높았다. 하지만 1970년대 들어 동유럽 경제는 침체되기 시작했다. 경직된 중앙통제 시스템에 짓눌리고 서유럽과 교역을 제대로 할 수 없다는 것이 큰 원인이었다. 동유럽 국가 국민들은 자유가 없고 소비재를 제대로 구할 수 없으며 소련에 예속되어 있는 현실을 점점 더 못 견뎌 하기 시작했다.

1980년대 들어 소련의 고르바초프 정권은 '페레스트로이카'라는 일련의 개혁을 시작하면서 동유럽 국가 공산당 지도자들에게도 개혁을 권고했다. 위로부터의 허가로 시작된 개혁은 혁명의 수문을 열어젖혔고, 몇 년도 채 되지 않아 처음에는 동유럽에서 그다음에는 소련에서 공산주의 정권들이 붕괴되었다. 냉전은 종식됐고, 유럽이 다시 하나가 되는 길이 열렸다.

13

1989년, 공산주의 몰락과 냉전 종식

혁명의 상징 1789년처럼, 1989년도 혁명의 상징이 되었다. 바스티유 함락이 프랑스혁명을 한마디로 설명하는 것과 마찬가지로, 베를린 장벽의 붕괴도 유럽에서 철의 장막이 무너지고 공산주의가 몰락했다는 의미로 직결된다. 사실 1989년 혁명은 200년 전 혁명보다 훨씬 더 놀라운 것인 동시에 훨씬 더 대대적으로 이루어진 것이었다. 단 6개월이라는 시간 안에 동유럽 모든 국가에서 공산주의 정부들이 권력을 잃었고, 그로부터 몇 년 지나지 않아 소련에서도 공산주의가 무너졌다. 40년 분열 후에 독일은 통일되었고 동유럽은 서쪽을 향해 나아가기 시작했다. 냉전은 끝났다.

제2차 세계대전 이래 **소련 블록**이 보여준 철저함과 견고함을 감안한다면, 그러한 변화가 빠른 시간 안에 대규모로 일어났다는 것은 더욱 대단한 일이었다. 이전에도 동유럽에서는 저항과 반대의 움직임이 여러 차례 있었지만, 그 도전과 변화가 조금이라도 결실을 보려 하면 모스크바 정부는 이를 짓밟고 분쇄했다. 그러나 1970년대 초 이후에는 경제가 침체되고 '시민사회'가 성장하면서 동유럽 공산주의 정부들이 점차 정통성을 잃어 가고 있었다. 1985년 미하일 고르바초프가 소련공산당 서기장이 되어 공산주의 국가들의 '개혁'을 촉구했을 때, 그는 알고 그랬든 모르고 그랬든 변화를 열망하는 잠재된 힘을 풀어놓은 것이었다. 개혁은 혁명이 되어 휘몰아쳤고, 소련이 붕괴되자 고르바초프 본인도 권좌에서 내려왔다.

소련이 해체되어 15개 독립국이 새로 등장하면서, 나폴레옹 전쟁과 두 번의 세계대전이 끝났을 때와 마찬가지로 유럽의 지도가 다시 그려졌다. 동유럽 국가들과 이전 소비에트 연방 소속 국가들 대부분이 민주주의 정부와 자본주의 경제 체제를 다시 세웠다. 이 국가들 다수는 러시아의 영향력에서 벗어나 서유럽으로 진출하고자 했다. 그래서 이들 거의 전부가 북대서양조약기구나 유럽연합 가입을 신청했다. 유럽의 분열도 끝이 났다.

1989년 이전: 소련의 헤게모니 장악과 브레즈네프 독트린

12장에서 살펴보았듯이 제2차 세계대전이 끝난 후 소련은 동유럽 공산주의 국가들과 함께 결속력이 강하고 통제가 엄격한 동맹을 구축했다. 서구인들에게 소련 위성국, 혹은 소련 블록이라 불린 이 동유럽 국가들(동독, 폴란드, 체코슬로바키아, 헝가리, 불가리아, 루마니아)은 근본적으로 모두 공산당을 단일 지배정당으로 두고 있었고, 경제는 국가가 직접 계획하고 관리했다. 이들의 해외무역은 주로 이들끼리 그리고 소련과 이루어졌고 이들 모두가 모스크바 정부가 장악하고 있는 군사동맹, 바르샤바조약기구에 참여했다. 소련과 국경을 직접 접하지 않은 알바니아와 유고슬라비아는 역시 공산주의 체제하에 있었지만 모스크바 정부에 종속되지는 않았고 바르샤바조약기구에도 참여하지 않았다.

이오시프 스탈린이 소련을 통치하던 시기에는 동유럽 국가들이 불만이나 반대의사를 표하거나 차별화를 꾀할 여지가 거의 없었다. 모든 정부가 소련을 모델로 삼아 똑같은 길을 걸어갔다. 1953년 스탈린이 사망하자 소련 내에서도 동유럽에서도 통제가 어느 정도 완화되어 일부 국가들은 제한된 자치나마 펼칠 수 있게 되었다. 예를 들어 폴란드에서는 시골 독립 자영농의 사유지 경작, 로마가톨릭교회와 신학교 다수의 운영이 허용되었다. 루마니아도 내부적 통제는 강하게 유지했지만 비교적 독립적인 외교 노선을 추구할 수 있었다. 다만 바르샤바조약기구를 탈퇴하지는 않았다.

그러나 동유럽 국가들이 소련의 노선에서 벗어날 수 있는 한계는 엄격하게 존재하여, 공산주의 체제나 소련 블록의 연대가 흔들린다고 간주될 경우 모스크바 정부는 이를 바로잡기 위해 위협을 가하거나 물리력을 동원하곤 했다. 스탈린 사후 소련의 새 지도자 니키타 흐루쇼프는 소련의 '탈스탈린화' 운동을 벌여 정치범 다수를 석방하고 비밀경찰의 힘을 제한했으며 검열을 완화했다. 이러한 변화들이 동유럽에서는 개혁에 대한 허가로 비쳐졌다. 1956년 폴란드에서는 노동자들의 파업과 시위로 정권이 교체되어 더 민족주의적 성향을 지닌 공산당 지도자가 취임했다. 하지만 그는 모스크바 정부에 공산주의 체제를 버리지는 않겠다고 약속했다. 같은 해 헝가리에서는 젊은이들이 부다페스트 도심에 서 있던 스탈린 동상을 쓰러뜨렸고, 개혁을 추구하는 정권이 헝가리의 중립을 선언하고 바르샤바조약기구에서 탈퇴하려고 했다. 그러나 이것은 크렘린(모스크바 정부)이 허가할 수 있는 정도를 넘어선 것이어서 모스크바 정부는 군사적 개입을 통해 이 반란을 진압했다. 그리하여 헝가리인 수천 명이 목숨을 잃었고 수십만 명이 외국으로 망명했다.

동유럽에서의 모스크바 헤게모니는 1968년 체코슬로바키아에서 다시 심각한 도전을 받았다. 체코슬로바키아의 개혁파 공산당 지도자 알렉산드르 둡체크는 "인간의 얼굴을 한 사회주의"를 건설하겠다고 공언했다. 공산당의 개혁안은 공산당으로의 권력 집중을 비난하고 출판, 집회, 여행의 자유를 내세웠다. 소련의 레오니트 브레즈네프 정권은 체코슬로바키아에 개혁을 멈추라고 경고한 뒤, 경고가 무시되자 체코슬로바키아를 '정상화'한다는 명분하에 바르샤바조약기구 동맹군 75만 병력을 동원해 체코슬로바키아를 침공했다. 그리하여 **프라하의 봄**은 소련군 탱크 앞에 일찍 저물어 버렸다. 브레즈네프 정권은 어떤 한 공산주의 국가에서 사회주의가 위기에 처한다면 이는 곧 모든 사회주의 국가에 대한 위협으로 간주되어 사회주의 공동체 전체가 집단 대응에 나설 것이라며 침공을 정당화했다. 이 논리가 서구에서 **브레즈네프 독트린**이라 이름 붙여진 것으로, 이것은 근본적으로 소련이 공산당의 통제력을 유지하기 위해서는 소련 블록 내의 어느 나라에도 개입할 수 있다는 것을 의미했다.

브레즈네프 독트린은 이후 10년간 동유럽에 암운을 드리웠지만,

그래도 폴란드에서 주기적으로 터져 나오는 파업과 불만을 잠재우지는 못했다. 사실 폴란드인들에게는 봉기의 전통, 특히 주로 러시아에 대한 봉기의 전통이 있었다. 그 전통은 18세기 이웃의 세 강대국 러시아, 프러시아, 오스트리아가 폴란드를 집어삼켰던 폴란드 분할의 시대에까지 그 연원이 거슬러 올라가는 것으로 공산당 집권이 확립된 후에도 끊이지 않고 1956년, 1968년, 1970년, 1976년에 시위와 파업, 폭동 등으로 이어졌다.

그리고 1980년 여름 폴란드 노동자들이 식료품 가격 상승에 항의해 파업을 벌이면서 공산주의 체제는 가장 강력한 도전에 직면했다. 해안도시 그단스크(이전 독일 도시 단치히)에 있는 '레닌조선소'에서 조선소 전기기사 레흐 바웬사가 이끄는 파업위원회는 200여개의 직장을 대표하여 파업을 조직화했다. 정부는 노동자들의 21개조 요구사항을 들어주지 않을 수 없었다. 공산당으로부터 독립된 순수한 노동자들의 노조를 설립하는 것을 허용하라는 것도 요구사항 중 하나였다. 이렇게 탄생한 노조에 노동자들은 '연대'라는 이름을 붙였다.

그 후 16개월 동안 약 1,200만 명(전체 노동자 수 1,600만 명 중에서)이 **연대**에 가입했다. 마침 2년 전에 폴란드인 최초로 교황 자리에 오른 요한 바오로 2세가 '연대'에 도덕적 지지를 표한 데 힘입어 '연대'의 위치는 더욱 강화되었다. 전국적으로 전폭적이다시피 한 지지를 얻으면서 '연대'는 점차 공산당의 권위에까지 도전하게 되었다. 이를 염려한 모스크바 정부는 폴란드 국경에서 몇 번에 걸쳐 군사훈련을 벌이며 위협을 가했다. 크렘린의 압박에 못 이긴 폴란드 정부는 마침내 1981년 12월 계엄령을 선포하고 바웬사를 비롯한 '연대' 지도부를 체포했다. '연대'는 활동이 금지되었다.

이로써 브레즈네프 독트린이 다시 한 번 확인된 것으로 보였다. 하지만 폴란드에서는 1956년 헝가리나 1968년 체코슬로바키아에서와 상황이 달랐다. 우선 대대적인 폴란드 민족 저항을 불러일으킬 것이 두려웠던 모스크바 정부가 소련군을 직접 투입하지 않았다. 그리고 계엄령으로 '연대'가 해산되었다고 해서 사태가 종결된 것도 아니었다. '연대'는 불법 지하단체로 재조직되어 파업과 시위를 주도하고 소식지를 발간하는 등 그 활동을 이어갔다. 하지만 가장 중요한 것은 '연대'가 남긴 유산이었다. '연대'의 고문으로 활동했던 아담 미츠니크는 그동안 '연대'의 존재가 있었기에 사람들이 계엄령 이후에는 더 이상 "인간의 얼굴을 한 사회주의"를 믿을 수 없다는 것을 깨닫게 됐다고 말했다. 남은 것은 "이가 몽땅 부러져 나간 공산주의"의 얼굴뿐이었다.

1980년대 들어 '연대'의 경우와 같은 대중 봉기가 동유럽 정권들을 흔들어 놓았다. 하지만 그 싹은 이미 그보다 10여 년 전부터 싹트고 있었다. 1970년대 경제가 침체되며 정권의 힘이 약화되기 시작하자, 반체제 단체들이 더 적극적인 활동을 펼치며 모습을 드러내고 인기를

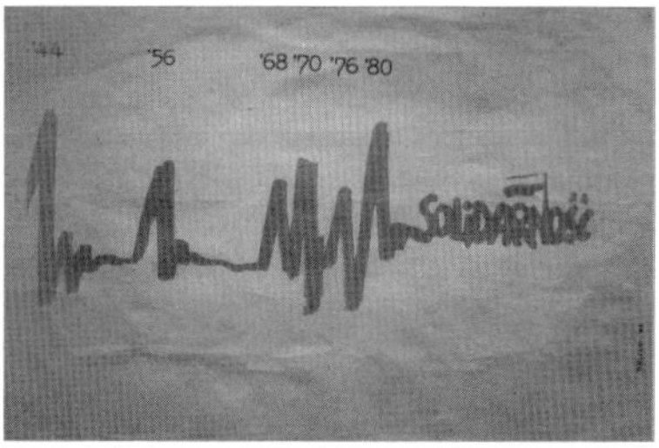

• '연대'의 탄생과 역사를 심박도 곡선처럼 나타낸 포스터. 독특한 마크는 군중이 폴란드 국기를 들고 행진하는 모습처럼 보인다.

얻어 갔다. 반체제 단체들의 활동은 1975년 소련과 동유럽 국가들이 **헬싱키협약**에 조인하면서 더 탄력을 받기도 했다. 유럽 35개국에 미국과 캐나다가 참여해 긴 협의 끝에 탄생시킨 헬싱키협약은 한 절 전체가 "인권에 대한 존중과 생각, 양심, 종교, 믿음의 자유를 포함한 기본적 자유에 대한 존중"을 규정하고 있었다.

소련과 동유럽 국가 반체제 지식인들은 자국 정부가 헬싱키협약에 서명하자 인권감시단체를 조직해 헬싱키협약에 보장된 인권에 대한 자국 정부의 침해 행위를 일반에 알리기 시작했다. 이들의 활동은 대체로 불법 지하출판물(소련에서는 이를 '사미즈다트'라고 불렀다)을 통해 이루어졌지만, 출판물 중에는 발행인 혹은 서명인들의 이름과 주소가 보란 듯이 적혀 있는 것도 있었다. 예를 들어 체코슬로바키아에서는 한 지식인 단체가 **인권헌장 77**이라는 제목의 문서를 공공연하게 유포해, 사람들에게 체코슬로바키아 법과 헬싱키협약에 보장된 인권을 위해 마음껏 자기 의사를 표현할 것을 촉구했다. 인권헌장 77의 대변인인 극작가 바츨라프 하벨은 12년 후에 혁명 지도자 중 한 사람이 되었고, 그 혁명은 체코슬로바키아의 공산주의 정권을 무너뜨렸다.

고르바초프와 페레스트로이카

이러한 대중 봉기와 반체제 운동도 소련의 지도부 교체가 없었다면 아마 아무런 결실도 맺지 못했을 것이다. 1982년, 소련공산당 서기장으로 18년간 재임한 레오니트 브레즈네프가 76세의 나이로 세상을 떠났다. 다음 두 명의 집권자도 모두 나이가 많아 몇 년 만에 세상을 떴고, 1985년 미하일 고르바초프가 공산당 서기장 자리에 올랐다. 소련 지도부 내에서 가장 젊었던 고르바초프는 서기장으로서는 처음으로 러시아혁명 이후에 태어난 세대이자 스탈린 사후에 정치에 입문한 세대였다. 고르바초프는 또한 학식도 있었고(법학 전공) 논리정연했으며 카리스마가 넘쳤다. 그는 서기장에 취임한 직후 일련의 정치, 경제 개혁을 추진하기 시작했고, 개혁은 점점 더 급진적이 되어갔다.

개혁안의 핵심은 고르바초프가 '페레스트로이카'라 이름 붙인 것, 즉 '경제 혁신'이었다. 소련 경제는 1950년대와 1960년대에 급속히 성장한 이후, 침체기를 맞이하여 10년간 연평균 성장률이 고작 2퍼센트에 그치고 있었다. 국가 통제와 중앙 계획이라는 경직된 시스템은 복잡한 글로벌 경제에서 더 이상 제대로 작동하지 않았다. 내부적 문제가 쌓여 가는 가운데 1980년대 들어 소련의 주력 수출 품목인 석유마저 가격이 급락했다. 게다가 값비싼 비용을 치르며 오랜 기간 계속되고 있는 미국과의 냉전 군비경쟁은 경제를 점점 더 고갈시키고 있었다. 이러한 경제적 문제들로 인해 소련 국민들의 생활수준은 악화되었다. 관영신문조차 소련의 1인당 재화용역소비량이 세계 50위권이라는 사실을 인정했다. 고르바초프는 소련 정권(그리고 다른 공산주의 정권들도)의 정통성과 안정이 점점 더 경제적 성과와 소비자 만족도에 의존하고 있으며 경제가 더 효율적으로 움직이기 위해서는 국민들의 헌신과 노력, 지지가 필요하다는 것을 깨달았다. 고르바초프는 이렇게 말했다. "자신이 주인이라고 느끼는 자만이 집을 청소한다."

당시 페레스트로이카란 사회주의를 포기하는 일은 결코 없이 경제 시스템에 여러 가지 자유주의적인 변화를 가하는 것이었다. 중앙계획은 축소되었고 공장 단위에서 더 많은 의사결정이 이루어졌다. 소규모 사기업들과 협력업체들은 정부 계획에 구애받지 않고 독자적인 운영을 하는 것이 허용되었다. 농업 분야에서도 어느 정도 제한된 자유시장이 허용되었다.

고르바초프는 소련의 시스템에 활력을 주기 위해 페레스트로이카에 **글라스노스트**를 결합시켰다. 글라스노스트란 '개방'을 뜻하는 것으로, 소련 사회를 지나간 문제들과 당면한 문제들에 대한 비판 앞에 활짝 열어 놓겠다는 의미였다. 검열이 완화되었고, 이전에는 금기시되었던 사항들, 즉 실업, 마약, 매춘, 범죄, 도심 황폐화, 홈리스 등에 대한 이야기가 언론에 보도되기 시작했다. 글라스노스트와 함께 정치 시스템을 민주화하는 작업도 진행되었다. 선거에서 여러 입후보자가 등록해 경쟁하는 제도(당은 여전히 일당이었지만)가 도입되었고, 독립된 단체와 협회 설립이 허용되었다. 공산당과 러시아정교회의 관계가 개선되었고, 공산당의 지배적이던 역할이 축소되었다. 이러한 변화들로 소련에 당장 서구식 민주주의가 탄생한 건 아니었지만, 적어도 그 방향으로 나아갈 수 있는 발판은 마련되었다.

고르바초프의 개혁 중 최종 요소이자 핵심적인 요소는 외교정책에서의 '신사고'였다. 이와 관련해서도 변화의 근거가 된 것은 역시 경제였다. 모스크바 정부가 더 효율적이고 더 소비재 지향적인 경제를 발전시키고자 한다면, 무역을 확대하고 기술을 도입하며 군사 지출을 줄이고 다른 국가들에 대한 원조도 삭감할 필요가 있었던 것이다. 이 모든 것들을 이루자면 국제 정세를 더 안정화시켜야 했다. 특히 미국과의 관계를 개선해야 했다. 그래서 고르바초프는 몇 년간 과감한 군축협상안을 여러 개 내놓았고 소련의 국방비 지출을 삭감했으며 동유럽 주둔 부대 일부를 철수시키고 아프가니스탄(소련은 1979년 이래 이곳에서 이슬람 무장단체 무자헤딘과 싸우고 있었다)에서도 철군을 시작했다.

다른 지역에 대한 소련의 정책이 바뀌면서 동유럽에 대한 크렘린의 태도 역시 바뀌었다. 이전까지 동유럽은 모스크바 정부에 경제적, 전략적, 이념적으로 가장 중요한 지역이었다. 하지만 고르바초프는 동유럽 국가들의 경제를 더 효율적으로 그리고 소련에 덜 의존하도록 만들고 싶었고, 동유럽 국가들을 차례로 순방하며 각국이 자체적인 페레스트로이카를 실시하도록 촉구했다. 고르바초프는 또한 "모든 민족은 각자 발전해 나갈 길과 방식을 선택할 권리가 있다"는 것을 강조하며 브레즈네프 독트린에서 슬쩍 발을 뺐다. 그리하여 동유럽에서 개혁파들의 영향력이 강화되었고 변화에 대한 요구가 점점 더 거세어졌다. 동유럽에서 개혁이 일어나도 모스크바 정부는 더 이상 막을 것 같지 않았다.

1989년 혁명

모스크바 정부의 신사고 정책을 처음 시험해 본 나라는 이번에도 역시 폴란드였다. 1981년 계엄령으로 '연대'가 탄압을 받고 해산된 이후, 폴란드는 정치적으로는 교착 상태에 빠지고 경제적으로는 침체를 겪으면서 혼란에서 헤어나지 못하고 있었다. 폴란드 정부는 1983년 계엄령을 해제하고 레흐 바웬사를 석방했지만, 바웬사는 공식적으로는 '사망'한 것과 다름없는 신분이었다. 1988년에 물가가 급등하며 노동자들의 파업과 시위가 촉발되었다. 파업에 나선 이들의 요구는 처음에는 주로 경제적인 사항에 한정되어 있었지만 곧 '연대'의 합법화를 주장하는 등 정치적 변화를 요구하는 쪽으로 확대되었다. 폴란드 정부는 바웬사에게 손을 내밀어 파업을 중단시켜 달라고 요청했고, 그리하여 정부, 가톨릭교회, '연대' 대표들이 모여 일련의 협상을 진행시켰다.

협상은 1989년 4월에 타결되었고, '연대'의 복권과 총선 실시 등 혁신적인 안들에 대한 합의가 도출되었다. 총선에서는 기존의 공산당 의석에 대해 '연대'가 후보자를 내기로 했다. 협정을 체결하는 자리에서 바웬사는 "이 순간이 민주주의와 자유 폴란드의 시작"이라고 선포했다. 선거는 협상 타결 뒤 겨우 2개월 후인 6월 초로 일정이 잡혔다. '연대'가 이끄는 야당은 그 짧은 시간 안에 지하조직에서 합법적인 선거 참여단체로 변모해야 하는 엄청나게 불리한 상황에 처했다. 그렇지만 6월 선거에서 야당은 선거 대상이 된 의석을 거의 전부다 차지하는 놀라운 승리를 이끌어 냈다.

예상치 못한 결과가 벌어지면서 공산당은 의회에서 다수 의석을 확보하지 못했다. 8월에 연립정부가 들어섰고 변호사이자 편집인이며 '연대' 지지자인 타데우시 마조비에츠키가 총리로 지명되었다. 동유럽에 비공산주의 정부가 들어선 것은 1948년 이래 처음 있는 일이었다. 이는 브레즈네프 독트린에 정면으로 도전하는 사건이었지만, 크렘린은 이 사태를 조용히 관망할 뿐이었으며 심지어 승인한다는 기색까지 내비쳤다. 그해 여름 크렘린 대변인은 농담조로 모스크바 정부의 새 원칙은 '시나트라 독트린'이라고 말했다. 이는 프랭크 시나트라의 노래 〈마이 웨이〉처럼 소련 위성국들이 앞으로는 각자의 길을 가는 것이 허용된다는 것을 의미했다. 이듬해에는 레흐 바웬사가 폴란드 대통령으로 선출되었다. 브레즈네프 독트린은 사실상 폐기되었다.

협상과 선거를 통해 이루어진 폴란드의 개혁은 소련 블록 내 나머지 국가들의 개혁에 기폭제가 되었다. 헝가리에서는 정부와 야당이 폴란드식으로 협상을 벌이며 국가의 미래에 대해 논의했다. 몇 달 후

• 베를린장벽의 두 모습. 왼쪽 사진은 철조망, 덫, 감시탑 등이 있던 1984년의 모습. 오른쪽 사진은 장벽이 개방된 후 브란덴부르크문 앞에 군중이 모여들어 환호하는 1989년 11월 9일의 모습.

양측은 헌법 개정, 다당제, 1990년 자유총선거 실시 등에 합의했다. 1989년 가을 헝가리 공산당은 해체되었고, 국명은 '헝가리인민공화국'에서 '인민' 두 글자가 빠져 '헝가리공화국'이 되었다. 헝가리는 오스트리아와 접한 국경에서 철조망 절단식을 거행하며 서구와의 국경을 개방했다. 이후 헝가리는 서유럽으로 가는 통로가 되었고, 수천 명의 동유럽인이 헝가리를 통해 서유럽으로 빠져나갔다. 특히 베를린장벽 이외의 통로를 갖게 된 동독인들은 헝가리를 통해 수만 명이 서유럽으로 탈출했다.

동독에서는 에리히 호네커가 이끄는 강경 노선의 공산당 지도부가 소련식 개혁에 저항을 보이고 있었다. 그런데 1989년 10월, 두 가지 상황 때문에 국민과 정부 간 갈등이 최고조에 이르렀다. 한 가지는 헝가리와 다른 나라들을 통한 동독인들의 탈출 행렬이 이어지면서 탈출자 수가 그때 거의 20만 명에 달했다는 것이었고, 또 하나는 고르바초프가 베를린에 왔다는 것이었다. 호네커 정권은 처음에는 일부 동독인들에게 다른 나라를 통해 서독을 여행하는 것을 허용했었지만 이후 이를 다시 단속했다. 단속이 가해지자 동베를린, 드레스덴, 라이프치히 등 여러 도시에서 집회가 열리고 시위가 벌어졌다. 이때 고르바초프가 동독 수립 40주년 기념식 참석차 동베를린을 방문했다. 고르바초프가 가는 곳마다 시민들은 "고르비! 고르비!"를 연호하며 환호를 보냈고 경찰은 여러 곳에서 시위와 집회를 해산시켜야 했다.

고르바초프가 떠난 뒤 시위는 규모가 더 커지고 더 정치적 성향을 띠게 되었다. 시위 참가자 수는 라이프치히 30만 명, 동베를린 50만 명에 달했다. 시위대의 요구는 자유로운 이민 허용, 호네커 퇴진, 야당 합법화 등이었다. 11월 초 며칠 사이에 내각이 총사퇴하고 공산당 지도부도 물러났다. 정부의 힘이 약화되고 여행 규제가 완화되자 또다시 주민들이 나라 밖으로 썰물처럼 빠져나갔다. 결국 1989년 11월 9일 정부는 여행 규제를 완전히 폐지했고, 베를린장벽이 개방되었다. 젊은이들은 장벽으로 몰려가 곡괭이로 장벽을 찍고 샴페인을 터뜨리며 축하를 나눴다.

그날을 기점으로 동독은 무너지기 시작했다. 이어진 몇 달 간, 공산당은 헝가리와 폴란드에서처럼 개혁과 민주화를 위해 노력했다. 의회는 투표를 통해 공산당의 권력 독점을 끝내기로 결의했고, 1990년 봄에 자유총선거를 실시하겠다고 약속했다. 하지만 그때에는 이미 동서 양쪽으로부터 통일에 대한 요구가 빗발치듯 밀려들고 있었다. 베를린장벽이 무너진 지 1년도 채 안 된 1990년 10월 3일, 동독은 통일 독일 속으로 흡수되어 사라졌다.

1989년 10월과 11월 동독에서 발생한 정치적 혼란은 이웃 나라 체코슬로바키아로 번졌다. 수도 프라하에 정치 변화를 요구하는 대규모 시위가 벌어지자, 바츨라프 하벨과 인권헌장 77 회원들은 다른 반체제 단체들과 함께 '시민포럼'을 창설해 시위를 조직화하고 공산당 지도부의 퇴진을 요구했다. 11월 24일, 35만 명의 시민이 프라하의 벤체슬라우스 광장에 모여 알렉산드르 둡체크(1968년의 영웅)와 바츨라프 하벨의 이름을 연호하자, 공산당 지도부는 전원 사퇴했다. 새

• 1989년 11월
프라하의 벨벳혁명.

지도부는 연립내각 구성과 자유총선거, 서유럽 여행 규제 완화 등에 합의했다. 공산당은 마찰 없이 물러났고, 체코슬로바키아인들은 자신들이 이뤄낸 **벨벳혁명**을 칭송했다. 하벨은 아주 조금 과장을 섞어서, 혁명이 폴란드에서는 10년이 걸렸고 헝가리에서는 10개월이 걸렸으며 동독에서는 10주가 걸렸지만 체코슬로바키아에서는 고작 10일밖에 걸리지 않았다고 말했다. 1989년 12월, 바츨라프 하벨은 체코슬로바키아 대통령이 되었다.

1989년 6월부터 12월까지, 겨우 6개월 사이에 폴란드, 헝가리, 동독, 체코슬로바키아, 불가리아, 루마니아에서 공산주의 정권들이 몰락했다. 그중 루마니아에서만 유혈사태가 발생했다. 겨우 10일 사이에 1,000명 이상이 봉기 중 목숨을 잃었고, 결국 공산주의 독재자 니콜라에 차우셰스쿠와 그 아내가 크리스마스에 처형되며 혁명은 종결되었다. 이 하나의 예외를 제외하고 다른 모든 동유럽 국가에서는 혁명이 평화적으로 일어났다는 것, 그것은 대단한 일이었다.

이렇게 많은 나라가 이토록 짧은 시간에 혁명을 겪은 예는 역사에 없었다. 헝가리처럼 개혁파 당이 혁명을 주도한 경우도 있었고, 동독과 체코슬로바키아처럼 민중의 힘이 혁명을 이끈 경우도 있었다. 폴란드와 불가리아에서는 그 두 가지 요소가 함께 작용했다. 그런데 그 변화가 숨 막힐 정도로 수월하고 신속했다는 것은 어느 경우나 다 마찬가지였다. 확고히 뿌리내려 쉽게 공격받지 않으리라 여겨졌던 공산주의 정권들은 하나둘 속절없이 무너져 내리며 "역사의 쓰레기통"(마르크스가 자본주의 국가들의 운명을 얘기할 때 썼던 용어) 속으로 사라졌다. 이후 2년도 채 지나지 않아 소련에서도 공산주의가 붕괴되었다.

바츨라프 하벨과 프랭크 자파, 그리고 벨벳혁명

소련과 동유럽에서는 19세기 차르 시대 러시아에서처럼 야당이나 반체제 세력의 활동이 금지되었기 때문에 대신 작가, 화가, 지식인 등의 활동이 정치적으로 중요한 역할을 했다. 동유럽 반체제 지식인 중 가장 두드러진 활약을 보인 인물은 극작가 바츨라프 하벨이었다. 하벨은 20대 시절 프라하의 ABC극장에서 무대 일을 하며 틈틈이 희곡을 쓰기 시작했다. 가장 개방된 시기였던 1968년 프라하의 봄 당시, 하벨은 미국을 여행하며 1960년대 반문화, 특히 록음악을 접하고 그 정서에 깊이 공감했다. 그해 여름 체코의 개혁이 소련의 개입으로 무산된 이후 새로 들어선 프라하의 강경 정부는 하벨이 쓴 작품의 공연을 금지했고, 하벨은 여러 번 체포되고 두 번 감옥에 갔다.

1977년 체코 정부는 자국의 유명 록밴드 '플라스틱 피플 오브 더 유니버스' 단원들을 체포해 재판에 회부했다. 이 밴드의 이름은 미국 록가수 프랭크 자파가 부른 노래의 가사에서 따온 것이다. 이 재판에 항의하는 뜻으로 체코슬로바키아의 많은 예술가와 지식인이 예술과 정치의 자유를 요구하는 성명서를 발표했다. 그리고 이를 '인권헌장 77'이라 불렀다. 뚜렷한 모양새는 갖추지 못했지만 성명서를 발표한 이들을 중심으로 일종의 지식인 저항단체가 만들어졌고, 하벨은 그 대변인이 되었다. 하벨은 1969년 「힘 없는 이들의 힘」이라는 중요한 글을 발표해 독재와 저항에 대한 견해를 피력했다. 이후 책으로 출간된 이 글에서 하벨은 전체주의 정치 체제는 거짓말 위에 세워지며 국민들이 그 체제를 가만히 놔두는 것은 곧 그 거짓말을 묵인하고 그 거짓말 속에서 살아가는 것과 다름없다면서, 전체주의를 극복하는 유일한 도덕적 해결책이자 전체주의에서 빠져나올 수 있는 유일한 방법은 개개인이 그 거짓말을 용납하지 않고 "진실 속에서 살아가는 것"이라고 주장했다.

하벨의 글은 체코슬로바키아를 비롯한 여러 동유럽 국가에서 불법으로 출간되어 큰 반향을 일으켰고 본질적으로 1989년 혁명의 청사진이 되었다. 체코슬로바키아에서 벨벳혁명으로 공산주의가 몰락한 뒤 바츨라프 하벨은 체코슬로바키아 대통령이 되었다(이후 체코공화국 대통령이 되어 2003년까지 재임했다). 하벨은 대통령 자리에 오른 뒤 프랭크 자파를 체코슬로바키아로 초청해 자파의 음악이 혁명에 큰 영향을 끼쳤다고 이야기했다. 그리고 자파를 서구에 거주하면서 체코의 무역과 문화, 관광산업을 위해 일하는 특별대사로 임명하고자 했다. 하지만 미국 국무장관 제임스 베이커가 그 제안을 거부했다.

소련과 유고슬라비아의 해체

1989년 동유럽 국가들이 민주주의와 주권을 찾는 데에는 민족주의와 자유주의의 역할이 컸다. 다민족 국가인 소련과 유고슬라비아가 해체될 때에도 마찬가지였다. 고르바초프가 일으킨 변화는 동유럽을 강타하고 부메랑이 되어 소련으로 돌아왔다. 소련은 15개 '공화국'으로 구성된 연방으로, 공화국마다 민족이 달랐고 그중 다수는 1917년 이전에는 러시아제국에, 이후에는 소련에 강제로 병합된 민족들이었다. 고르바초프 시대 들어 중앙정부의 통제력이 약화되자 민족들마다 민족주의의 열기가 뜨거워졌다. 그러다 1989년 동유럽 국가들이 공산주의를 버리고 소련 블록에서 떨어져 나가자 소비에트 연방 내 여러 공화국도 기회를 포착했다. 그리고 1990~1991년 두 해에 걸쳐 15개 공화국은 저마다 독립을 선포했다. 다만 모스크바 정부가 그 독립 선포들을 인정하지 않았을 뿐이었다.

1991년 봄과 여름, 고르바초프는 러시아공화국의 보리스 옐친을 비롯한 여러 공화국 지도자들과 함께 논의를 진행하며, 각 공화국에 더 많은 자치를 부여함으로써 연방을 더 분권화해 유지하는 방안에 대해 타협을 이끌어 내고자 했다. 8월에 타협안이 조인될 예정이었지만 그 직전, 공산당과 군, 보안기관 등을 대표하는 강경 단체가 고르바초프를 몰아내고 정권을 탈취하려 했다. 이에 러시아공화국 대통령 보리스 옐친은 반쿠데타 운동을 이끌어 쿠데타를 좌절시켰다. 하지만 쿠데타의 여파로 소련의 분열은 가속화되었다. 그해 말, 옐친과 우크라이나공화국 대통령, 벨라루스공화국 대통령은 공식적으로 소련을 해체하는 조약에 서명했다. 고르바초프는 사임했고, 소련은 72년 역사에 종지부를 찍었다.

유고슬라비아도 소련과 같은 다민족 연방국가로, 유고슬라비아 공산주의자동맹의 일당 통치가 연방을 하나로 묶고 있었다. 인구는 겨우 2,400만 명으로, 연방 내 어느 민족도 압도적인 수적 우위를 점하지 않는 특이한 다민족 국가였다. 세르비아인의 수가 가장 많았지만 그 역시 전체 인구의 3분의 1에 불과했다. 동유럽과 소련에서 공산주의가 붕괴되자 유고슬라비아 역시 허물어지기 시작했다. 1990년 연방 내 각 공화국에서 실시된 선거를 통해 비사회주의 및 독립성향 정부들이 슬로베니아, 크로아티아, 보스니아-헤르체고비나, 마케도니아 공화국에 들어섰다. 하지만 슬로보단 밀로셰비치가 대통령으로 있는 세르비아 정부는 세르비아의 지배적인 영향력을 유지하면서 연방 통합을 고수하고자 했다.

처음에는 슬로베니아와 크로아티아가 독립을 선언하며 세르비아와 충돌이 빚어졌지만, 가장 큰 문제는 보스니아에서 발생했다. 보스니아는 이슬람계가 인구의 약 43퍼센트를(이 지역을 지배했던 오스만제국의 영향으로), 세르비아인이 약 3분의 1을 차지하고 있었다. 보스니아 정부가 독립을 선포하자, 세르비아 정부와 유고 연방군의 지원을 받은 세르비아인 게릴라들이 보스니아 영토에서 세르비아인 국가를 건설했다. 그리하여 내전이 발발해 25만 명이 목숨을 잃는 잔인하고 끔찍한 사태가 벌어졌다. 제2차 세계대전 이래 유럽에서 일어난 최악의 폭력사태였다. 결국 나토군이 세르비아인 진영에 2주간 폭격을 퍼부은 후, 전쟁 당사국 대표들이 미국 오하이오 주 데이턴에서 협상 테이블에 앉게 되었다. 1995년 데이턴 협정이 조인되어 보스니아는 단일 국가를 유지하되 그 안에서 이슬람-크로아티아 연방과 세르비아인 공화국의 동등한 두 독립체로 나뉘기로 하였다. 2만 명가량의 미군이 포함된, 거의 6만 명의 나토 평화유지군은 평화 유지와 협정 이행 상태를 감시 감독했다.

이와 같은 민족주의와 인종 갈등의 문제는 공산주의라는 중앙 권력이 붕괴된 후 여러 지역에서 나타났다. 체코슬로바키아는 벨벳혁명이 일어난 지 3년 후에 체코공화국과 슬로바키아로 평화적으로 분리되었다. 러시아도 소련이 해체되었다고 해서 민족 문제가 사라진 것이 아니었다. 역시 그 자체로 여러 민족의 연합이던 러시아에서는 이슬람 지역 체첸에서 분리주의자들의 폭동이 일어났다. 그리고 유고슬라비아에서는 또 다른 문제가 발생했다. 코소보 지역에서 세르비아계와 알바니아계 이슬람교도들 사이에 충돌이 일어나 또다시 나토군(주로 미군)이 개입했다. 유고슬라비아는 결국 완전히 해체되었다. 예전의 소련 해체 때와 마찬가지로 연방을 구성했던 공화국들이 제각기 독립해 6개의 소국으로 나뉘었다. 민족주의는 동유럽이 소련 블록에서 떨어져 나올 때에는 긍정적인 역할을 했지만, 한편으로는 민족 간 갈등과 증오를 부추기는 부정적인 면을 표출하기도 했던 것이다.

이 모든 변화로 인해 동유럽 국경은 완전히 다시 그려졌다. 새로운 국가들이 등장하면서 제1차 세계대전 후보다도 더 큰 변화가 일어났다. 소련은 사라지고 소련을 구성했던 15개 공화국 모두가 주권을 가진 독립국가가 되었다. 유고슬라비아에서는 크로아티아, 슬로베니아, 보스니아, 세르비아 등 6개 국가가 새로 탄생했다. 독일은 통일되면서 유럽에서 인구가 가장 많고 경제적으로도 가장 부강한 나라가 되었다. 동유럽에서 새로 독립한 나라들을 비롯해 새로운 국가들 모두에게는 정체성 문제와 유럽 다른 국가들과의 관계 문제를 풀어 나가는 것이 쉬운 일은 아니었다.

공산주의에서 시장 민주주의로의 이행

공산주의에서 탈피한 동유럽과 소련에서 독립한 새 정부들은 복잡하고 벅찬 과제를 안게 됐다. 민주주의 정치를 새로 탄생시켜야 했고, 시장경제를 건설해야 했으며, 외교정책을 서구 지향적으로 재조정해야 했다. 이러한 변화들을 이루기 위해서는 각국의 사회, 경제 시스템이 근본적으로 변해야 했고 나아가 국민들 다수의 의식까지 바뀌어야 했다. 비교적 빠르고 고통 없이 진행되었던 정치혁명에 비해 이 변화들은 많은 면에서 더 고통스럽고 힘든 과정이었다.

그래도 동유럽 국가들 대부분은 민주주의에도 자본주의에도 놀라울 정도로 빠른 진전을 이루어 내었다. 대부분이 몇 년 안에 몇 번의 자유선거를 거쳐 새 헌법을 채택하고 대의입법기관, 복수 정당이 경쟁하는 정당정치, 법치, 언론의 자유 등을 탄생시켰다. 일부 국가에

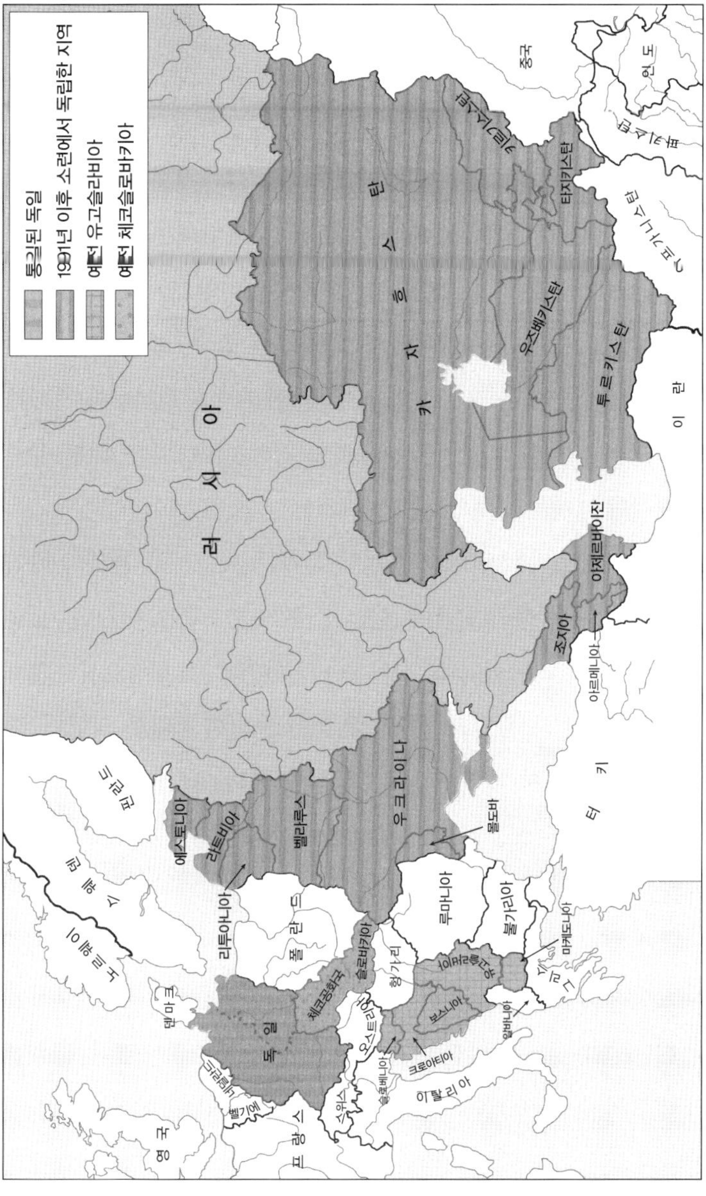

• 공산주의 몰락 이후 유럽과 중앙아시아

서는 자유선거를 통해 예전 공산당 대표가 다시 권력을 잡게 되는 일도 있었다!

경제 영역에서는 일이 그렇게 순탄하고 수월하게 풀리지만은 않았다. 중앙계획과 완전고용의 옛 시스템을 해체하자 거의 모든 이의 삶이 혼란에 빠졌다. 사유재산, 기업가 정신, 투자에 바탕을 둔 시장경제를 건설하는 것 역시 그런 경험이나 전통이 없고 자본도 없는 나라에서는 시간이 걸리는 일이었다. 가격규제 철폐, 통화 합리화, 소비자와 생산자에 대한 정부 보조금 폐지, 현대적 은행제도와 주식시장 구축, 국영기업과 국영농지 사유화를 위한 대규모 프로그램 실시 등 경제개혁 과제는 넘쳐났다.

동유럽 국가들과 소련에서 독립한 국가들 모두가 자본주의 이행 초기 몇 년간에는 생산량 급락, 실업 급증, 고도 인플레이션 등 심각한 경제 불황에 시달렸다. 러시아는 다른 나라들보다 더 심각해서 1930년대 미국이나 독일의 대공황에 비견될 만한 불황을 겪었다. 하지만 1994년쯤 되자 대부분의 국가들이 회복되기 시작해 민간 부문이 주도권을 잡아 가고 있었고, 소비재와 서비스 상품을 구하기가 더 용이해졌다. 다들 점차 전형적인 서구 소비사회를 닮아 가고 있었다.

하지만 자본주의가 자리를 잡아 가면서 그에 부수되는 문제들도 생겨나기 시작했다. 공산주의 시절에는 거의 제로에 가까웠던 실업률이 1990년대 말에는 많은 나라에서 두 자리 수에 육박했다. 동유럽 지역 빈민의 수는 1989~1996년 사이 10배나 늘었다. 실업과 빈민이 늘어나자 건강지표도 악화되었다. 특히 소련에서 독립한 국가들의 사망률과 질병률은 전쟁 기간을 제외하고는 역사상 유례없는 수치를 보여 주었다. 또한 불평등도 크게 증가했다. 점점 커져 가는 빈부 격차에 많은 시민이 분개했다. 벼락부자 다수가 이전 압제자, 즉 옛 공산당 간부였기 때문이다. 1990년대 많은 동유럽 국가에서 국민 다수가 민주주의 시대보다 공산주의 시대가 더 살기 좋았다는 의견을 여론조사에서 표명했다.

그렇지만 동유럽 지역 대부분의 사람들은 공산주의 시대에 겪어야 했던 규제와 궁핍에서 자유로워진 것을 기뻐했으며, '정상적인 삶'으로 돌아온 것과 유럽에 다시 합류할 기회를 얻은 것을 환영했다. 동유럽 국가들 대부분이 무역의 초점을 동유럽에서 서유럽으로 옮겼으며, 동유럽 지역의 많은 이가 새로운 기회를 이용해 서유럽에서 여행을 하거나 일을 했다. 바르샤바조약기구가 해체되면서 가입국들 대부분이 원래 공산주의에 맞서기 위해 설립된 조직인 북대서양조약기구로 몰려갔다. 2009년 나토 회원국 28개국 중 12개국이 이전에 공산주의 국가였다. 이전 공산주의 국가들은 유럽연합EU 가입에는 더더욱 적극적인 자세를 보였다. 상징적인 이유 때문이기도 했고 경제적인 이유 때문이기도 했다. 그중 8개국이 2004년 가맹국 확대 당시 유럽연합에 가입했고, 2007년에 2개국이 더 합류했다(이에 대해서는 다음 장에서 더 상세히 논할 것이다).

1989년 혁명 이후 20년간, 이전 공산주의 국가들 거의 모두가 민주주의 정치와 자본주의 경제로 난 길을 성공적으로 찾아 갔다. 어떤 이들은 굉장히 부유해지고 어떤 이들은 매우 가난해지면서 과거 '동유럽'의 모습은 철저하게 이질적으로 변모했지만, 한편 그런 면에서 '서유럽'과 크게 다르지 않게 되었다. 예를 들어 슬로베니아와 체코 공화국은 생활수준에서 서유럽 진영 최빈국인 포르투갈을 넘어섰다. 이전 공산주의 국가들 중 몇몇은 유럽연합에 먼저 가입했던 몇몇 나라보다 신용등급도 높고 부패지수도 낮다. 한편 국경이 개방되면서 동유럽에서 서유럽으로 이민의 물결이 쏟아져 나왔는데, 이는 경제 성장을 촉진하기도 했지만 한 세대 전 탈식민지화로 야기되었던 이민 문제를 더 악화시키기도 했다.

결론: 1989년의 여파

1789년, 1848년, 1917년 혁명들과 마찬가지로, 1989~1991년 사이 일어난 일련의 혁명들에는 장기적 원인과 단기적 원인이 함께 있었다. 장기적 원인은 소련과 동유럽이 경제 불황을 겪고 있었다는 것, 대중의 불만과 정치적 반대 그리고 민족주의가 커지고 있었다는 것, 공산주의 정권들의 정통성이 사라져 가고 있었다는 것 등이다. 하지만 고르바초프가 등장해 글라스노스트와 페레스트로이카 정책을 펴지 않았다면, 공산주의 정부들이 지니고 있는 억압 장치들을 고려해 봤을 때 공산주의 체제는 그 힘든 상황에서도 절뚝거리면서 계속 나아갔을지도 모른다. 페레스트로이카는 변화와 개혁을 고무시켰고, 글라스노스트는 여론이라는 요정을 불러냈다. 군중이 거리로 나오기 시작하자 무력으로 군중을 막지 않는 이상 정치를 변화시킬 수밖에 없게 되었다. 다행스럽게도 고르바초프는 무력을 사용하려 하지 않았다. 그는 1990년 노벨평화상을 수상했다.

혁명의 큰 규모와 빠른 속도는 전례 없는 것이었다. 겨우 2년 사이에 9개의 권위주의 정부가 몰락했고 그 2배수의 신생 국가가 그 잔해에서 탄생했다. 소련과 유고슬라비아라는 다민족 국가들이 해체되고 독일이 통일을 이룬 것은 어떤 면에서는 민족국가를 탄생시키고자 했던 제1차 세계대전의 후속 조치가 완료되는 것이기도 했다. 당시 우드로 윌슨이 14개조 평화원칙을 통해 강력하게 추구했던 그 목표가 달성된 것이다. 하지만 그 당시에도 민족주의에는 양날이 존재한다는 사실이 드러났듯이, 1990년대에도 역시 보스니아, 크로아티아, 코소보, 체첸 등지에서 민족주의가 품고 있는 편협하고 폭력적인 면모가 남김없이 드러났다.

그러나 반공산주의 혁명들은 대체로 평화적으로 이루어졌다. 그 점은 1989년 혁명들이 보여 준 또 하나의 대단한 측면이었다. 과거 혁명들의 경우에는 실패한 혁명들조차 어느 정도는 폭력적이었던 것이다. 그러나 동유럽 국가들은 무력에 호소하지 않고 민중의 힘에 의지하여 정부를 무너뜨렸다. 대중의 반감이 공적으로 표출되니 견고한 권위주의 정부들조차 그 앞에서는 더 이상 견딜 수 없는 것 같았다. 이러한 정권 교체 형태는 다른 민족들과 국가들에게 하나의 표본이 되었다. 특히 남아프리카공화국은 1989년 자체적인 페레스트로이카를 실시하여 다수의 지지를 받은 흑인 정권을 탄생시켰다.

1989년 혁명은 단순히 정부를 전복시킨 데서 끝난 게 아니었다. 공산주의라는 하나의 이념이 안녕을 고했다. 러시아에게는 공산주의가 1917년 내부에서 생겨난 것이었지만, 동유럽 국가들에게는 제2차 세계대전 이후 외부에서 덧씌워진 것이었다. 공산주의는 동유럽에서는 결코 제대로 된 성과를 거두지 못했다. 스탈린은 한때 "폴란드 공산주의는 마치 소에게 안장을 씌워 놓은 것 같다"고 평한 적도 있었다. 많은 동유럽 국가가 처음에는 공산주의 정부를 반겼지만, 시간이 지나면서 그 지지는 시들해졌다. 1980년대 들면 사회주의를 선호하는 이들은 많아도 소련식 공산주의를 지지하는 이들은 거의 찾아보기 힘들었다. 공산주의 정부들의 몰락과 함께 공산주의 이념은 자취를 감추었다.

유럽에서 공산주의가 몰락하면서 냉전 역시 종식되었다. 베를린에서 시작된 냉전은 베를린에서 끝났다. 자본주의와 공산주의 간 갈등은 1917년 러시아혁명 이래 유럽과 세계정세를 움직이고 제2차 세계대전 이래 국제정치를 좌우해 온 중요한 요인이었다. 국제정치에서 이념적 요소는 적어도 일시적으로는 사라졌다. 미국 국무부 관리 프랜시스 후쿠야마는 『역사의 종말』이라는 책에서 "인류의 이념적 진화는 끝나고, 서구 자유민주주의가 인간이 세울 수 있는 정부의 최종적인 형태로 보편화되었다"라고 선언했다. 이러한 평가는 지나치게 단순하고 낙관적인 측면이 있지만, 그만큼 미국에서는 냉전에서 승리했다는 인식이 널리 퍼져 있다는 것을 보여 주었다.

어쨌든 동유럽에서 자유민주주의가 부상하면서 "통합되고 자유로운" 유럽을 탄생시킬 절호의 기회가 왔다는 것에는 의심의 여지가 없었다. 발트 3국에서부터 폴란드, 체코공화국, 헝가리, 나아가 슬로베니아와 크로아티아에 이르기까지 각국 정부는 민주주의와 시장경제를 건설하기 위해, 그리고 유럽공동체EC에 가입하기 위해 많은 노력을 기울였다. '철의 장막'은 사라졌다. 유럽에 여전히 경계선이 있다면, 그것은 훨씬 더 동쪽에 있었다.

14

유럽연합: 통합된 유럽은 자유로운가?

유럽에서 공산주의가 몰락하며 유럽연합EU 가입을 희망하는 국가들이 쇄도했고, 이에 따라 유럽이 진정으로 통합될 수 있는, 심지어 하나가 될 수 있는 가능성까지 제기되었다. 유럽연합은 1950년대 6개국의 관세동맹에서 출발한 이른바 **공동시장**EEC이 발전한 것이다. 이 공동체는 시간이 지나면서 회원국도 늘어나고 다루는 분야도 확대되어, 지금은 공동통화 유로를 사용하고 민주주의 정치, 인권, 시장경제를 위해 함께 노력하는 등 사실상 '국경 없는 유럽'을 만들어 가고 있다.

유럽연합이 통합의 폭을 넓히고 깊이를 더 심화하려던 시기에 동유럽에서 공산주의가 무너지기 시작했고 사실상 이전 공산주의 국가들 전부가 유럽연합의 문을 두드리기에 이르렀다. 2004년 이후, 이전 공산주의 국가 10개국을 포함한 12개국이 새로 가입하면서 유럽연합은 이제 27개국을 거느린 세계경제와 국제정치의 주역으로 올라서게 되었다.

공동시장의 기원

'유럽공동시장'에 대한 발상과 계획은 제2차 세계대전의 여파 속에서 처음 등장한 것이지만, 유럽 통합에 대한 제안이 이루어진 것은 그 기원이 18세기까지 거슬러 올라간다. 이미 프랑스혁명이 일어나기도 전에 장 자크 루소는 다소 이른 감은 있지만 이렇게 선언했다. "더 이상 프랑스인, 독일인, 스페인인, 영국인은 없다. 오직 유럽인이 있을 뿐이다." 그러니 유럽 통합에 대한 생각이 완전히 새로운 것은 아니다.

하지만 유럽 통합을 실질적으로 추동시킨 발언은 제2차 세계대전의 참화가 유럽을 휩쓸고 간 후에 처음으로 나왔다. 윈스턴 처칠은 1946년, '철의 장막' 연설을 했던 그 해에 "일종의 유럽합중국"에 대해 뜻을 모을 것을 촉구하며, 75년이라는 세월에 걸쳐 세 번의 전쟁을 벌인 두 나라, 프랑스와 독일의 협력이 그 출발점이 될 것이라고 제안했다(하지만 처칠은 그런 연합체 속에 정작 영국의 자리는 상정하지 않았다). 유럽 10개국 대표들이 프랑스 스트라스부르(독일과 국경을 접하고 있는)에서 만나서 관련된 제반사항을 논의했다. 여기에서 '유럽회의'가 탄생했다. 유럽회의에는 장차 유럽연방이 이루어질 경우 그 입법기관이 되리라는 기대가 모아졌다. 유럽회의는 주로 토론과 사교에 의존했고 실제적인 힘은 없었기에 결코 중요한 정치세력이 되지 못했다.

훨씬 더 야심찬 제안을 만들어 낸 이들은 진정한 세계인이었던 두 명의 프랑스인, 장 모네1888~1979와 로베르 슈만1886~1963이었다. 1920년대 국제연맹 사무차장을 역임했던 모네는 앞을 내다볼 줄 아는 통찰력 있는 경제학자이자 행정가(이 두 명칭을 함께 놓는 게 모순된 일이 아니라면!)였다. 모네의 신봉자였던 슈만은 프랑스와 독일 사이 쟁탈 지역이었던 알자스-로렌 지방에서 태어나 외교관이 되어 1948~1950년 프랑스 외무장관을 지냈다. 두 사람 모두 프랑스와 독일의 숙명적인 역학관계를 변화시키고 독일을 유럽에 더 긴밀하게 통합시킬 방안을 찾고 있었다.

모네는 프랑스와 독일의 경제통합을 염두에 두고 있었다. 두 나라가 경제 영역에서 협력하게 만든다면 양국이 상호 의존할 수 있는 네트워크가 구축될 것이고, 그 네트워크는 장차 정치 영역으로 침투할 것이다. 그러면 결국 양국 간 협력과 상호 의존 관계가 이루어짐으로써 두 나라 사이 전쟁은 정치적으로도 생각할 수 없게 되고 경제적으로도 불가능해지게 될 것이다. 모네는 국가의 통제를 받던 특정 경제적 혹은 정치적 기능들을 단계별로 국가 통제보다 우위에 있는 **초국적** 통제 아래로 이전시키는 것을 구상했다. 그러한 기능 이전을 모네는 **기능주의**라 불렀다. 모네는 우선 비정치적 영역에서 협력하는 데 초점을 맞추는 것이 당장 정치적 화해를 시도하는 것보다 더 수월하리라고 보았다.

이 구상을 받아들인 프랑스 외무장관 로베르 슈만은 독일과 이탈리아 등 여러 나라 정치 지도자들의 공감과 지원을 얻은 뒤 구상을 구체화해 1950년 슈만플랜을 발표했다. 슈만플랜의 기본적인 목표는 석탄과 철강 생산을 여러 나라가 함께 조직화하는 것이었다. 석탄과 철강 산지는 상당수가 지난 세기 벌어진 전쟁에서 쟁탈의 대상이 되었던 루르계곡, 자를란트, 알자스-로렌 등에 위치해 있었다. 사실 석탄과 철강에 초점을 맞춘 초기 목표는 제한된 것이었다. 슈만은 이를 "유럽 연방으로 가는 첫걸음"으로 보았다. 슈만플랜을 바탕으로 1952년 유럽석탄철강공동체ECSC가 발족했다. 초대 의장은 장 모네였다.

유럽석탄철강공동체에는 프랑스, 독일, 이탈리아와 베네룩스 3국(벨기에, 네덜란드, 룩셈부르크) 등 6개국이 참여했다. 베네룩스 3국끼리는 이미 몇 년 전에 관세동맹을 맺었다. 유럽석탄철강공동체가 발족한 시점에는 유럽이 이미 철의 장막과 북대서양조약기구로 인해 뚜렷이 분열된 상태였기 때문에, 계획을 동유럽까지 확대시킬 여지는 없었다. 하지만 어차피 당시 프랑스에게 가장 위협이 된 것은 공산주의가 아니라 독일이었고, 유럽의 석탄과 철강 산지도 대부분 공동체 6개 회원국 영토 안에 위치해 있었기 때문에 그것이 큰 문제가 되지는 않았다.

유럽석탄철강공동체를 탄생시킨 이상은 고귀했지만, 그 목표와 조직 운영 자체는 매우 세속적이었다. 공동체의 가장 큰 목표는 기본적으로 무역장벽을 제거함으로써 석탄과 철강의 생산 및 무역을 활성화시키는 것이었다. 이 부분에 대해서는 경제학을 전공하지 않은 독자를 위해 설명이 조금 필요할 수 있겠다. 각국 정부는 자국 산업을 보호하기 위해 가격이 저렴한 외국 제품의 수입을 제한하는 일이 종종 있다. 그럴 때 보통 쓰는 방법이 관세부과와 **수입할당제** 적용이다. 관세는 수입품에 세금을 매기는 것이고, 수입할당제는 특정 국가에서 수입하는 상품의 양을 제한하는 것이다. 예를 들어 미국 자동차 제조업체(포드나 제너럴모터스 같은)들이 더 저렴한 혹은 더 성능이 좋은 일제(혼다나 도요타 같은) 수입차들과의 경쟁에서 밀리게 되면, 미국 정부는 미국으로 수입되는 일본 자동차에 관세를 부과하거나 수입할당제를 적용해 미국 자동차산업을 보호할 수가 있다. 관세를 매기면 미국 내 소매가가 올라가 일본차의 경쟁력이 떨어진다. 수입할당제를 적용하면 일본에서 미국으로 수입되는 자동차 수가 줄어들기 때문에 미국 시장에 일본차가 넘쳐나는 것을 막을 수 있다. 이러한 방법들을 사용함으로써 미국은 자국 자동차 제조업체들이 매출이 떨어져 직원들을 해고하거나 파산하는 것을 막을 수 있다. 단점은 미국 소비자들에게 자동차 가격이 더 비싸진다는 것이다. 관세동맹을 맺거나 자유무역지역을 설정하는 취지는 그 참여국 간 교환되는 상품에 관세와 수입할당제가 적용되지 않게 함으로써 상품을 참여국 내 소비자들에게 더 저렴하게 공급하자는 것이다. 이럴 경우 보통 부실한 제조업체들은 더 이상 정부의 보호를 받지 못하기 때문에 파산하는 결과가 생기게 마련이다. 하지만 이론적으로는 참가국들 간에 자유무역이 이루어짐으로써 매출과 생산이 늘어나 전반적으로 성장이 촉진된다.

유럽석탄철강공동체의 목표는 그런 무역장벽들을 제거함으로써 유럽 산업경제의 중추인 석탄과 철강을 더 효율적으로 생산하자는 것이었다. 그 지역에서 효율성을 높이면 유럽 전체의 경제 회복과 발전을 이끌 수 있다는 생각이었다. 효율성을 높이기 위해 6개 회원국의 석탄과 철강 산업은 모두 룩셈부르크에 본부를 둔 '고등기관'의 초국적 통제를 받았다. 6개국 대표들로 구성된 고등기관에서는 의사 결정이 다수결로 이루어지기도 했다. 즉 어떤 결정은 한 국가 혹은 몇몇 국가의 이익에 상충되기도 했다는 뜻으로, 그것이 유럽석탄철강공동체의 초국적 성격이었다. 고등기관은 생산, 판매, 가격 결정 등을 감독하는 것 외에도 상대적으로 힘이 밀리는 제조업체들의 현대화, 재적응, 변화를 지원해 주었다.

공동시장에서 유럽연합으로

유럽석탄철강공동체는 경제적 측면에서도 정치적 측면에서도 매우 훌륭한 성과를 이루어 냈다. 그래서 장 모네가 예견한 대로 그 성과들이 더 넓은 영역으로, 그리고 더 많은 나라들로 침투하기 시작했다. 몇 년도 채 지나지 않아 6개 회원국은 유럽석탄철강공동체의 원칙을 경제 전 분야로 확대하는 방안을 논의하기 시작했다. 1957년 6개국은 로마조약을 조인하며 유럽경제공동체EEC를 탄생시켰다. 이것이 공동시장이다. 유럽경제공동체의 목표는 이들 6개국 사이에 석탄과 철강만이 아니라 모든 제품에 대해 관세를 없애는 것, 그리고 다른 나라에서 유럽경제공동체로 들어오는 모든 제품에 대해 역외 공통관세를 매기는 것이었다. 또한 공동체 내에서 자본과 노동력이 자유로이 이동하도록 하고 6개 회원국 간 사회 및 경제 정책을 조화시키는 것 역시 공동체의 목표였다. 장기 목표는 완전한 경제와 정치의 통합이었다. 새로 창설된 조직의 활동과 목표가 확대되자, 이를 지원하기 위해 4개 기구가 설립되었다. 브뤼셀에 각료이사회와 집행위원회(상임 상무국이 있다), 룩셈부르크에 유럽재판소, 스트라스부르에 유럽의회가 세워졌다. 소위 '유로크라트'가 일하는 범유럽적인 관료 체제가 탄생하고 있었고, '브뤼셀'은 그것을 약칭하는 말이 되었다.

유럽경제공동체 역시 커다란 성과를 일궈 냈다. 경제가 성장했고 6개 회원국의 관계는 더 긴밀해졌다. 특히 서독과 프랑스의 관계가 크게 개선되었다. 서독, 프랑스, 이탈리아는 모두 1950년대와 1960년대 초 '경제 기적'을 경험하며 탄탄한 중산층 복지국가로 성장했다. 이들이 성장하자 공동체 다른 국가들도 함께 발전했다. 이들 6개국 간 무역은 역외 국가들과의 무역보다 2배 빠른 속도로 증가했다. 1968년 마지막 역내관세들이 제거되며 예정보다 몇 년 일찍 완전한 역내관세 철폐가 이루어졌다. 한 해 앞서 1967년에는 유럽석탄철강공동체, 유럽경제공동체, 유럽원자력공동체Euratom가 유럽공동체EC로 통합되었다.

이때에는 기존 6개국 외 다른 나라들도 공동체의 성공을 보며 공동체에 깊은 관심을 기울이고 있었다. 영국은 공동체가 처음 탄생할 당시 여러 가지 이유를 들며 가입을 거절했었다. 영국연방 내 식민지 및 이전 식민지들과의 유대, 미국과의 특별한 관계, 미국이 주도하는 나토에 대한 책임 등과 함께 공동체의 초국적 성격을 받아들이기 어렵다는 것이 이유였다. 하지만 1960년대 들어 영국 정부는 이 문제를 재고하기 시작했다. 유럽경제공동체의 경제성장이 영국을 훨씬 능가했기 때문이다. 그래서 영국 정부는 1960년대에 두 번에 걸쳐 유럽경제공동체의 문을 두드렸지만, 두 번 다 프랑스 대통령 샤를 드골이 거부권을 행사하면서 좌절되었다. 영국이 미국과 긴밀한 관계를 맺고 있는 것을 경계했던 드골은 자칫 영국이 유럽을 장악하려 들까봐 걱정이 되었던 것이다. 드골이 프랑스 대통령직에서 물러난 뒤인 1973년에야 영국은 세 번째 시도에서 유럽공동체에 가입할 수 있었다. 덴마크와 아일랜드도 이때 함께 가입했다.

유럽공동체는 1980년대에 더 곤란한 문제에 부닥쳤다. 기존 회원국들보다 현격하게 빈곤할 뿐 아니라 얼마 전까지 독재정부가 들어서 있던 그리스, 스페인, 포르투갈 등 3개국이 공동체 가입을 원했던 것이다. 유럽공동체는 회원국이 확대되면서 가입국에 대한 경제적 기준과 정치적 기준을 설정해 놓았다. 경제적 기준은 자유시장경제, 정치적 기준은 민주주의 정치와 인권 존중이었다. 그래도 장기간 협상과 준비 과정을 거쳐 이 3개국의 가입이 이루어졌다. 1995년에는 핀란드, 스웨덴, 오스트리아도 가입했다. 이들 3개국은 냉전 기간 조금이라도 중립을 표방했던 나라들로서 어느 한 국가도 나토 회원국이 아니었다. 하지만 이들도 대세가 되어 버린 공동체에 꼭 합류하고 싶었다. 처음 6개국으로 출발한 공동체는 15개국이 되어 전 인구를 합치면 3억 7,500만 명에 이르렀다.

공동체 회원국 수가 늘어나면서 회원국 간 통합을 더 긴밀히 하기 위한 계획에도 진전이 있었다. 유럽공동체는 진한 파란색 바탕에 황금빛 별 12개가 수놓인 공동체기를 채택해 상징적으로 중요한 진일보를 이루었다. 1986년에는 단일유럽의정서를 발표하여 1992년까지 국경 없는 유럽을 만들기로 합의했다. 1991년 네덜란드 마스트리히트에서 열린 회담에서 공동체는 새로운 전기를 맞이했다. 유럽공동체 소속 12개국 지도자들은 단일유럽의정서에서 제시된 방향으로 나아갈 것을 확인하고, 공동체 이름을 유럽공동체에서 유럽연합으로 바꾸었다. 그리고 새로운 유럽연합조약(마스트리히트 조약이라고도 불린다)을 채택해, 공동의 표준 생산량, 균일한 세율, 공동의 유럽연합 시민권, 공동의 외교와 안보 정책, 단일 유럽통화 등을 이룰 것을 결의했다.

1993년 유럽연합이 공식적으로 탄생하면서 유럽 국가들은 훨씬 더 긴밀한 관계를 맺게 되었다. 각국이 경제와 사회 정책들을 하나로 맞춰 나가자, 유럽연합 규정들이 각국의 법률을 보충하고, 대체하고, '서로 맞게끔' 조정하기 시작했다. 실제로 1990년대 초에 공동체는

• 유로 동전 앞면은 어느 회원국 동전이나 똑같이 유럽 지도가 그려져 있어 유럽연합의 통합을 상징한다.

프랑스에 영향을 끼치는 법률을 프랑스 정부보다도 더 많이 채택했다. 성문법이 없는 영국은 유럽인권조약을 그냥 영국 법에 포함시켰다. 또한 리스본에서 헬싱키까지 정책 입안자들과 관료들은 농산물 가격유지제도와 같은 중대한 문제와 씨름하거나 유럽산 콘돔의 의무 규격(이탈리아에서는 더 작은 규격으로 로비를 했다고 한다) 혹은 영국에서 맥주를 팔 때 대륙 방식인 리터가 아니라 영국 전통 방식인 파인트 단위로 팔 수 있는지 등의 사소한 문제를 놓고 끙끙댔다. 어쨌든 장 모네가 옳았다는 것이 증명된 것 같았다. 맥주와 콘돔을 놓고 아옹다옹하는 나라들 간에 금방 다시 군사적 충돌이 벌어질 것 같지는 않았기 때문이다.

공동체가 이 정도로 발전할 수 있었던 것은 각국이 자치를 어느 정도 포기한 덕분이었다. 지금까지 유럽연합이 넘어야 했던 가장 큰 고비는 2002년의 유로화 도입이었다. 유럽에 공동통화를 유통시키는 것은 또한 가장 상징적인 사건이기도 했다. 유로화 도입은 초기부터 논쟁을 불러일으켰던 문제였다. 많은 나라가 자국 통화(프랑스의 프랑이나 영국의 파운드 같은)를 포기하려 하지 않았다. 자국 통화는 국가 정체성의 일부로 간주되었기 때문이다. 또 많은 정부가 돈의 가치, 통화량, 흐름을 제어하지 못하게 되면 자국 경제가 통제 불능의 상태에 빠질 것을 우려하기도 했다. 결국 영국, 스웨덴, 덴마크는 유로화를 채택하지 않기로 했지만, 다른 12개국에는 2002년 1월 1일을 기해서 새 통화가 도입되었다. 대규모 수송 작전을 통해 지폐 145억 장과 동전 500개가 대륙 전체에 걸쳐 약 3억 명의 사람들에게 나누어졌다.

대혼란이 초래된다(예를 들면 자동판매기가 새 동전을 인식할 수 있느냐 하는)거나 경제가 혼란에 빠질 거라는 추측도 있었지만 새 통화로의 이행 과정은 순탄하게 진행되어, 1년도 채 안 되어 유로는 리라, 프랑, 마르크, 페세타 등을 완벽하게 대체했다. 유럽연합 내 다른 회원국을 여행하는 회원국 관광객들은 더 이상 환전할 필요가 없었고, 은행들과 기업들도 회원국 간 환율 변동을 더 이상 걱정하지 않아도 되었다. 2009년 '유로존'에는 유럽연합 16개 회원국이 가입해 있었다. 그리고 유로는 영국 같이 유로를 채택하지 않은 나라에서도 널리 쓰이면서 유로를 '침투'시키고 있었다.

동유럽으로의 확장

동유럽 10여개 국가가 공산주의 체제에서 벗어나 새로 민주주의 정부를 세우고 시장경제를 지향하자, 유럽연합은 앞에서 본 내적인 '깊이'를 강화하는 작업을 진행하는 한편 그 '폭'을 넓히는 것에 대해서도 논의를 재개했다. 사실상 유럽의 이전 공산주의 국가 모두가 나토와 유럽연합의 문을 두드렸다. 이 두 기구와 같은 서구 단체에 가입하면 안보에 도움을 얻고 경제적 지원을 받을 수 있을 뿐 아니라, 유럽으로 다시 돌아왔다는 상징적 효과까지 누릴 수 있다고 봤던 것이다.

기존 유럽연합 회원국들은 회원국 확대 여부를 놓고 딜레마에 빠졌다. 마스트리히트 조약에서 천명한 대로 국경 없는 유럽을 만드는

베토벤의 '환희의 송가'와 유럽연합

1985년 유럽이사회는 베토벤의 가슴을 벅차게 하는 멜로디 '환희의 송가'를 유럽연합을 대표하는 음악으로 채택했다. '환희의 송가'는 베토벤의 〈교향곡 제9번〉(1823년 작곡) 마지막 부분으로 오케스트라의 연주와 함께 독창 4부와 대규모 합창이 어우러지는 아름다운 음악이다. 이 음악은 독일 시인 프리드리히 실러가 1785년 쓴 시 「환희의 송가」에 베토벤이 곡을 붙인 것이다. 시는 평화와 조화, 보편적인 인류애라는 이상을 표현하고 있으며, 여기에 베토벤이 "모든 이가 형제가 되리"라는 가사를 더해 의미를 강조했다. 그런데 유럽연합이 채택한 '환희의 송가'에는 가사가 빠져 있다. 유럽연합 회원국들의 언어가 다르기 때문이다. 하지만 가사 없이도 음악에 담겨 있는 박애의 정신은 명징하게 이해될 수 있다. 유럽연합 공식 홈페이지에는 이렇게 적혀 있다. "우리 '환희의 송가'는 가사 없이, 음악이라는 보편적 언어를 통해 유럽이 상징하는 자유, 평화, 연대의 이상을 표현한다."

일은 기존 15개국에게도 충분히 버거웠다. 포르투갈과 그리스 같은 비교적 가난한 나라들에서부터 독일과 스웨덴 같은 부유한 나라까지 모두를 아울러야 했기 때문이다. 가입 의사를 밝힌 동유럽 국가들은 생활수준이 유럽연합 회원국 평균의 절반 수준에도 못 미쳤고, 상당수가 여전히 민주주의 관습과 제도를 수립하는 일로 씨름하고 있었다. 공동체를 동쪽으로 확장한다면 가난한 국가와 지역이 유럽연합 평균 수준에 근접할 수 있도록 '구조조정' 자금을 마련해야 하기 때문에 유럽연합은 부담이 클 수밖에 없었다. 동유럽 국가들은 전부 그런 지원을 받을 자격이 될 터였다. 게다가 회원국 수가 이미 많이 늘어나 있었기 때문에 어떤 변화를 꾀하기 위해서는 집행위원회를 비롯한 여러 기구들 내에서 의사결정과 투표 절차를 일일이 거쳐야만 했다.

이러한 문제들이 잠재해 있었지만, 유럽연합 기존 15개 회원국은 2004년 신입 10개국을 가입시키기로 합의했고, 이어 2007년에는 2개국을 더 받아들였다. 그 12개 국가는 이전에 소련에 편입되어 있던 발트 3국(에스토니아, 라트비아, 리투아니아), 이전 동유럽 공산주의 국가 7개국(체코공화국, 슬로바키아, 헝가리, 폴란드, 슬로베니아, 루마니아, 불가리아), 그리고 섬나라 2개국(키프로스, 몰타) 등이었다.

• 유럽연합

유럽은 초강대국인가?

그리하여 27개 회원국을 두게 된 유럽연합은 회원국 인구를 전부 합치면 4억 9,500만 명에 달했으며(중국과 인도 다음으로 많다) 경제력도 미국보다 더 커졌다. 이 새로운 "유럽이라는 초강대국"은 "세계에서 가장 크고 부유한 자본주의 시장"이 되었다. 유럽연합의 GDP(국내총생산)는 세계 GDP의 약 3분의 1을 차지하며, 산업사회의 소비자 인구 중 절반가량이 유럽연합에 있다. 또한 유럽연합의 무역 규모는 압도적인 세계 1위로, 수출량이 전 세계 수출량의 약 40퍼센트(미국은 10퍼센트도 안 된다)에 달한다. 그리고 유럽은 세계 최대의 투자처인 동시에 최대의 투자자이다.

그러한 경제적 영향력 외에도 유럽은 세계에서 가장 높은 생활수준과 가장 발달된 사회복지 시스템을 자랑한다. 미국과 비교했을 때 유럽연합의 많은 국가가 빈곤이 덜하고, 평등이 더 잘 이루어지며, 더 저렴하고 질 좋은 의료 서비스와 우수한 교육을 제공한다. 실업수당과 육아휴직, 육아보조수당 등도 회원국 대부분이 미국보다 제도가 더 잘 갖춰져 있다. 유럽연합 차원에서 체결된 각종 조약을 바탕으로 양성평등은 세계에서 가장 탄탄하게 보장되어 있다. 이른바 '유럽 사회 모델'로 알려진 유럽의 사회복지 시스템을 전 세계가 부러워하며 모방하고 있다.

그 크기와 경제력, 그리고 사회복지 시스템에 힘입어 유럽은 당당한 위용을 뽐내며 세계경제와 국제정치의 강력한 세력으로 다시 부상했다. 최근 출간된 책들 제목을 보면 대세의 흐름이 어디를 향하고 있는지 알 수가 있다. 저널리스트 T. R. 리드는 『유럽합중국: 새로운 초강대국과 미국 패권의 최후』라는 책을 펴냈고, 정치학자 존 맥코믹은 『유럽이라는 초강대국』, 유럽연합 주재 미국대사 록웰 슈나벨은 『다음 초강대국은 누구인가?』라는 책을 썼다. 나는 『미국 시대의 종말』이라는 제목의 책에서, 통합된 유럽과 중국이 미국 쇠퇴 이후 세계의 주도권을 놓고 경쟁할 것이라고 예측했다.

하지만 유럽연합이 발전하고 몸집이 커질수록 그에 따른 진통이 커진 것도 틀림없는 사실이다. 유럽연합은 몸집을 불리는 것과 때를 같이하여, 신입 회원국들을 통합하고 공동체 내 초국적 정치제도들을 강화하게 될 새로운 헌법을 확정지으려 하고 있었다. 하지만 마지막 순간 프랑스와 네덜란드의 국민투표에서 유럽헌법 비준이 부결되었고, 통합의 흐름에 일시적으로 제동이 걸렸다. 유럽헌법 비준에 반대 의사를 표명한 프랑스와 네덜란드 국민들은 국가 주권을 유럽연합에 넘겨버린다는 것이 우려가 된다는 의견을 밝히기도 했고, 또 확장과 세계화로 인해 부정적인 여파가 있지는 않을지 걱정이 된다는 의견을 밝히기도 했다.

그러나 좀 더 온건하게 만들어진 리스본 조약 속에서 유럽헌법의 원칙 대부분은 다시 살아났다. 리스본 조약은 2009년 마침내 27개 회원국 모두의 승인을 받았다. 리스본 조약은 유럽연합의 국제 외교 부문을 더 강화하고, 회원국 수가 늘어난 만큼 투표와 의사결정 절차를 개선시켰다. 그 결과 상임의장직과 외교정책 대표직이 만들어졌다. 이들은 전 세계에 퍼져 있는 유럽연합 외교관들의 지원을 받게 된다. 새로운 투표 제도는 나라별 인구수를 반영하기로 했고, 국민들의 직접선거로 구성되는 유럽의회에는 더 많은 권력이 부여되었다. 유럽 국가들 대부분이 유럽연합 회원국이 된 가운데, 리스본 조약 체결로 유럽은 통합된 단일 유럽을 향해 또 한 걸음을 내딛었다.

하지만 앞서 유럽헌법이 부결되면서 유럽연합을 괴롭혀 온 문제, 즉 '폭'을 넓히는 것과 '깊이'를 강화하는 것 사이의 갈등이 수면 위로 떠올랐다. 대체로 가난하고 민주주의와 자본주의 경험이 부족한 나라들까지 회원국으로 받아들이자 정책을 회원국 전체에 걸쳐 조율하기가 더 힘겨워졌다. 신입 회원국 대부분은 유로화를 채택할 경제적 준비도 충분히 되어 있지 않았다.

회원국 간 노동력의 자유로운 이동이라는 유럽연합의 정책도 수십만 동유럽인이 일자리를 찾아 더 부유한 회원국으로 쏟아져 들어가면서 한계점에 다다랐다. 회원국 간 이민은 2002~2006년 사이 매년 10퍼센트씩 증가했다. 내가 2005년 아일랜드를 찾았을 때만 해도, 식당 웨이터, 가게 점원, 항만 노무자 등 마주치는 서비스직 노동자는 거의 모두가 아일랜드인이 아니라 폴란드인, 체코인, 아니면 루마니아인이었다. 다른 유럽연합 회원국으로 이주한 폴란드인이 2006년 한 해에만 30만 명에 육박했다. 이러한 이민 물결은 이민을 받아준 나라의 경제성장에 이바지하기도 했지만, 또 한편 일부 국가에서는 민족 갈등을 유발해 반이민 정서를 부채질하기도 했다.

오랜 기간 유럽 국가들의 이전 식민지 국가 국민들이 옛 지배국가로 이주하는 추세가 지속되어 왔지만, 이제 유럽연합 신입 회원국 국민들이 '선배' 회원국으로 이주하는 추세가 이를 능가해 버렸다. 유럽 거의 모든 국가에 점점 더 다양한 민족이 수용되면서 이민, 통합, 민족에 관련한 문제들이 점차 정치 쟁점화 되었다. 가장 논란이 되었던 문제 하나가 유럽에 거주하는 이슬람교인들의 지위에 관한 것이었다. 이슬람교인 수는 유럽 전역에 걸쳐 빠르게 늘어났다. 특히 프랑스(예전 아프리카 식민지들이 대체로 이슬람계였다)에서는 이제 이슬람교인이 전체 인구의 약 10퍼센트를 차지했다.

공공장소에서의 지나친 종교적 표현은 프랑스혁명 당시 뿌리내린 프랑스의 철저하게 세속적인 문화와 종종 마찰을 빚곤 한다. 2004년 프랑스 정부는 공립학교에서 지나치게 종교적인 의복이나 상징물을 착용하는 것을 금지했다. 이슬람 여성들이 착용하는 머릿수건(히잡)도 금지품목에 포함되었다. 이에 프랑스에서만이 아니라 전 세계적으로 격론이 벌어졌지만, 이 정책은 바뀌지 않았다. 6년 후에는 프랑스 의회가 얼굴을 완전히 가리는 이슬람 의상(부르카)을 공공장소에서 착용하는 것을 전면 금지하는 법안을 가결했다. '정체성 정치'는 세계 다른 지역에서와 마찬가지로 유럽에서도 세계화와 통합이라는 더 폭넓은 흐름과 부딪히고 있었다.

유럽은 2010년 또 하나의 커다란 난관에 봉착했다. 회원국 그리스가 재정 및 경제 위기를 맞은 것이다. 자칫하면 그리스의 안정이 무너지고 유럽 경제가 어려움을 겪게 되며 유로화 가치가 떨어질 위험이 있었다. 그리스 정부가 국가 부채 처리를 위해 사회복지 및 정부 시행사업을 축소하겠다고 발표하자 그리스 전국에서 대거 시위가 벌어졌고 때로는 폭력사태가 일어나기도 했다. 유로존은 서로 혜택을 주고받는 만큼 한 회원국에 불황이 닥치면 다른 회원국으로 전염될 가능성 역시 충분히 있었다. 특히나 유로화가 불안정해지고 약화될 것이 두려웠던 유럽연합은 그리스에 구제금융 800억 유로(1050억 달러)를 지원하기로 결정했다. 이러한 구제책은 미국 정부가 2008~2009년 재정위기 당시 자국 재정부문에 적용했던 구제책과 소름끼칠 정도로 유사했다. 몸집이 커진 유럽연합과 공동통화의 생존 능력에 대한 질문이 다시 한 번 제기되었다. 하지만 또한 그리스 위기에 대한 유럽 중앙은행의 대응에 담긴 강력한 의지를 봤을 때, 유럽연합이 장차 더 강화될 가능성 역시 확인할 수 있었다.

유럽이란 무엇인가?

베를린장벽 붕괴, 유럽 재통합, 유럽연합의 확대 등은 유럽이란 대체 어떤 기준으로 결정되는 것인가 하는 질문을 새롭게 제기했다. 유럽을 결정하는 것은 지리적 기준뿐인가? (만약 그렇다면 어디까지인가?) 아니면 역사, 전통, 문화, 종교 등도 그 기준이 될 수 있는가? 이 문제는 유럽연합이 확대 문제를 논의하는 과정에서 구체적이면서도 매우 정치적인 쟁점이 되었다. 예를 들어 터키는 이슬람 국가(세속 국가이긴 해도)에 영토 일부만 유럽에 걸쳐 있을 뿐 대부분은 소아시아 지역에 있는데 과연 유럽의 일부로 간주될 수 있을까? 그리고 러시아는 또 어떤가? 폴란드와 불가리아, 그리고 발트 3국이 유럽연합에 가입했으니 러시아도 가입할 수 있는가? 사실 유럽연합 27개 회원국 중 이슬람 국가는 하나도 없고 키프로스와 그리스 두 나라만이 그리스정교 국가이다. 나머지 국가들은 모두 서구 기독교 전통을 이어받았다고 할 수 있다. 그렇다면 이것이 새로운 유럽을 통합하는 요소라고 할 수 있는가?

종교 문제는 2003~2004년 유럽연합 헌법 제정 과정에서 첨예한 신경전을 불러일으켰다. 가장 큰 논란은 헌법 중 종교를 언급하는 부분에서 빚어졌다. 헌법 전문 초안에는 유럽 사회가 기독교와 유대교 유산을 이어받았다는 내용이 언급되어 있었는데, 프랑스와 벨기에 등 정교가 엄격히 분리된 나라들이 이의를 제기해 그 부분은 나중에 삭제되었다. 즉 이러한 갈등은 그 기원이 계몽주의 시대에까지 거슬러 올라가는 것이다. 헌법 입안자들은 또한 그리스로마 문명과 계몽주의의 유산을 언급하기도 했지만, 이번에는 아일랜드와 스페인, 폴란드와 같이 종교적 영향력이 큰 일부 국가들이 그 의미가 너무 세속적이라며 이의를 제기했다. 이는 교황청 기관지 『로세바토레 로마노』가 어느 기사 제목으로 뽑았던 "유럽은 기독교이거나, 혹은 유럽이 아니거나"에서 느껴지는 것과 비슷한 태도였다.

결국 기독교에 대한 언급도 계몽주의에 대한 언급도 모두 헌법 초안에서 삭제되었고, 이후 헌법을 대체한 리스본 조약에서도 둘에 대한 언급은 이루어지지 않았다. 2009년 발효된 리스본 조약에서는 대신 "유럽의 문화적, 종교적, 인본주의적 유산"으로부터 "불가침의 빼앗을 수 없는 인간 개개인의 권리, 자유, 민주주의, 평등, 법치라는 보편적 가치"가 발전했다는 것이 언급되었다. 사실 계몽주의가 직접적으로 언급되지 않았을 뿐이지, 이 표현과 거기 담긴 원리는 그 뿌리를 계몽주의 시대에서 찾을 수 있으며 유럽 사회에 끈질기게 남아 있는 계몽주의의 유산을 반영하는 것이다. 어쨌든 이 표현은 거의 모든 유럽 국가의 동의를 얻을 수 있었다.

조약에 직접적인 언급을 피함으로써 종교적 정체성 문제가 당장 갈등을 일으키지는 않았지만, 그 문제는 18세기에 갈등과 분열의 원인이 되었듯이 장차 통합될 새 유럽에서도 분명히 분열을 초래할 것으로 보였다. 서유럽은 세계 어느 지역보다도 합리주의, 세속주의, 인권 등의 계몽주의 사상이 강하게 지배하는 곳이다. 대다수 유럽 국가에서 국민 절반 이상이 신을 믿기는 하지만, 종교가 "자신에게 매우 중요하다"는 사람은 다섯 명 중 한 명꼴이며 정기적으로 종교의식에 참석하는 사람은 소수에 불과하다. 대체로 가톨릭이지만 매우 세속적인 분위기의 프랑스에서는 매주 종교의식에 참석하는 사람이 고작 스무 명 중 한 명꼴이다. 세 명에 한 명꼴인 미국의 상황과는 비교가 된다.

이 문제로 인해 유럽연합 회원국들 사이에서 갈등이 유발되고 있으며 나아가 유럽과 미국 사이에도 마찰이 빚어지고 있다. 유럽연합에 새로 가입한 동유럽 국가들 중 일부, 특히 폴란드와 리투아니아처럼 가톨릭의 영향력이 큰 국가들은 헌법 제정 과정에서 나타난 것 같은 서유럽의 과격한 세속주의가 못내 당황스럽다. 이미 27개 회원국 전체에 걸쳐 사회 정책들을 조율하는 과정에서, 특히 이혼, 안락사, 낙태와 같이 종교적으로 민감한 문제들을 다루며 여러 문제가 발생했다. 서유럽에서는 대체로 합의가 이루어진 문제들이 유럽의 폭이 넓어지면서 다시 수면 위로 올라온 것이다.

종교 문제로 인해 유럽과 미국 간 괴리도 더 뚜렷해졌다. 앞에서 밝혔듯이 유럽인들은 동이건 서건 미국인들보다 훨씬 더 세속화되어 있었던 반면, 미국에서는 종교가 정치에서 차지하는 비중이 유럽에서보다 훨씬 더 컸다. 유럽인들이 보기에는 미국인들이 선과 악 혹은 옳고 그름을 이분법적으로 가르는 경향이 강한데, 이는 유럽인 관점에서는 무모하고 위험한 사고방식이다. 2001년 9월 11일 테러 공격을 받은 뒤 미국 대통령 조지 부시가 테러와의 전쟁을 선포하며 도덕과 종교를 빈번히 언급했을 때, 유럽인들은 시민이나 지도자나 할 것 없이 대부분 불편함을 느꼈다. 2003년 부시가 이라크 침공을 결정했을 때에도 그것은 대량살상무기를 찾는다거나 이라크가 테러와 연관되어 있다거나 하는 문제라기보다는 종교적 열정의 문제처럼 비쳤다. 그래서 국제연합 안전보장이사회의 유럽 회원국들, 특히 독일과 프랑스는 이라크 전쟁을 공개적으로 지지하길 꺼려 했고, 결국 미국과 유럽의 관계는 지난 100년간 유례를 찾아볼 수 없을 정도로 냉각되었다. 부시 정권의 국방장관 도널드 럼스펠드는 이의를 제기한 유럽 국가들을 "흘러간 유럽"이라고 무시하면서, 미래는 동유럽의 신진 민주주의 국가들에게 있다는 뜻을 내비쳤다. 이런 모욕을 듣고 독일과 프랑스가 기분 좋을 리가 없었다. 2008년 버락 오바마가 미국 대통령에 당선되자 유럽 전역이 이를 반겼고, 미국-유럽 관계는 오바마 정권 초기에 눈에 띄게 개선되었다.

미국과 유럽 사이의 갈등을 통해, 유럽 국가들의 독립과 자기주장이 점점 더 커지고 있다는 사실, 그리고 유럽이 야심차게 진행시키고 있는 프로젝트가 어느 정도 성공을 거두었다는 사실을 확인할 수 있었다. 이라크 전쟁에 대처하는 과정에서 독일과 프랑스는 더 이상 제2차 세계대전 때와 같은 적이 아니라, 함께 미국과 맞서는 동맹이 되었다. 유럽석탄철강공동체, 유럽경제공동체, 그리고 유럽연합을 통해 이들 두 나라는 유럽 다른 나라들과 함께 단순한 경제적 네트워크가 아니라, 민주주의, 시장경제, 사회복지, 인권, 평화 등의 가치를 함께 나누는 공동체 안에 공존하게 된 것이다.

| 나오는 글 |

우리 시대의 유럽

프랑스혁명 이후 200여 년이 지났다. 봉건 및 계급 질서 아래 기독교 군주제 나라들의 파벌로 이루어졌던 유럽은 이제 평화롭고 민주적이며 세속적인 자본주의 국가들의 유복한 공동체로 바뀌었다. 그 과정에서 여러 혁명과 전쟁이 변화들을 이끌어 냈다. 계몽주의와 1789년 프랑스혁명은 처음으로 개인주의, 인권, 대중 주권 등의 사상을 제시했다. 나폴레옹 전쟁과 1848년 민중의 봄은 그 사상들을 유럽에 널리 전파하며 자유주의와 민족주의의 씨를 뿌렸다. 새롭게 떠오른 자본주의 원리에 바탕을 둔 산업혁명으로 더 폭넓은 번영이 이루어졌지만, 한편으로는 또 다른 형태의 착취와 불평등이 생겨나기도 했다. 자본주의 과잉에 대한 반동으로 등장한 마르크스주의는 두 가지 방향으로 나아갔다. 하나는 서유럽 다수 국가에서 사회주의와 사회민주주의로 나아갔고, 또 하나는 러시아에서 일어난 공산주의 혁명으로 이어졌다. 다윈의 혁명은 과학과 종교 모두를 바꿔 놓았고, 인류와 인류의 지위에 대한 우리의 사고방식에도 변화가 생겼다.

1900년이 되었을 때만 해도, 현대 유럽을 만들어 낸 사상과 운동 대부분은 아직 수면 위로 떠오르지 않은 상태였다. 하지만 19세기에 급진적인 변화들이 곳곳에서 터져 나오면서 구체제는 그 변화들로 촉발된 힘을 더 이상 억누르기가 힘들었다. 민족주의가 발흥하며 유럽 제국들은 토대부터 흔들렸고 동시에 독일과 같은 강력한 국가들이 새로 구축되었다. 그리고 그런 힘이 분출되면서 대재앙과도 같은 두 번의 세계대전이 발생했다. 제1차 세계대전이 끝나고 거의 손 써볼 여지도 없이 제2차 세계대전으로 치달았다. 이 두 번의 전쟁은 과거 어느 전쟁과도 달랐다. 신기술과 대량 살상이 가능한 무기가 도입되어 전례 없는 살상과 파괴가 자행되었다. 전쟁사상 처음으로 민간인이 의도적인 공격대상, 심지어 우선적인 공격대상이 되어 런던, 베를린, 도쿄, 히로시마 등지에 대규모 공중폭격이 감행되었다. 전쟁 전과 전쟁 기간에 러시아, 독일, 이탈리아의 전체주의 독재 정권들은 자국 국민들에게도 불행과 공포를 안겨 주었다.

두 번의 세계대전으로 인해 미국과 소련 두 나라가 새롭게 유럽 정치 지형 속으로 들어왔다. 이 두 강대국의 이해관계와 이념은 서로 상충됐지만 양차 대전 사이 기간에는 그 갈등이 표면화되지 않았다. 미국은 고립주의를 견지했고, 새로 공산주의 국가가 된 소련은 제1차 세계대전, 내전, 농업 집단화, 기근 등에 대처하는 것만으로도 힘겨웠기 때문이다. 하지만 양국은 제2차 세계대전이 끝나갈 때쯤 함께 독일을 물리치고 독일 지역을 점령하면서 세계 초강대국으로 떠올랐고 유럽을 장악했다. 이 시기에 유럽의 주요 강대국들은 전쟁의 폐허에서 회복하고 있었고 식민지들은 그들의 손을 떠나 독립하고 있었다.

유럽에서 시작된 냉전은 이후 반세기 동안 유럽을 반으로 갈라놓았다. 동유럽은 소련의 주도 아래 더욱 결속되었고 서유럽도 경제 및 정치 연합의 길을 걸어갔지만, 동서 양진영은 처칠이 말한 '철의 장막'으로 갈린 채 서로에게서 멀어져 갔다. 이후 1989~1991년 평화로운 혁명들이 연달아 발생하며 유럽의 공산주의가 붕괴되고 냉전이 종식되었으며 유럽의 분열도 끝이 났다. 점점 커져 가는 유럽연합EU이라는 간판 아래에서 유럽은 마침내 하나가 되어 자유와 번영과 평화를 누릴 기회를 얻었다.

그런데 유럽의 통합과 안정은 러시아와 미국의 지위와 역할은 무엇인가 하는 새로운 질문을 제기했다. 유럽에서 러시아의 위치는 언제나 갈등 요소와 양면적인 속성을 어느 정도 품고 있었다. 우선 러시아는 오래전부터 '제3의 로마'임을 자처하며 유럽의 세력균형 체제나 나폴레옹 전쟁에서 큰 역할을 했고, 제1차 세계대전 개전과 제2차 세계대전 종전에 결정적인 영향을 끼쳤다. 그런 한편 러시아는 지리적으로 또 문화적으로 항상 유럽에서 어느 정도 떨어져 있었고, 1917년 공산주의 혁명이 일어난 뒤로는 '부르주아 서구'에 일부러 거리를 두었다. 공산주의가 몰락한 후 1990년대에, 러시아의 보리스 옐친 정권과 블라디미르 푸틴 정권은 북대서양조약기구NATO와 유럽연합의 동진을 계속 경계했다. 2003년 푸틴이 "사고방식과 문화로 봤을 때 러시아인은 유럽인"이라는 의견을 분명히 밝히긴 했지만,

러시아가 민주주의 정치와 시장경제를 향해 기울이는 노력은 더 서구적인 예전 공산주의 국가들에 비해서는 덜 분명해 보였다. 분명한 것은 동유럽 국가들이 북대서양조약기구와 유럽연합에 그토록 가입하고자 했던 이유 중 하나가 러시아로부터 보호받고 싶었기 때문이라는 것이다. 그러니 많은 면에서 유럽은 러시아에게서 서서히 떨어져 가고 있는 것처럼 보였다.

이와 같은 시기에 유럽과 미국의 관계 역시 점차 양면적인 속성을 띠어 갔다. 역사적으로 미국도 러시아만큼이나 유럽과 변화무쌍한 관계를 이어오고 있었다. 유럽과 미국은 대서양을 가로질러 서로 엄청난 문화적, 종교적, 경제적, 정치적 영향력을 주고받긴 했지만, 제1차 세계대전 이전까지는 미국이 고립주의를 유지하며 유럽과 어느 정도 거리를 두고 있었다. 하지만 20세기 들어 미국은 두 번의 세계대전에 개입해 전쟁을 종료시키고, 제2차 세계대전 이후 서유럽을 재건하고, 1990년대에는 발칸 반도에 군사적으로 개입하는 등 유럽에서 결정적인 역할을 했다. 하지만 제2차 세계대전 후 나토 동맹을 맺고 있던 중에도 미국과 유럽 사이에는 어느 정도 긴장감이 감돌았다. 특히 프랑스가 유럽에 대한 미국의 정치적, 경제적, 문화적 헤게모니 장악에 반발했다.

냉전이 종식되면서 국제정치에서 그리고 유럽에서 힘의 판도가 새로 짜여졌다. 미국이 유일한 초강대국이 되면서 미국 내에서 어떤 우월주의가 고개를 들었으며 미국이 오만함과 일방주의로 흐르는 경향을 보였다. 유럽이 중요하게 여기는 여러 국제협약(탄소 배출에 관한 교토의정서나 국제형사재판소 협약 등)에도 미국은 발을 빼고 참여하지 않았다. 2001년 9·11 테러 후 많은 유럽인이 미국인들을 안타까워했지만, 부시 행정부는 2년 후 국제연합을 무시하고 프랑스, 독일, 러시아의 반대에도 개의치 않은 채 이라크 전쟁을 결정함으로써 유럽인들의 지지를 대부분 잃어버렸다. 유럽 거의 모든 나라의 수도에서 이라크 전쟁에 반대하는 대규모 시위가 벌어졌고, 이라크 전쟁을 지원한 정권들(영국이나 스페인의)을 타도하자는 요구가 터져 나오기도 했다. 이라크 전쟁이 시작되고 몇 달 후 유럽연합 소속 15개국에서 설문조사를 했더니, 응답자 절반 이상이 미국이 세계 평화에 위협적인 존재라 믿는다고 응답했다. 유럽은 미국으로부터도 어느 정도 멀어져 가고 있는 것으로 보였다.

그러다 버락 오바마가 미국 대통령에 당선되면서 미국을 바라보는 유럽의 시각과 미국-유럽 관계가 즉각 호전됐다. 다른 나라들에 대한 오바마의 국제주의적이고 회유적인 태도에 힘입은 것이었다. 그러나 미국의 새 행정부가 출범했을 때 하필이면 미국 재정 부문이 무너지며 대공황 이래 최악의 경제 불황이 닥쳤다. 이라크 전쟁으로 이미 타격을 입은 미국의 이미지는 더욱더 실추되었고, 새로이 부상하는 세력, 특히 중국과 유럽연합이 미국을 치고 올라오는 것으로 보였다. 이른바 '소프트파워'가 '하드파워', 즉 군사력보다 더 중요해진 세상에서 유럽연합은 세계 최대의 경제 규모와 무역 규모를 자랑했다. 유럽연합은 세계경제의 중심이었다.

유럽이 러시아와 미국으로부터 멀어진 것은 냉전 시대 두 초강대국의 쇠퇴로 말미암은 것이자 유럽의 힘과 자신감이 커진 데 기인한 것이었다. 미국의 지배적인 영향 아래에서 벗어난 서유럽과 소련의 지배를 떨쳐 낸 동유럽은 함께 자치와 자급자족이 가능하다는 것을 보여 주고 있었다. 유럽의 민족들은 근현대를 살아오며 숱한 세월 왕이나 독재자에게 압박받거나, 전쟁과 혁명에 파괴당하거나, 외부 세력에 지배당했다. 역사상 처음으로 그들 앞에, 프랑스혁명이 예고한 자유, 사회주의가 제시한 평등, 통합된 유럽이 약속한 연대가 놓여 있다.

역사 용어 설명

14개조 평화원칙(Fourteen Points) 1918년 미국 대통령 우드로 윌슨이 제시한 제1차 세계대전 평화안. 민족자결주의 및 국제연맹 창설 등을 제창했다.

4국동맹(Quadruple Alliance) 1815년 나폴레옹이 패한 뒤 러시아, 오스트리아, 영국, 프로이센 등 4개국이 기존 체제를 유지하기 위해 결성한 동맹. '신성동맹'의 정신을 바탕으로 했다.

5개년계획(five-year plan) 소련에서 급속한 산업화를 목표로 1929년 스탈린이 처음 실시한 정부 통제하의 경제계획.

경제결정론(economic determinism) 한 사회의 경제적 기반이 그 사회의 모든 측면(정치, 종교, 사회 구조 등)을 결정한다는 마르크스의 이론.

경제상호원조회의(Council for Mutual Economic Assistance, CMEA 혹은 Comecon) 동유럽 공산주의 국가들 간 무역을 조직화하고 경제를 통합하기 위해 1949년 모스크바 정부 주도로 창설된 기구. 1991년 해체.

계급의식(class consciousness) 카를 마르크스가 사용한 용어로 자본주의 사회 노동자들, 즉 프롤레타리아의 성숙한 혁명정신을 이르는 말.

계몽주의(Enlightenment) 전통에 반발하고 이성과 개인주의, 인권 등을 강조한 18세기 철학, 사상 조류. 루소, 칸트, 토머스 페인 등이 계몽주의 사상을 설파한 대표적인 인물이며, 미국혁명과 프랑스혁명의 바탕에 계몽주의가 있다.

고립주의(isolationism) 20세기 초까지 미국이 세계 공동체, 특히 유럽과 정치적으로 혹은 군사적으로 얽히는 것을 회피하며 취한 정책. 제2차 세계대전 후 미국이 유럽에 깊숙이 개입하면서 이 정책은 폐기되었다.

공동시장(Common Market) 무역장벽(관세나 수입할당제 같은)이 없는 지역. 유럽연합의 초기 형태를 가리키는 용어.

『공산당 선언』(The Communist Manifesto) 마르크스와 엥겔스가 1848년 발표한 소책자. 자본주의 전복과 공산주의 수립을 부르짖었다.

공산주의(communism) 모든 재산을 공공 소유로 하고, 사회계급과 국가가 사라지며, 모든 이가 자신의 기본적 욕구를 충족시킬 수 있는 사회를 건설하고자 하는 정치 이론. 카를 마르크스가 『공산당 선언』에서 구축한 이론으로 소련에서 레닌과 공산당이 이 이론을 현실에 적용시키려 했다.

관세(tariffs) 국제무역에서 한 국가가 수입품의 경쟁력을 떨어뜨려 자국 상품을 보호하기 위해 수입품에 매기는 세금. 유럽연합 회원국 사이에서는 대체로 관세를 부과하지 않는다.

구체제(ancien regime) 1789년 프랑스혁명 이전 프랑스 옛 정권의 정치 및 사회 체제. 구체제의 특징은 절대왕정, 중상주의, 그리고 엄격한 계급적 사회 구조 등이다.

국가(state) 일정한 영토를 점유하고 주권을 가진 정부가 있는 체계화된 정치적 독립체.

국가사회주의독일노동자당(National Socialist German Workers' Party) 아돌프 히틀러의 나치스 당.

국제연맹(League of Nations) 집단안보를 통한 국제분쟁의 평화적 해결을 목표로 제1차 세계대전 이후 창설된 국제기구. 국제연합의 전신.

글라스노스트(glasnost) '개방'을 뜻하는 러시아어로, 1987년 이후 소련에서 고르바초프가 실시한 개혁 프로그램의 한 구성요소. 언론 규제를 완화시켰다.

기능주의(functionalism) 국가 간 협력과 평화는 정치적인 면에서보다 경제 및 사회적인 면에서 협력을 점진적으로 증대시키는 가운데에 가장 잘 이루어질 수 있다는 사상. 제2차 세계대전 이후 유럽에서 공동시장이 탄생하는 데 바탕이 되었다.

나치스(Nazi Party) '국가사회주의독일노동자당' 참조.

나토(NATO) '북대서양조약기구' 참조.

낭만주의(romanticism) 특히 19세기에 유행한 예술 사조로 18세기 합리주의에 반기를 들고 자연으로 돌아갈 것과 감정과 감각을 지성보다 우위에 둘 것을 주창했다.

냉전(Cold War) 제2차 세계대전이 끝난 후부터 1989~1991년 공산주의가 몰락할 때까지 소련과 미국 사이의 전쟁과 같은 긴장 상태를 이르는 용어.

농업 집단화(collectivization of agriculture) 개별 자영농의 농지를 집단농장으로 강제로 합친 정책. 1929년 소련공산당 서기장 스탈린이 처음 실시했다.

니힐리스트(nihilist) 기존 도덕 원리와 사회, 경제, 정치 제도 전부를 부정하는 신조인 니힐리즘(라틴어로 'nothing'을 의미)을 신봉하는 이를 지칭하는 말. 러시아 작가 이반 투르게네프가 기존 제도 전부를 파괴할 것을 주장한 19세기 러시아 혁명가들을 가리켜 처음 사용한 용어이다.

대숙청(Great Purge) 소련에서 1934~1938년 스탈린이 반대 세력을 제거하고 자신의 지위를 확고히 구축하기 위해 자행한 일련의 탄압 및 테러 행위.

레닌주의(Leninism) 마르크스주의 이론을 20세기 러시아 혁명가 블라디미르 레닌이 수정한 이론. 러시아가 아직 선진 자본주의 사회가 아니기 때문에 러시아에서는 혁명을 이끌 '프롤레타리아 전위'(볼셰비키)의 역할이 중요하다고 역설한다.

레세페르(laissez-faire) 프랑스어로 '하게 내버려 두다'라는 의미로, 경제는 정부 개입이 없을 때 가장 잘 작동한다는 신조. 18세기 애덤 스미스가 전개한 지본주의의 핵심 원리.

리소르지멘토(Risorgimento) '부흥'을 뜻하는 이탈리아어로, 마치니, 카보우르, 가리발디 등의 인물들이 이끈 19세기 이탈리아 민족주의 통일운동을 지칭하는 말.

마르크스주의(Marxism) 19세기 카를 마르크스와 프리드리히 엥겔스가 전개한 경제, 정치, 사회 이론 체계. 역사에 대한 '과학'적인 철학, 자본주의 비판, 혁명을 통한 자본주의 전복 및 공산주의 수립에 대한 예측 등을 담고 있다.

마셜 플랜(Marshall Plan) 제2차 세계대전으로 무너진 서유럽 경제를 재건하는 데 도움을 주고자 미국이 1947년부터 1952년까지 실시한 대규모 원조 프로그램.

민족(nation) 공통된 문화와 정체성을 지니면서 정치적 열망을 품고 있는 사람들의 집단. 일반적으로 민족마다 국가(민족국가)를 이루고 있지만, 항상 그런 것은 아니다.

민족국가(nation-state) 대체로 한 민족으로 이루어진 (정부가 있는) 국가.

민족자결주의(national self-determination) 어떤 민족에게든 그 민족만의 국가를 건립할 권리 및 그 국가의 정부 형태를 선택할 권리가 있다고 상정하는 원리.

민족주의(nationalism) 무엇보다도 민족(의 이익)이 가장 중요하다는 논리의 정치 및 사회 철학. 19세기에 강력한 조류가 되어 민족국가들이 구축되는 데 큰 역할을 했지만, 나치스 독일의 예에서 보듯 자민족중심주의나 군국주의로 치달을 수도 있다.

바르샤바조약기구(Warsaw Pact) 냉전 시대 동유럽 공산주의 국가들의 군사동맹. 소련이 지배적인 영향력을 행사했다. 1955년 창설되어 1991년 해체되었다.

바이마르공화국(Weimar Republic) 제1차 세계대전 후 독일에 수립된 민주주의 정부. 1933년 히틀러가 집권할 때까지 이어졌다.

발칸(Balkans) 유럽 남동부의 발칸 반도. 알바니아, 불가리아, 그리스, 루마니아, 그리고 이전 유고슬라비아 연방 중 일부 지역으로 구성된다.

변증법적 유물론(dialectical materialism) 정치적, 역사적 사건은 사람들의 물질적(즉, 경제적) 욕구가 낳은 사회적 힘들이 서로 충돌한 결과 발생한다는 마르크스주의 이론.

베를린 공수(Berlin airlift) 1948년 소련이 서독에서 서베를린으로의 접근로를 봉쇄한 뒤, 근 1년간 미국이 항공로를 이용해 서베를린에 물자를 공수한 것. 냉전 초기의 핵심사건.

베를린장벽(Berlin wall) 1961년 소련이 동베를린 주민들이 서베를린을 통해 서구 국가로 탈출하는 것을 막기 위하여 소련이 통제하는 동베를린과 서구가 통제하는 서베를린 사이에 세운 장벽. 1989년 11월 해체되었다.

벨벳혁명(Velvet Revolution) 1989년 체코슬로바키아에서 평화적으로 이루어진 대중 혁명. 이 혁명으로 공산주의 정부가 물러나고 바츨라프 하벨을 대통령으로 하는 민주주의 국가가 수립되었다.

보호국(protectorate) 다른 국가에게 통제나 보호를 받는 국가. 영국은 1880년대에 이집트와 아프가니스탄을 보호국으로 삼았다.

볼셰비키(Bolsheviks) 러시아 사회민주노동당의 한 분파로 블라디미르 레닌이 이끌었으며, 1917년 혁명으로 집권해 소련공산당이 되었다.

봉건주의(feudalism) 중세 유럽(일부 지역에서는 19세기까지 남아 있었지만)의 사회 및 경제 체제. 봉신(예를 들어 농노)은 더 상층 계급(예를 들어 영주)에게 충성하고 봉사하는 대신 봉토를 받았다.

부르주아지(bourgeoisie) 프랑스어로 '도시 거주자'란 뜻으로, 마르크스가 자본주의 사회 중산층을 일러 사용한 말.

북대서양조약기구(North Atlantic Treaty Organization, NATO) 1949년 미국이 유럽에서 소련의 군사적 침공을 막기 위해 창설한 지역 상호방위조약. 1989~1991년 공산주의 몰락 후에는 회원국이 늘어나고 그 임무도 변경되었다.

분리주의(separatism) 하나의 민족 혹은 부족이 규모가 더 큰 국가 혹은 제국으로부터 떨어져 나와 그 민족만의 민족국가를 이루고자 하는 민족주의의 한 형태.

브레즈네프 독트린(Brezhnev Doctrine) 소련공산당 서기장 레오니트 브레즈네프가 천명한 정책으로, 소련의 노선에서 지나치게 많이 벗어난 이웃 사회주의 국가(예를 들면 1968년 체코슬로바키아)에 소련이 군사적으로 개입하는 것을 정당화했다.

비동맹운동(Non-Aligned Movement) 강대국이 주도하는 블록과는 공식적으로 손을 잡지도 않고 거기에 맞서지도 않는 국가들의 조직. 1961년 냉전에 대항해 결성되었으며, 현재 100여 개 나라가 참여하고 있다.

사적 유물론(historical materialism) 역사 발전의 토대는 경제적 요인, 특히 생산수단이라고 주장하는 마르크스 이론의 하나.

사회계약(social contract) 로크와 루소 등이 발전시킨 계몽주의 시대 철학으로, 사람들은 자연 상태에서 벗어나기 위해 계약을 맺고 정부를 만든 것이므로 정부는 계약을 맺은 사람들을 보호할 의무가 있다는 논리. 민주주의 이론의 핵심 원리이다.

사회다윈주의(social Darwinism) 다윈의 생물학적 진화론을 정치, 사회, 경제 영역에 잘못 적용한 이론. 흔히 지배국가나 단체, 인종 등의 우월한 지위를 정당화하는 논리로 사용된다. 주요 주창자는 허버트 스펜서.

사회주의(socialism) 인간의 기본적 욕구를 충족시키는 동시에 사회적, 경제적 불평등을 감소시키는 것을 목적으로, 경제를 대중 혹은 정부가

관리하거나 규제하는 것을 옹호하는 이론

사회주의 국제화(socialist internationalism) 국가 이익보다 사회주의의 이익을 우선시한 소련 외교정책의 일부. 동유럽에 대한 소련의 개입을 정당화하기 위해 활용되었다(브레즈네프 독트린이 대표적인 예다).

삼국동맹(Triple Alliance) 1880년대 오스트리아-헝가리, 독일, 이탈리아 등 3개국이 결성하여 제1차 세계대전 초기까지 지속된 동맹('동맹국'이라고도 한다). 제1차 세계대전 초기에 이탈리아는 동맹국을 떠나 연합국에 합류했다.

삼국협상(Triple Entente) 1907년부터 영국, 프랑스, 러시아 등 3개국 사이에 결성된 느슨한 동맹으로, 1914년 제1차 세계대전이 발발하면서 공식적인 동맹이 되었다('연합국'이라고도 불린다).

선거권(suffrage) 정치적 선거에서 투표할 수 있는 권리.

소련(Soviet Union) 소비에트 사회주의 공화국 연방의 약칭.

소련 블록(Soviet bloc) 냉전 기간 동유럽 공산주의 국가들의 동맹. 소련이 지배적인 영향력을 행사했다.

소비에트 사회주의 공화국 연방(Union of Soviet Socialist Republics, USSR) 1922년 러시아에서 수립되어 1991년에 해체된 공산주의 국가의 공식 명칭. 연방 내 15개 공화국 중 러시아가 가장 컸다.

수입할당제(quotas) 국제무역에서, 다른 나라에서 수입하는 특정 제품의 수를 제한하는 것. 보호주의의 한 형태(관세와 함께)로, 유럽연합 회원국 사이에서는 대체로 없어졌다.

슬라브 민족(Slav) 슬라브어 계통 언어를 사용하는 중유럽 혹은 동유럽의 민족들을 총칭하여 슬라브 민족이라 한다. 러시아인, 폴란드인, 세르비아인 등이 슬라브 민족이다.

슬라브주의자(Slavopiles) 러시아의 위대함은 정교회나 농촌공동체(미르) 같은 전통 제도에서 나온다고 보고 러시아의 서구화에 반대한 19세기 러시아의 운동 단체.

식민주의(colonialism) 한 나라가 다른 나라에 식민지를 건설하고 자국 국민을 정착시켜 그 나라를 통치하는 행위

신성동맹(Holy Alliance) 유럽의 기독교 군주제 국가들의 질서를 유지하고 보호하기 위해 러시아 차르 알렉산드르 1세 제안하에 1815년 러시아, 오스트리아, 프로이센 등이 체결한 동맹. 유럽 군주들 대부분이 동맹에 가입했고, 동맹은 1848년까지 이어졌다. '유럽 협조체제' 참조.

실지회복운동(irredentism) 민족이라는 기준에 의거하여 다른 나라에 소속된 영토를 획득하는 것을 옹호하는 정책.

아래로부터의 민족주의(popular nationalism) 대중이 주도하는 민족주의. 정치 지도자들이 주도하는 위로부터의 민족주의와 상반된다.

아파르트헤이트(apartheid) 1994년 다수의 지지를 받은 흑인 정권이 탄생하기 전까지 남아프리카공화국 정부가 시행한 인종분리 정책.

아프리카 쟁탈전(Scramble for Africa) 19세기 말 유럽 열강이 아프리카를 신속하게 경쟁적으로 식민화한 것.

얄타협정(Yalta Agreements) 1945년 루스벨트, 처칠, 스탈린 등 3개국 지도자가 소련의 휴양도시 얄타에서 제2차 세계대전 이후 유럽 질서를 논의한 뒤 그 합의안에 조인한 협정. 동유럽에 민주주의 정부를 수립하는 것이 합의되었지만, 한편으로 소련이 동유럽에 지배적인 영향력을 행사하는 것 또한 인정되었다.

연대(Solidarity) 1980년 폴란드에서 공산주의 통치에 맞서 설립된 노동조합이자 사회운동 조직. 1981년 계엄령으로 해체되었지만 1989년 다시 등장해 총선에서 승리했다.

오스만제국(Ottoman Empire) 오스만투르크인들이 14~16세기에 걸쳐 구축한 제국으로, 16세기에 전성기를 구가했으나 그 후 서서히 쇠퇴하기 시작해 결국 제1차 세계대전에 패한 뒤 멸망했다. 19세기에는 소아시

아와 유럽의 발칸 반도 상당 부분까지 그 영토에 속해 있었다.

왕권신수설(divine right) 통치자의 통치권은 신에게서 나왔다는 논리로서 17~19세기 많은 유럽 군주가 이 논리를 내세웠다.

왕정(monarchy) 또는 군주제라고도 한다. 군주(왕, 여왕, 황제 등)를 우두머리로 하는 정부 형태로, 1789년 이전 대다수 유럽 정부들의 특징이다. 19세기에도 많은 정부들이 왕정을 유지했다.

위임통치(mandates system) 제1차 세계대전 패전국(독일과 오스만제국 같은)의 식민지를 연합국 보호하에 두도록 국제연맹이 조치한 것.

유럽경제공동체(European Economic Community, EEC) 유럽석탄철강공동체의 뒤를 이어 회원국 간 완전한 공동시장을 수립하기 위해 1957년 발족된 단체. 유럽연합의 전신.

유럽석탄철강공동체(European Coal and Steel Community, ECSC) 1951년 프랑스, 독일, 이탈리아, 벨기에, 네덜란드, 룩셈부르크 등 6개국이 창설한 석탄 및 철강의 공동시장. 유럽경제공동체와 유럽연합의 창설을 이끈 선구적 단체.

유럽연합(European Union, EU) 회원국 간 경제연합을 추구하는 국제기구로 1994년까지는 유럽공동체(EC)라 불렸다. 2012년 현재 27개국이 가입해 있다.

유럽 협조체제(Concert of Europe) 1815년 이후 유럽 군주들이 그들의 보수 정권에 대한 위협을 막고 분쇄하기 위해 구축한 동맹 체제. 오스트리아 재상 클레멘스 폰 메테르니히가 제안하고 주도하였다.

우생학(eugenics) 짝짓기와 유전을 사회가 통제하여(흔히 열등하거나 부적절한 것으로 여겨지는 이들의 번식을 막는 식으로) 인종을 개선시키는 방법을 연구하는 학문.

위로부터의 민족주의(civic nationalism) 비스마르크나 카보우르 같은 지도자들이 주도하는 민족주의. 아래로부터의 민족주의와 구별된다.

이데올로기(ideology) 또는 이념이라고도 한다. 경제 이론 혹은 정치 이론의 바탕에 깔려 있는 사상 체계. 예를 들어 공산주의가 있다.

인권헌장 77(Charter 77) 1977년 일단의 체코슬로바키아 지식인(바츨라프 하벨 포함)이 서명한 문서로, 정부가 헬싱키협약에 보장된 인권을 존중할 것을 촉구했다. 이후 체코슬로바키아의 인권운동을 가리키는 말이 되었다.

인민주의자(populist) 러시아어로는 '나로드니키'. 전통적인 농촌공동체 '미르'에 기반을 두고 사회를 변혁시키고자 한 19세기 사회운동가를 지칭하는 말. 주로 지식인 계층이었다.

인클로저 운동(Enclosure movement) 영국에서 이전에 공유지로 묵인되던 땅에 지주들이 울타리를 쳐서 사유지로 전환을 꾀한 것. 17세기에 절정을 이루었으며 이로 인해 가난한 농민들은 시골을 떠나 도시로 이주해야 했다.

입헌군주제(constitutional monarchy) 성문법 혹은 불문법에 의해 권력이 제한되는 군주제. 절대왕정과 확연한 차이가 있다.

『자본론』(Das Kapital) 카를 마르크스의 대표 저작으로 역사 이론 및 혁명을 통한 자본주의 전복 이론이 서술되어 있다. 1867년 제1권이 출간되었다.

자연선택(natural selection) 다윈 진화론의 핵심 요소. 어떤 종 안에서 가장 유용한 특성을 지닌 동물 혹은 식물이 살아남고 그 특성을 다음 세대에게 물려주는 경향을 보인다는 이론.

자유주의(liberalism) 19세기 중반에 특히 교육받은 중산층의 지지를 받은 사상 체계로 진보, 개인의 인권, 투표권, 입헌주의 등의 계몽주의 사상을 옹호한다.

전격전(blitzkrieg) 독일어로 '전광석화 같은 전쟁'이라는 뜻으로, 신속하게 적을 제압하는 제2차 세계대전 초기 독일군의 전술.

전제(despotism) 폭군이나 독재자, 혹은 절대 권력을 지닌 통치자가 이끄는 정부 형태.

절대왕정(absolute monarchy) 18~19세기 유럽 대다수 국가에 들어서 있던, 권력 행사에 제약이 없는 왕정.

제1세계(First World) 제2차 세계대전 이후 주로 서유럽과 북아메리카에 있는 선진국들을 지칭할 때 사용한 용어. 제2세계 공산국가들 및 제3세계 개발도상국들과 구분된다.

제2세계(Second World) 냉전 기간 공산주의 국가들을 지칭할 때 사용한 용어. 특히 소련과 동유럽 국가들이 포함된다.

제3세계(Third World) 냉전 기간 비서구 지역, 주로 아프리카, 아시아, 남아메리카의 개발도상국들을 지칭할 때 사용한 용어.

제3제국(Third Reich) 독일 히틀러 정권(1933~1945)이 신성로마제국(제1제국)과 1871년 독일제국(제2제국)을 계승한다는 의미로 나치스 선전부가 사용한 용어.

제국주의(imperialism) 식민지를 획득하거나 다른 국가에 영향력을 행사하려는 한 국가의 정책. 유럽의 제국주의는 19세기 중반에 걸쳐 절정에 달했다.

중상주의(mercantilism) 1500년경부터 산업혁명 기간 자유방임 사상이 출현할 때까지 서유럽에서 기조가 되었던 중요한 경제정책. 중상주의자들은 국가의 부와 힘을 키우기 위해서는 금은 같은 귀금속을 축적하는 것이 가장 좋은 방법이라는 입장을 취했다. 그런 귀금속을 보유하지 못한 국가들은 정부가 주도하는 교역에 의존해 귀금속을 확보해야만 했다.

진정서(cahiers de doleances) 1789년 프랑스 삼부회 소집 당시 각 선거구에서 신분 대표들을 선출한 선거인단이 작성한 불만사항 목록. 혁명이 일어나기 직전, 진정서를 작성하는 과정에서 국민들의 정치의식이 깨어났다.

진화론(evolution theory) 동물 및 식물 종은 초기 형태에서 출발해 자연선택이라는 과정 속에서 점진적이고 지속적인 변화를 거쳐 진화한다는, 19세기 찰스 다윈이 전개한 이론.

집단안보(collective security) 국제연맹과 국제연합의 설립 근거가 된 원리. 한 국가에 대한 공격은 곧 모든 국가에 대한 공격으로 간주되어, 모든 국가가 그 공격에 맞서 공동 행동을 취할 것이라는 입장을 표명한다.

차르(tsar) 러시아 황제를 가리키는 러시아 명칭(라틴어 '카이사르'에서 유래).

초국적(supranational) 어떤 조직이나 사안이 지닌 권위가 전통적인 국가의 권위보다 '우위'에 있거나 이를 초월하는 것. 유럽연합의 일부 요소가 그러한 성격을 띠고 있다.

코메콘(Comecon) '경제상호원조회의' 참조.

쿠데타(coup d'etat) 폭력적 혹은 불법적으로 정권을 탈취하는 것.

탈식민지화(decolonization) 유럽 제국들의 식민지들이 정치적 독립을 획득해 간 과정. 주로 20세기, 특히 제2차 세계대전 후에 이루어졌다.

트루먼 독트린(Truman Doctrine) "정복 기도에 저항하고 있는 자유 시민들"을 지원하겠다는 미국의 약속. 1947년 미국 대통령 해리 트루먼의 연설에서 비롯된 것이다. 트루먼 독트린은 미국의 공산주의 봉쇄 정책의 근간이 되었다.

파시즘(fascism) 강력한 독재자를 내세우고 민족 혹은 국가를 숭배 대상으로 하며 질서, 군국주의, 그리고 때로는 인종차별을 강조하는 전체주의 이념. 1920년대 이탈리아에서 무솔리니가 발전시킨 시스템이지만 독일 히틀러 정권과 스페인 프랑코 정권처럼 극단적인 우익, 민족주의, 권위주의 정권 및 그러한 운동을 가리키는 말로도 사용된다.

페레스트로이카(perestroika) 경제개혁을 뜻하는 러시아어로, 1980년대 후반 소련에서 고르바초프가 실시한 개혁 프로그램의 근간이었다.

프라하의 봄(Prague Spring) 1968년 체코슬로바키아에서 일어난 공산주의 개혁 운동. '인간의 얼굴을 한 사회주의'를 만들고자 했지만 그해 8월 소련군의 개입으로 무산되었다.

프롤레타리아(proletariat) 마르크스주의 이론에서 노동계급을 지칭하는 용어. 마르크스주의 이론에 의하면 이들이 결국 혁명을 이끌어 자본주의 질서를 전복하게 된다.

헬싱키협약(Helsinki Accords) 1975년 핀란드 헬싱키에서 35개국이 조인한 외교조약으로, 참여국 모두에게 인권을 존중할 의무를 부과했다. 이후 소련과 동유럽 국가 정부들의 인권침해 행위에 대한 저항의 근거가 되었다.

유럽사 연표

1643~1715	프랑스 루이 14세(태양왕) 재위
1688	영국에서 명예혁명으로 절대왕정이 폐지되고 입헌 군주제 수립
1690	존 로크 『통치론』
1711	뉴커먼, 초기 형태의 증기기관 발명
1740~1789	계몽주의 절정
1762~1796	러시아 예카테리나 2세(대제) 재위
1769	제임스 와트, 근대식 증기기관 발명
1774~1793	프랑스 루이 16세 재위
1776	미국 독립선언
1776	애덤 스미스 『국부론』
1776~1783	미국 독립전쟁
1787	미국 헌법 제정
1788	루이 16세, 경제 문제로 삼부회 소집
1789	프랑스혁명 시작. 바스티유 함락. '인간과 시민의 권리 선언'
1792	프랑스 최초의 공화국 수립
1793	루이 16세 처형
1793~1794	프랑스 공포정치
1795~1799	프랑스 총재정부

1799	나폴레옹 보나파르트, 프랑스 정권 획득
1804	나폴레옹, 스스로 나폴레옹 1세라 칭하며 프랑스 황제 즉위
1812	나폴레옹, 러시아 침공
1814~1830	구질서 복원. 프랑스 부르봉 왕조 복귀
1815	웰링턴, 워털루에서 나폴레옹 격퇴
1815	빈 회의
1825	영국에서 최초로 철도 개통
1825	러시아 데카브리스트 반란
1830	프랑스에서 혁명이 일어나 샤를 10세가 물러나고 루이 필리프의 7월왕정 수립. 루이 필리프는 1848년까지 통치
1830	벨기에, 폴란드 등지에서 혁명 발발
1830	마치니, '청년이탈리아당' 설립
1832	영국에서 첫 번째 개혁법 발효로 선거권 확대
1833	영국 노예제 폐지
1837~1901	영국 빅토리아 여왕 재위
1838	영국에서 '인민헌장'이 발표되어 남성 보통선거권 요구. 차티스트 운동
1848	프랑스, 오스트리아, 프로이센, 헝가리, 이탈리아에서 '민중의 봄' 혁명 발발. 1849년까지 전부 진압됨
1848	마르크스와 엥겔스 『공산당 선언』 발표
1848~1916	오스트리아 프란츠 요제프 황제 재위
1854~1856	크림전쟁
1855~1881	러시아 알렉산드르 2세(해방황제) 재위
1859	다윈 『종의 기원』

1859	카보우르, 오스트리아에 전쟁 도발해 이탈리아 영토 합병
1859~1870	비토리오 에마누엘레 2세와 카보우르 치하에서 이탈리아 통일
1861	러시아 차르 알렉산드르 2세, 농노해방령 선포
1864~1871	덴마크, 오스트리아, 프랑스 등을 상대로 한 비스마르크의 독일 통일전쟁
1867	오스트리아-헝가리 제국 수립
1869	수에즈운하 개통
1870년대	러시아에서 인민주의자 운동 및 니힐리스트 운동
1870~1871	프로이센-프랑스 전쟁
1870~1940	프랑스 제3공화국
1871~1918	독일제국
1878	세르비아가 오스만제국으로부터 독립
1880년대	유럽 각지에서 사회당 창당
1883~1893	프랑스, 인도차이나에 식민지 건설
1885	아프리카 식민화의 규칙을 설정한 베를린 회의
1885~1900	아프리카 쟁탈전. 유럽 국가들이 아프리카를 집중적으로 식민화
1888~1918	독일 카이저 빌헬름 2세 재위
1894~1917	러시아 차르 니콜라이 2세 재위
1898	미국-스페인 전쟁. 미국이 푸에르토리코, 괌, 필리핀을 식민지로 획득
1898	러시아 사회민주노동당 창당. 곧 볼셰비키와 멘셰비키로 분열
1900	프로이트 『꿈의 해석』

1904~1905	러일전쟁
1905	러시아에서 '피의 일요일'과 혁명 발생
1905	아인슈타인, 상대성이론 발표
1914	사라예보에서 오스트리아 대공 프란츠 페르디난트 암살
1914~1918	제1차 세계대전
1917	미국 참전
1917	러시아혁명으로 차르 정권 몰락, 볼셰비키(공산당) 집권
1918	독일 항복, 제1차 세계대전 종료
1918	독일제국, 오스트리아-헝가리제국, 오스만제국 등 붕괴
1918	영국 30세 이상 여성 선거권 부여
1919	베르사유 조약
1919~1933	독일 바이마르공화국
1922	소비에트 사회주의 공화국 연방(USSR) 수립
1922	이탈리아 무솔리니 집권
1922~1943	무솔리니의 파시스트 정권이 이탈리아 통치
1924	블라디미르 레닌 사망. 이오시프 스탈린 소련공산당 서기장 취임(1953년까지 통치)
1928	소련 스탈린, 제1차 5개년 계획 실시해 계획적인 산업화 시도
1928	영국 성인 여성 전체 선거권 부여
1929	미국 주식시장 폭락, 1930년대 대공황의 시작
1933	히틀러, 독일 수상 취임
1933~1945	히틀러의 나치 정권이 독일 통치
1936	존 메이너드 케인스 『고용, 이자, 화폐의 일반이론』
1936~1938	소련 스탈린의 대숙청

1936~1939	스페인내전
1937	로마-베를린-도쿄 추축 결성.
1938	뮌헨회담을 통해 히틀러, 수데텐란트 병합
1938	독일, 오스트리아 병합
1939	독소불가침조약
1939	독일, 폴란드 침공. 이에 영국, 독일에 선전포고
1939~1945	제2차 세계대전
1940	독일이 노르웨이, 덴마크, 네덜란드, 벨기에, 프랑스 침공
1940	처칠, 영국 수상 취임. 영국 전쟁
1941	독일, 소련 침공
1941	일본, 진주만 공습. 미국 참전
1942~1943	스탈린그라드전투. 소련 승리로 전세 역전
1943	연합군, 이탈리아 침공. 무솔리니 실각
1944	연합군, 프랑스 노르망디에 상륙
1945	연합군 지도자들 얄타와 포츠담에서 회동
1945	히틀러 자살, 독일 항복
1945	미국, 히로시마와 나가사키에 원자폭탄 투하, 일본 항복
1945	국제연합(UN), 51개 회원국으로 창설
1945~1948	소련이 동유럽 국가들에 공산주의 정권 수립
1947	트루먼 독트린과 마셜 플랜을 통해 미국이 유럽에 적극 개입
1948~1949	베를린 봉쇄 및 베를린 공수
1949	독일연방공화국(서독) 및 독일민주공화국(동독) 수립
1949	북대서양조약기구(NATO) 창설
1949	중국, 마오쩌둥의 공산당 집권
1950~1953	한국전쟁

1951	유럽석탄철강공동체(ECSC) 발족
1953	소련 스탈린 사망
1954	프랑스, 인도차이나에서 철수. 베트남, 남북 분단
1955	서독, 나토 가입. 바르샤바조약기구 창설
1956	소련, 폴란드 봉기와 헝가리 봉기 진압
1957	소련, 최초의 인공위성 '스푸트니크' 발사
1957	'황금해안'(가나), 영국으로부터 독립
1957	로마조약으로 유럽경제공동체(EEC) 발족
1958	샤를 드골을 대통령으로 프랑스 제5공화국 출범
1961	베를린장벽 건설
1961~1975	베트남 전쟁에 미국 개입
1962	미국-소련, 쿠바 미사일 위기
1964~1982	소련 브레즈네프 정권
1967	유럽석탄철강공동체, 유럽경제공동체, 유럽원자력공동체(Euratom) 등 3개 기구 유럽공동체(EC)로 통합
1968	소련, 체코슬로바키아 '프라하의 봄' 진압
1970년대	동서 데탕트, 미소 관계 개선, 무기제한협정
1973	영국, 덴마크, 아일랜드 등 3개국 가입으로 유럽공동체 9개국으로 확대
1974	포르투갈, 혁명으로 독재 종식
1975	스페인 프랑코 사망, 입헌군주제 수립
1975	아프리카에서 마지막 남은 유럽(포르투갈)의 식민지 독립
1975	헬싱키협약(유럽안보협력회의)
1978	폴란드 추기경 보이티야, 요한 바오로 2세로 교황 등위
1979	소련의 아프가니스탄 침공, 데탕트 종식

1980~1981	폴란드 '연대' 운동이 공산당 통치에 도전
1982	소련 지도자 브레즈네프 사망
1985	미하일 고르바초프, 소련공산당 서기장 취임, '페레스트로이카' 시작
1989	헝가리, 오스트리아와의 국경 개방. 폴란드 선거에서 '연대' 승리. 베를린장벽 붕괴. 동유럽 공산주의 정권 몰락
1990	동유럽 이전 공산주의 국가들 대부분이 자유총선거 실시
1990	독일 통일
1991	크로아티아, 슬로베니아, 보스니아 등 3개 공화국, 유고슬라비아로부터 독립 선포
1991	소련 해체. 바르샤바조약기구 해체
1992~1995	보스니아 내전. 1995년 데이턴 협정으로 내전 종료
1993	체코슬로바키아, 체코공화국과 슬로바키아로 분리
1993	유럽연합(EU) 탄생
2002	유럽연합 공동통화로 유로 도입
2006	몬테네그로와 세르비아 독립 선포, 유고슬라비아 연방 해체
2004~2007	유럽연합, 이전 공산주의 국가 10개국 포함 12개국이 새로 가입하며 회원국 총 27개국으로 확대